"十三五"国家重点图书出版规划项目

新版《列国志》与《国际组织志》联合编辑委员会

主　　任	谢伏瞻
副 主 任	李培林　蔡　昉
秘 书 长	马　援　谢寿光
委　　员	（按姓氏音序排列）

陈东晓　陈　甦　陈志敏　陈众议　冯仲平　郝　平　黄　平
贾烈英　姜　锋　李安山　李晨阳　李东燕　李国强　李剑鸣
李绍先　李向阳　李永全　刘北成　刘德斌　刘新成　罗　林
彭　龙　钱乘旦　秦亚青　饶戈平　孙壮志　汪朝光　王　镭
王灵桂　王延中　王　正　吴白乙　邢广程　杨伯江　杨　光
于洪君　袁东振　张倩红　张宇燕　张蕴岭　赵忠秀　郑秉文
郑春荣　周　弘　庄国土　卓新平　邹治波

国际组织志

INTERNATIONAL
ORGANIZATIONS
SURVEYS

二十国集团

GROUP OF 20

徐秀军　耿　楠　著

社会科学文献出版社
SOCIAL SCIENCES ACADEMIC PRESS (CHINA)

出版说明

自20世纪90年代以来，世界格局和形势发生重大变化，国际秩序进入深刻调整期。世界多极化、经济全球化、文化多样化、社会信息化加速发展，而与此同时，地缘冲突、经济危机、恐怖威胁、粮食安全、网络安全、环境和气候变化、跨国有组织犯罪等全球性问题变得更加突出，在应对这些问题时以联合国为中心的国际组织起到引领作用。特别是近年来，逆全球化思潮暗流涌动，单边主义泛起，贸易保护升级，以维护多边主义为旗帜的国际组织的地位和作用更加凸显。

作为发展中大国，中国是维护世界和平与发展的重要力量。对于世界而言，应对人类共同挑战，建设和改革全球治理体系，需要中国的参与；对于中国而言，国际组织不仅是中国实现、维护国家利益的重要途径，也是中国承担国际责任的重要平台。考虑到国际组织作为维护多边主义和世界和平与发展平台的重大作用，我们决定在以介绍世界各国及国际组织为要旨的《列国志》项目之下设立《国际组织志》子项目，将"国际组织"各卷次单独作为一个系列编撰出版。

从概念上讲，国际组织是具有国际性行为特征的组织，有广义、狭义之分。狭义上的国际组织仅指由两个或两个以上国家（或其他国际法主体）为实现特定目的和任务，依据其缔结的条约或其他正式法律文件建立的有一定规章制度的常设性机

构，即通常所说的政府间国际组织（IGO）。这样的定义虽然明确，但在实际操作中对政府间国际组织的界定却不总是完全清晰的，因此我们在项目运作过程中参考了国际协会联盟（Union of International Associations，UIA）对国际组织的归类。除了会籍普遍性组织（Universal Membership Organizations）、洲际性组织（Intercontinental Membership Organizations）和区域性组织（Regionally Defined Membership Organizations）等常见的协定性国际组织形式外，UIA把具有特殊架构的组织也纳入政府间国际组织的范围，比如论坛性组织、国际集团等。考虑到这些新型国际组织数量增长较快，而且具有灵活、高效、低成本等优势，它们在全球事务中的协调作用及影响力不容忽视，所以我们将这些新型的国际组织也囊括其中。

广义上的国际组织除了政府间国际组织之外，还包括非政府间的国际组织（INGO），指的是由不同国家的社会团体或个人组成，为促进在政治、经济、科学技术、文化、宗教、人道主义及其他人类活动领域的国际合作而建立的一种非官方的国际联合体。非政府间国际组织的活动重点是社会发展领域，如扶贫、环保、教育、卫生等，因其独立性和专业性而在全球治理领域发挥着独特作用。鉴于此，我们将非政府间的国际组织也纳入《国际组织志》系列。

构建人类命运共同体，建设持久和平、普遍安全、共同繁荣、开放包容、清洁美丽的世界，是习近平总书记着眼人类发展和世界前途提出的中国理念，受到了国际社会的高度评价和热烈响应。中国作为负责任大国，正以更加积极的姿态参与推动人类命运共同体的建设，国际组织无疑是中国发挥作用的重要平台。这也是近年来我国从顶层设计的高度将国际组织人才培养提升到国家战略层面，加大国际组织人才培养力度的原因所在。

《国际组织志》丛书属于基础性研究，强调学术性、权威性、应用性，作者队伍由中国社会科学院国际研究学部及国内各高校、科研机构的专家学者组成。尽管目前国内有关国际组织的研究已经取得了较大进步，但仍存在许多亟待加强的地方，比如对有关国际组织制度、规范、法律、伦理等方面的研究还不充分，可供国际事务参与者借鉴参考的资料还很缺乏。

正因为如此，我们希望通过《国际组织志》这个项目，搭建起一个全国性的国际组织研究与出版平台。研究人员可以通过这个平台，充分利用已有的资料和成果，深入挖掘新的研究课题，推进我国国际组织领域的相关研究；从业人员可以通过这个平台，掌握国际组织的全面资料与最新资讯，提高参与国际事务的实践能力，更好地在国际舞台上施展才能，服务于国家发展战略；更重要的是，正在成长的新一代学子可以通过这个平台，汲取知识，快速成长为国家需要的全球治理人才。相信在各方的努力与支持下，《国际组织志》项目必将在新的国际国内环境中体现其独有的价值与意义！

新版《列国志》与《国际组织志》联合编辑委员会
2018 年 10 月

前　言

1999年9月，七国集团（G7）财长和央行行长会议倡议成立二十国集团（Group of 20，G20）国际合作机制，成员包括中国、阿根廷、澳大利亚、巴西、加拿大、法国、德国、印度、印度尼西亚、意大利、日本、韩国、墨西哥、俄罗斯、沙特阿拉伯、南非、土耳其、英国、美国和欧盟等二十个经济体。该机制的成员构成总体上兼顾了发达经济体和发展中经济体的平衡，也考虑了不同地域的代表性。

1999年12月，首次二十国集团财长和央行行长会议在德国柏林召开。会议公报中确认了该集团的任务，即二十国集团的成立是为了在布雷顿森林体系框架内提供一个新的非正式对话机制，扩大系统重要性经济体之间关于关键经济和金融政策问题的讨论，促进合作，以实现有利于所有国家的稳定和可持续的世界经济增长。[①] 在二十国集团财长和央行行长会议机制下，各成员主要就国际金融与货币政策、国际金融体系改革及世界经济发展等问题交换看法。

2008年国际金融危机后，二十国集团合作机制升级为领导人峰会。二十国集团峰会机制在危机中诞生，在应对危机中发

[①] G20 Finance Ministers and Central Bank Governors, "Communiqué: Meeting of G20 Finance Ministers and Central Bank Governors", Berlin, Germany, December 16, 1999.

挥了关键性的作用。在2009年的匹兹堡峰会上，二十国集团正式被宣布为国际经济合作的首要论坛。作为一个讨论重要全球性问题的非正式论坛，二十国集团并不是一个决策机构，其目标是促成国际议程制定，所达成的成果和共识不具有约束性和法律效力。尽管如此，二十国集团在促进世界经济增长和完善全球经济治理方面具有不可替代的地位。尤其是2016年二十国集团杭州峰会的成功举办，推动该机制实现了从危机管理向全球经济长效治理的转型。

总之，二十国集团合作机制顺应了发达经济体和发展中经济体实力对比变化的客观事实，为各国更广泛、更平等、更有效地进行协作提供了重要平台。同时，二十国集团合作机制也为中国更加全面深入地参与全球经济治理和提升全球经济治理话语权提供了重要平台。

CONTENTS

目 录

第一章　二十国集团诞生与发展 / 1

  第一节　二十国集团成立的过程 / 1
    一　国际货币基金组织设立借款新安排 / 1
    二　从二十二国集团到三十三国集团 / 2
    三　金融稳定论坛成立 / 3
    四　国际货币与金融委员会成立 / 5
    五　二十国集团成立 / 5

  第二节　二十国集团的发展演进 / 6
    一　二十国集团领导人峰会机制成立 / 7
    二　二十国集团成为全球经济治理重要平台 / 8

第二章　二十国集团的机制设计与功能 / 13

  第一节　二十国集团的机制设计 / 13
    一　二十国集团成员和嘉宾国 / 13
    二　二十国集团主席与"三驾马车"机制 / 14
    三　二十国集团"双轨"机制 / 14
    四　二十国集团决策与执行机制 / 15
    五　二十国集团与七国集团关系 / 16

  第二节　二十国集团与全球经济治理 / 16
    一　全球金融体系改革 / 16

CONTENTS

目 录

  二 宏观经济政策协调 / 18

  三 全球经济增长 / 18

  四 全球贸易投资治理 / 19

  五 全球发展治理 / 20

第三章 二十国集团领导人峰会 / 23

 第一节 领导人峰会与国际金融危机 / 24

  一 2008 年华盛顿峰会 / 24

  二 2009 年伦敦峰会 / 28

  三 2009 年匹兹堡峰会 / 33

 第二节 领导人峰会与欧债危机 / 36

  一 2010 年多伦多峰会 / 36

  二 2010 年首尔峰会 / 38

  三 2011 年戛纳峰会 / 41

  四 2012 年洛斯卡沃斯峰会 / 43

 第三节 领导人峰会向长效治理转型 / 46

  一 2013 年圣彼得堡峰会 / 46

  二 2014 年布里斯班峰会 / 50

  三 2015 年安塔利亚峰会 / 52

  四 2016 年杭州峰会 / 54

CONTENTS

目 录

第四节 领导人峰会与国际环境的新变化 / 56

 一 2017年汉堡峰会 / 57

 二 2018年布宜诺斯艾利斯峰会 / 60

 三 2019年大阪峰会 / 62

 四 2020年应对新冠肺炎特别峰会 / 66

第四章 二十国集团部长级会议 / 69

第一节 二十国集团财长和央行行长会议 / 69

 一 2008年前的财长和央行行长会议 / 70

 二 2008年以来的财长和央行行长会议 / 74

第二节 二十国集团贸易部长会议 / 81

 一 全球贸易增长困境与贸易部长会议 / 82

 二 机制化与贸易部长会议 / 84

 三 全球贸易治理新挑战与贸易部长会议 / 87

第三节 二十国集团其他部长级会议 / 90

 一 劳工就业部长会议 / 90

 二 农业部长会议 / 93

 三 能源部长会议 / 96

 四 数字经济部长会议 / 98

 五 卫生部长会议 / 100

CONTENTS

目 录

  六　旅游部长会议 / 100

  七　教育部长会议 / 101

  八　科技创新部长会议 / 102

  九　外交部长会议 / 102

  十　议会议长会议 / 102

第五章　二十国集团工作组与配套活动 / 105

第一节　二十国集团工作组 / 105

  一　财金渠道工作组 / 105

  二　协调人渠道工作组 / 108

第二节　二十国集团配套活动 / 111

  一　工商峰会 / 111

  二　民间社会会议 / 115

  三　劳动会议 / 115

  四　科学会议 / 116

  五　智库会议 / 117

  六　市长峰会 / 117

  七　妇女会议 / 118

  八　青年会议 / 118

CONTENTS
目 录

第六章　二十国集团与国际组织关系 / 119

 一　二十国集团与联合国 / 119

 二　二十国集团与国际货币基金组织 / 122

 三　二十国集团与世界银行 / 126

 四　二十国集团与世界贸易组织 / 129

 五　二十国集团与经合组织 / 131

 六　二十国集团与金融稳定理事会 / 134

第七章　中国在二十国集团中的地位与作用 / 139

 第一节　中国在二十国集团中的地位 / 139

  一　中国在二十国集团中的经济地位不断提升 / 139

  二　中国与二十国集团成员合作日益密切 / 141

 第二节　中国与二十国集团的发展 / 142

  一　积极推动二十国集团财长和央行行长会议阶段的合作 / 142

  二　积极推动二十国集团框架下的全球经济治理 / 144

 第三节　中国与二十国集团杭州峰会 / 148

  一　中国与杭州峰会的议题设计 / 148

  二　中国与杭州峰会的成果 / 150

  三　中国与杭州峰会的影响 / 152

CONTENTS
目 录

附　　录 / 155

　　附录（一）　二十国集团领导人杭州峰会公报 / 155
　　附录（二）　二十国集团全球贸易增长战略 / 197
　　附录（三）　二十国集团全球投资指导原则 / 201
　　附录（四）　杭州行动计划 / 203

大事纪年 / 217

参考文献 / 227

索　引 / 243

第一章
二十国集团诞生与发展

二十国集团的诞生与升级为领导人峰会机制与两次金融危机有着密不可分的联系,可以说二十国集团是金融危机的产物。二十国集团的成立深刻改变了全球经济治理的格局。它使得新兴市场与发展中经济体能够与主要发达经济体在同一平台上讨论国际经济事务,并在全球经济治理中不断提升话语权和影响力。

第一节　二十国集团成立的过程

20世纪90年代以来,新兴市场与发展中经济体的群体性崛起与国际影响力的提升成为国际政治经济格局发展演进的重要特征之一。即便是发生在新兴市场与发展中经济体的金融危机也会对其他国家和地区带来重大冲击,而对于全球性危机的应对,越来越离不开新兴市场与发展中经济体的参与。在国际经济协调方面,国际社会越来越需要建立一个主要发达经济体同新兴市场与发展中经济体之间的对话与合作机制。

一　国际货币基金组织设立借款新安排

1994年墨西哥金融危机波及巴西、阿根廷、智利等拉美国家。墨西哥金融危机促成了国际货币基金组织启动新的借款安排。1995年,在加拿大哈利法克斯举行的七国集团领导人峰会上,七国集团领导人呼吁十国集团①和其他有能力支持该系统的国家制定融资安排,以期尽快将国际货币基金组织借款总安排(GAB)用于应对金融紧急情况的资金增加一倍。②1997年1月,国际货币基金组织在原有1962年借款总安排的基础上创设了借款新安排(NAB),并于1998年11月正式生效。最初,借款新安排有25个参与者,旨在为维护国际货币体系稳定提供额外资金。③借款新安排的秘书处依然设在国际货币基金组织,但是借款新安排的成员数量比借款总安排的11个多出一倍以上,这使得借款新安排能够有更多的资金来源。借款新安排设立时有总额为340亿特别提款权。通过借款新安排,一些参与国家和机构准备向国际货币基金组织提供额外的资源。借款新安排构成第二道防线,以补充国际货币基金组织的资源。这一新的安排既包括了主要发达经济体,又吸收了新兴市场与发展中经济体,为日后二十国集团的产生做了铺垫。

二 从二十二国集团到三十三国集团

1997年11月在温哥华举行的亚太经合组织会议上,时任美国总统克林顿提出成立二十二国集团(G22)的倡议并得到其他经济体的响应。领导人同意召集这些国家和地区财长和央行行长,推动全球金融体系结构改革。二十二国集团包括七国集团成员和其他15个国家和地区,它们是阿根廷、澳大利亚、巴西、加拿大、中国、法国、德国、中国香港、印度、印度尼西亚、意大利、日本、韩国、马来西亚、墨西哥、波兰、俄罗斯、新加坡、南非、泰国、英国和美国。

---

① 十国集团(G10)是由共同参与国际货币基金组织借款总安排(GAB)的国家所组成的团体,包括1962年的创始成员比利时、荷兰、加拿大、瑞典、法国、德国、英国、意大利、美国和日本,以及1964年加入的瑞士,实际为11国,但是十国集团的名称仍维持不变。

② G7,"Halifax Summit Communiqué", Halifax, Canada, June 16, 1995.

③ 借款新安排的参与者包括澳大利亚、奥地利、比利时、加拿大、丹麦、德意志联邦银行、芬兰、法国、香港金融管理局、意大利、日本、韩国、科威特、卢森堡、马来西亚、荷兰、挪威、沙特阿拉伯、新加坡、西班牙、瑞典央行、瑞士国家银行、泰国、英国和美国。

1998年4月，在国际货币基金组织和世界银行春季年会期间，二十二国集团在华盛顿一家名为威拉德（Willard）的酒店里再次举行会议，讨论国际金融领域面临的主要问题。此后，二十二国集团也被称为"威拉德集团"。会议决定建立三个工作组分别讨论三个领域的问题，以推动国际金融领域的交流和加强国际金融体系。三个工作组分别负责以下三个方面的工作：提高各国政策透明度和强化信息披露工作；强化金融体系和市场机制，特别是新兴市场与发展中经济体的金融体系和市场机制；发生危机时实现政府和私人部门责任的适当分担。

1998年10月，二十二国集团会议再次在华盛顿举行。参加本次会议的成员增加了比利时、荷兰、瑞士、瑞典等4个欧洲国家，使该集团扩大到26个国家和地区。会议讨论了亚洲金融危机及其对全球金融系统的影响，认为应进一步采取措施以解决一些国家面临的困难和阻止金融危机继续蔓延。三个工作组在会上向财长和央行行长分别提交了三份报告，并随后向公众公布了他们的报告。这些报告产生了较大的影响力。

1999年3月，在七国集团的推动下，二十二国集团扩大为三十三国集团（G33）。七国集团将二十二国集团扩大到三十三国集团的主要考虑是增加机制中欧洲国家的数量。新增加的11个成员为瑞士、瑞典、荷兰、比利时、西班牙、土耳其、智利、科特迪瓦、埃及、摩洛哥、沙特阿拉伯。三十三国集团的与会者依然为上述国家和地区的财长和央行行长。三十三国集团分别于1999年3月在德国波恩和4月在美国华盛顿召开过两次会议，讨论世界经济和国际金融体系的改革问题。这次扩张也引发了建立一个更加制度化和长久性集团"G-x"的倡议。二十二国集团和三十三国集团会议期间，新兴市场与发展中经济体参与到国际金融体系改革的讨论中，其话语权和国际影响力逐渐显现。

三　金融稳定论坛成立

1997年亚洲金融危机爆发，对整个世界经济和金融市场造成严重的冲击，并成为二十国集团成立的关键因素。亚洲金融危机的爆发及其引发的国际金融动荡，使得发达经济体进一步认识到世界各国在经济上的休戚与共。国际社会要求增加发展中经济体在全球经济治理中话语权的呼声越发强烈。

1998年10月，七国集团财长和央行行长会议在华盛顿召开，与会财长和央行行长认为亚洲金融危机暴露了国际金融体系的缺陷，需要加强国际金融监管合作和推动国际金融体系的全面改革。[①]

1999年2月，在七国集团财长和央行行长波恩会议上，时任德国央行行长汉斯·提特梅耶（Hans Tietmeyer）提交了关于金融市场监督和监测的国际合作与协调的报告，提议建立金融稳定论坛（Financial Stability Forum，FSF），促进国际金融稳定，改善市场运作，降低系统性风险。与会各方接受了这一建议，同意论坛将由各国负责金融稳定的机构、相关国际金融机构和组织以及相关国际监督机构和专家组的代表组成。七国集团财长和央行行长认为，由于论坛要解决的问题影响到所有经济体，随着时间的推移将有包括工业国和新兴市场国家等经济体更广泛的参与。[②]

1999年4月14日，金融稳定论坛第一次会议在美国华盛顿召开，七国集团财长和央行行长出席了会议。首届论坛主席由国际清算银行（BIS）总裁安德鲁·克罗克特（Andrew Crockett）担任。会议决定成立三个工作组：一是有关高杠杆交易机构的工作组，负责监管高杠杆交易机构，缩小对冲基金投机引发金融市场的不稳定性；二是有关短期资本流动的工作组，负责解决债权国和债务国之间短期资本迅速流动引起的金融体制弱化及负债风险；三是有关利用境外金融中心的工作组，负责评价离岸金融中心参与市场而引发的国际金融市场动荡，制定国际健全性标准和国家间的信息交换方案。[③]

[①] G7 Finance Ministers and Central Bank Governors, "Statement by the G7 Finance Ministers and Central Bank Governors", Washington D. C., United States, October 3, 1998.

[②] G7 Finance Ministers and Central Bank Governors, "Communiqué of G7 Finance Ministers and Central Bank Governors", Bonn, Germany, February 20, 1999.

[③] FSF, "Financial Stability Forum Establishes Working Groups", Press release, May 11, 1999.

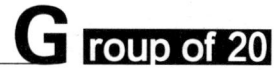

四　国际货币与金融委员会成立

1999年6月，在德国科隆举行的七国集团领导人峰会上，领导人同意加强和改革国际金融机构的治理结构，特别是赋予国际货币基金组织临时委员会的永久地位，并进一步改进国际货币基金组织的监督和计划。[①]为此，国际货币与金融委员会（International Monetary and Financial Committee，IMFC）成立。

国际货币与金融委员会属于部长级理事会，有24个成员，来自189个理事国，代表所有成员国。它的这一结构与国际货币基金组织董事会构成相同。该委员会每年在国际货币基金组织和世界银行春季会议和年度会议期间举行两次会议，讨论国际货币和金融体系治理、董事会提出的修改《国际货币基金组织协定》条款的建议，或影响全球经济的其他共同关切的事项，并在每次会议后发布公报，总结意见，为国际货币基金组织的工作计划提供指导。该委员会以协商一致的方式运作，不进行正式投票。

五　二十国集团成立

1999年4月，在华盛顿举行的第二次三十三国集团国际金融体系改革研讨会之后，七国集团就开始了关于替代三十三国集团的讨论。在这一过程中，加拿大发挥了重要的领导作用。虽然在20世纪90年代初，美国财政部萌生了将国际架构扩展到七国集团或十国集团之外的想法，但时任加拿大财政部长保罗·马丁（Paul Martin）在七国集团对这一想法的讨论中发挥了领导作用。

七国集团财长在1999年6月提交给科隆峰会的报告中称将在布雷顿森林体系框架内建立一个系统重要性经济体间对话的非正式机制，该报告敦促更多国家政府应参与讨论如何使国际金融体系适应不断变化的全

[①] G7, "G7 Statement", Cologne, Germany, June 18, 1999.

球环境。① 1999年9月，七国集团的财长和央行行长宣布要"扩大在系统重要性经济体之间就关键经济和金融政策问题的对话并促进合作，以实现稳定和可持续的世界经济增长从而惠及各方利益"②。这标志着"二十国集团"的正式诞生。

二十国集团成员的选择并没有正式标准。1999年二十国集团成立时，对成员选择主要考虑的是各成员必须对全球经济具有系统重要性，并有能力为全球经济和金融稳定做出贡献。其他考虑因素是，该集团广泛代表全球经济，在区域上保持平衡。另一个关键因素是，该集团的规模足以促进坦率和公开的讨论。人们普遍认为，一个小团体可以帮助培养密切工作关系，提高成员之间的信任度。七国集团的这一特点被一致认为是七国集团保持有效性的关键。在成员选择上，一个重要问题是谁能代表欧洲。七国集团的4个欧洲成员国应邀加入，排除了欧洲国家中其他的较小工业国和新兴市场国家的加入。然而，七国集团代表同意邀请以担任欧盟主席国的国家为代表的欧盟和欧洲中央银行加入，为欧盟较小成员国提供间接代表。非洲的代表也是一个问题。尽管讨论了一些可能的候选成员，但考虑到在全球和区域上的系统重要性，只有南非被邀请加入。这项决定的一个考虑因素是，成立这一新集团的重点是金融稳定，而不是发展问题。

第二节 二十国集团的发展演进

随着国际经济政治形势的变化，二十国集团机制在全球治理中的地位和作用逐步提升。一方面，二十国集团在全球经济协调中日益发挥不可替代的重要作用；另一方面，二十国集团部长级会议因其级别和权力有限，很大程度上影响了二十国集团的权威性和影响力。二十国集团的升级与发展逐渐成为各成员的共识。

---

① G7 Finance Ministers, "Report of G7 Finance Ministers to the Köln Economic Summit", Cologne, Germany, June 18, 1999.
② G7 Ministers and Central Bank Governors, "Statement of G7 Ministers and Central Bank Governors", Washington D. C., United States, September 25, 1999.

一 二十国集团领导人峰会机制成立

2008年,国际金融危机的爆发暴露了现行国际经济金融体系的诸多弊端,加强发达经济体同新兴市场与发展中经济体之间的合作对于维持全球经济稳定和加强全球治理变得更为重要和迫切,而二十国集团部长级会议难以对世界的经济调整和变革进行权威性的决策。为此,二十国集团各成员一致同意在长期单一的各国财长和央行行长会议之上增加更高层次的成员首脑峰会。2008年11月,二十国集团领导人第一次峰会在华盛顿举行。这使二十国集团的运行机制实现了新的突破,并逐步进入全球经济治理的中心舞台。二十国集团领导人峰会机制的建立,提升了新兴市场与发展中经济体的发言权,同时也在实质上更好地体现和维护了新兴市场与发展中经济体的利益。此后,二十国集团机制建设不断深化和拓展,并逐渐形成了以峰会为引领、以协调人和财金渠道"双轨机制"为支撑、以部长级会议和工作组为辅助、以研讨会和交流会为配套活动的独特机制化架构(见表1-1)。

表1-1 二十国集团机制结构

序号	层次	合作机制
1	国家和地区领导人	领导人峰会
2	部长或副部长级	财长和央行行长会议 贸易部长会议 农业部长会议 能源部长会议 劳工就业部长会议 旅游部长会议 财政和央行副手会议 农业副手会议 协调人与财政和央行副手联席会议 协调人会议
3	工作组	国际金融架构工作组 投资和基础设施工作组 普惠金融专家组

续表

序号	层次	合作机制
3	工作组	发展工作组 反腐败工作组 能源工作组 增长框架工作组 贸易和投资工作组 就业工作组
4	配套机制	工商峰会（B20） 民间社会会议（C20） 劳动会议（L20） 智库会议（T20） 科学会议（S20） 妇女会议（W20） 青年会议（Y20） 市长峰会（U20）

资料来源：作者整理。

二 二十国集团成为全球经济治理重要平台

二十国集团机制的成立与发展意味着全球治理机制的重大变革，并在全球治理的议程设置、政策协调、任务分配以及建立共识方面发挥了七国集团等其他协调机制不可替代的作用。2009年9月，在二十国集团匹兹堡峰会上，领导人发表宣言确定二十国集团成为国际经济合作的首要论坛，使得二十国集团在全球经济治理中的地位得到提升。

第一，二十国集团取代七国集团成为国际经济合作的首要论坛是全球经济治理机制的重大变革。20世纪90年代以来，新兴市场与发展中经济体的快速崛起使七国集团在全球经济治理中的地位受到挑战。1999年二十国集团财长和央行行长机制成立后，在讨论和磋商全球经济政策方面发挥了独特作用。作为一个更大的、更有代表性的务实合作的多边平台，它将发达经济体同新兴市场与发展中经济体的共同目标和利益分歧纳入一个统一的框架内进行协调，是对传统上仅由发达经济体组成的七国集团主导全球经济治理事务的一次重大调整,为促进发达经济体同新兴市场与发展中经济体之间的深入理解和形成广泛共识提供了一个历史性机遇。但参加二十国集团部长级会议的官员级别、权力有限,很大程度上影响了二十国集团的权威性和影响力。随着二十国集团在全球经济协调中日益发挥不可替代的重要作用,一些学者主张各国政策制定者应该将二十国集团升级成首脑级的论坛,并用来取代七国集团日益表现出来的失效性,以适应新世纪国际社会的变化。[1] 2008年国际金融危机的爆发促成了二十国集团升级为领导人峰会。总之,二十国集团的成立与升级并在全球经济治理中替代七国集团发挥主导作用,反映了全球经济治理机制日益朝着合法性和广泛性的方向发展。[2]

第二,二十国集团机制的建立使新兴市场与发展中经济体在应对国际金融危机和参与全球经济治理方面发挥了重要作用。二十国集团部长级会议和峰会机制的形成,是对当代世界经济相互依赖条件下新兴市场与发展中经济体作用的充分肯定,反映出世界政治和经济权力由发达经济体向新兴市场与发展中经济体转移的发展趋势。尽管新兴市场与发展中经济体在二十国集团中的能力还很有限,往往需要通过相互之间的联合或借助发达经济体的力量形成协商成果,但新兴市场与发展中经济体尤其是中国、巴西、俄罗斯和印度不再是旁观者,并已拥有一定的议程设置能力。[3] 尤其是从二十国集团峰会机制形成之后,新兴市场与发展中经济体的作用更是日益突出。在应对危机方面,新兴市场与发展中经济体同发达经济体进行广泛协商和合作,采取了金融救助和财政刺激等各种紧急措施,在较短时

---

[1] 例如,Colin I. Bradford, Jr. and Johannes F. Linn, "Global Economic Governance at a Crossroads: Replacing the G – 7 with the G – 20," *The Brookings Institution Policy Brief*, No. 131, 2004。

[2] Sir Richard Jolly, "Future Directions for the G20: Towards Legitimacy and Universality," in Thomas Fues and Peter Wolff, eds., *G20 and Global Development: How Can the New Summit Architecture Promote Pro-poor Growth and Sustainability?* (Bonn: German Development Institute, 2010).

[3] Katharina Gnath and Claudia Schmucker, "The Role of the Emerging Countries in the G20: Agenda-setter, Veto Player or Spectator?" *Bruges Regional Integration and Global Governance Papers No. 2* (Bruges, United Nations University CRIS, College of Europe, 2011).

间里稳定了国际金融市场,有效防止了危机的进一步扩散;在推动世界经济复苏方面,新兴市场与发展中经济体以强劲的经济增长动力带动了世界经济迅速转入全面复苏和可持续增长,并与发达经济体一起努力巩固世界经济的良好复苏态势,创造稳定的经济增长环境;在国际金融体系改革方面,新兴市场与发展中经济体推动了国际货币基金组织和世界银行等国际货币金融机构的话语权增加和治理结构改革取得重大进展,这些国际货币金融机构赋予新兴市场与发展中经济体更多的投票权,提升了国际金融机制的代表性和有效性;在贸易自由化进程方面,新兴市场与发展中经济体积极推动世界贸易组织多边自由贸易谈判,反对贸易保护主义,致力于塑造开放、自由和平衡发展的国际贸易环境。

第三,二十国集团地位的上升对国际经济秩序调整具有深远的影响和意义。作为经济全球化与世界多极化的产物,二十国集团反映了当今世界经济发展的趋势以及求合作、促发展的时代主流,并确立了全球经济治理的基本构架。首先,二十国集团地位的上升使发达经济体在国际经济秩序中不再拥有绝对领导地位。在昔日发达国家集团治理全球经济的时代,面对全球经济问题,往往是由几个西方大国坐在一起协调相互之间的立场和制定各种治理措施,并以其强大的实力向全球推行和落实所做的决策。但在二十国集团框架内,发达经济体不再忽视新兴市场与发展中经济体的利益和以领导者自居,甚至也会成为被谴责和治理的对象。例如,2010年二十国集团首尔峰会上,二十国集团中的新兴市场与发展中经济体指责美国的量化宽松政策,而美国要求为经常账户盈余和赤字设立量化目标的提议没有得到支持,在汇率和贸易问题上要求中国等新兴市场与发展中经济体按其意愿进行调整的策略也未能实现,这反映出以美国为代表的发达经济体领导全球经济的能力逐渐减弱。其次,二十国集团地位的上升使新兴市场与发展中经济体同发达经济体能够进行平等对话和协调,共同治理全球经济问题。在"G8+5"等发达经济体同新兴市场与发展中经济体对话机制中,新兴市场与发展中经济体在对话议程设置上没有发言权,对话机制完全由发达经济体主导,甚至能否参与对话机制也取决于发达经济体的决定。更新后的二十国集团将原有的发达经济体对话机制以及发达经济体同新兴市场与发展中经济体对话机制整合到一个框架中，并增加了新兴市场与发展中经济体成员，使得新兴市场与发展中经济体成为发达经济体的平等对话伙伴、全球经济治理的积极参与者以及维护全球各国家利益的规则制定者。最后，二十国集团地位的上升有利于构建更加公正、合理的国际经济新秩序。在要求和主张国际事务上推进国际关系民主化和建立公正、合理的国际政治经济新秩序方面，新兴经济体代表了广大发展中国家的利益。二十国集团地位的上升使新兴市场与发展中经济体更多地参与到国际经济事务的决策中，并成为少数发达经济体操纵和垄断国际经济事务的制约因素，从而使二十国集团成为改变不合理的国际经济旧秩序的推动力量。

当然，还应该看到，二十国集团制度建设还不够完善。发达经济体同新兴市场与发展中经济体能否通过这一平台实现平等、有效治理全球经济仍面临许多考验。为此，要继续提升二十国集团的合法性和有效性。例如，加强二十国集团在后危机时代全球经济治理中的作用；将其与相关多边组织和行为体的关系制度化，以避免授权重复并促进互补；重点关注当前议程，履行已做出的承诺；维持合适的规模、有价值的进程、可行的议程和适当的成本管理以确保议事和决策的效率等。[1]

---

[1] Club de Madrid, *The G20's Role in the Post-Crisis World*, Seoul: Club de Madrid, 2010.

第二章
二十国集团的机制设计与功能

从国际法的角度看,国际组织是以国家间的正式协议为基础而建立的,协议对组织的成员具有法律约束力。而二十国集团与国际货币基金组织等正式国际组织不同,它是布雷顿森林体系框架内一种新的非正式对话机制,其成员在二十国集团会议中形成共识,而非达成具有法律效力的协议。二十国集团非正式的特点也使其能够对国际环境的变化做出及时反应,在全球治理中表现出更强的灵活性。二十国集团在应对危机中发挥了非常关键的作用,在向长效治理转型的过程中,依然对国际经济治理发挥了重要作用。

第一节 二十国集团的机制设计

二十国集团成立初期,其运行机制为财长和央行行长会议机制,即财长和央行行长定期就国际金融货币政策、国际金融体系改革、世界经济发展等问题交换看法。2008年金融危机后,二十国集团升格为领导人峰会,主要讨论全球重大经济金融热点问题。目前,二十国集团机制的主要运行模式是:以峰会为引领、由"三驾马车(Troika)"(前任、现任和候任主席)牵头,各成员共同参与,以协调人和财金渠道"双轨"机制为支撑、以部长级会议和工作组为辅助的架构。

一 二十国集团成员和嘉宾国

目前,二十国集团由中国、阿根廷、澳大利亚、巴西、加拿大、法国、德国、印度、印度尼西亚、意大利、日本、韩国、墨西哥、俄罗斯、沙特阿拉伯、南非、土耳其、英国、美国以及欧盟二十方组成。除了二十国集团正式成员，东道主可酌情邀请一定数量、具有地区代表性的非成员国以及国际组织作为嘉宾参加二十国集团首脑会议和部长级会议。二十国集团峰会最初邀请荷兰和西班牙出席会议。2010年首尔峰会决定，西班牙可以以"永久嘉宾国"的身份出席会议。除此之外，参加二十国集团会议的主要国际组织有联合国（UN）、国际货币基金组织（IMF）、世界银行（WBG）、世界贸易组织（WTO）、经合组织（OECD）、金融稳定理事会（FSB）、国际劳工组织（ILO）等。

二 二十国集团主席与"三驾马车"机制

二十国集团讨论机制专业化、多层次，按照协商一致原则运作。二十国集团没有常设的秘书处和工作人员，主席采取轮换制，由当年主席国设立临时秘书处来协调集团工作和组织会议。1999年，当时的加拿大财政部长保罗·马丁（Paul Martin）被七国集团选为二十国集团第一任主席，任期两年，于2001年底结束。2002年，二十国集团成员在主席选择的原则上也达成了共识，即尽可能提前选出未来的主席，以确保连续性，并让一个国家有时间为其主席职位做准备。二十国集团成员还一致认为，各区域之间和不同发展水平国家之间应当有一个公平的年度轮换。换句话说，二十国集团的主席是被授予一个国家而不是个人。2002年，二十国集团代表还同意建立一个"三驾马车"机制，由上届、本届和下届的主席组成。通常情况是即将担任下一任主席的二十国集团成员会在当年12月1日开始担任主席，任期持续到下一年11月。这种创新加强了集团的连续性。"三驾马车"的模式，即本届峰会主席在上届、下届主席的支持下，负责峰会的筹备工作，包括峰会和其他重要会议的时间、地点、会议主要议程设置等，以及协调各方，推动会议达成成果等工作。

三 二十国集团"双轨"机制

目前，二十国集团会议主要采取协调人渠道（Sherpas' track）和财金渠道（Financial track）的"双轨"机制。各成员的协调人由各成员自行指定，就如同各成员领导人的"全权代表"，主要由各成员负责外交、经济、金融事务的高官担任。协调人会议每年不定期举行，一般召开3~6次会议，讨论峰会各项筹备工作，重点是政治筹备工作，包括峰会成果磋商。例如，2016年，中国担任二十国集团主席国期间，中国的协调人是时任外交部副部长李保东。2016年二十国集团分别在北京、广州、厦门、杭州和武汉召开5次协调人会议。财金渠道负责就具体经济金融问题进行磋商，并提出建议。财金渠道全年主要成果由财长和央行行长会议进行核准，并提交领导人峰会。二十国集团还视情举行有关专业部长级会议或设立专家工作组。

四 二十国集团决策与执行机制

二十国集团采取"协商一致"的决策程序。二十国集团成员在领导人峰会、部长级会议以及其他会议上根据会议议题发表观点和讨论磋商，最终达成共识并发表会议成果文件，而非通过谈判最终签署国际协定。二十国集团历年核心成果文件是二十国集团公报/宣言/声明。此外，二十国集团也会发表关于不同领域和问题的单独宣言和行动计划等文件。在执行机制方面，二十国集团本身没有正式的执行机构，对成果共识不采取强制执行的方式。二十国集团会议取得的共识可以通过国际货币基金组织、金融稳定理事会、经合组织等国际组织来实现，相关各成员也可以自主执行。由于二十国集团本身没有监督共识执行的机制，对未执行共识的成员没有强制的惩罚措施。例如，2009年二十国集团匹兹堡峰会就国际金融机构改革达成重要共识，承诺将新兴市场与发展中经济体在国际货币基金组织的份额提高至少5%以解决代表性不足的问题。此后，虽然国际货币基金组织执行董事会于2010年11月通过了份额改革方案，确定将向新兴市场与发展中经济体转移6%以上份额，并计划在2012年年会前全面落实这项改革。但是，这一计划因美国迟迟不批准遭到拖延。直到2016年1月，国际货币基金组织才宣布改革方案已正式生效，向新兴市场与发展中经济体转移约6%的份额。

五 二十国集团与七国集团关系

二十国集团的产生源于七国集团的财长和央行行长希望扩大在系统重要性经济体之间的关键经济和金融政策问题上的对话。虽然所有七国集团的成员都在二十国集团中,但这并不意味着七国集团是"高级"集团。七国集团和二十国集团也不应被视为竞争对手。通过其独特的成员资格,二十国集团的工作与七国集团的工作相辅相成。二十国集团最初几年对危机预防和解决的关注主要由七国集团决定,尽管这个问题也非常符合二十国集团其他成员的利益。随着"三驾马车"的引入、主席向非七国集团成员的移交以及所有与会者对这一新的机制更加熟悉,二十国集团的作用越来越独立于七国集团。

二十国集团相对于七国集团的比较优势在于能更好地应对需要广泛国际合作的全球经济和金融问题,包括新兴市场与发展中经济体的国际合作。例如,二十国集团是讨论能源和资源安全的理想场所,因为其成员代表了大宗商品的主要消费者和生产商。在人口统计、移民和汇款以及国际货币基金组织配额和代表性等问题上的讨论也是如此。2008年金融危机过后,二十国集团上升到领导人峰会机制,它取代七国集团成为全球经济治理的主要平台。

第二节 二十国集团与全球经济治理

二十国集团峰会机制在危机中诞生,在应对危机中发挥了不可替代的作用。随着危机的逐渐消退,二十国集团正面临从危机管理向全球经济长效治理的转型。作为国际经济合作的首要论坛,二十国集团通过一系列共识和成果巩固了其在全球经济治理中的地位。

一 全球金融体系改革

全球金融体系改革是全球经济治理体系建设的重要内容,也是二十国集团的核心议题之一,历届领导人峰会都将应对国际金融挑战列为重要讨

第二章 二十国集团的机制设计与功能

论问题。二十国集团已在国际金融机构改革、全球金融安全网建设、国际金融监管的完善等领域取得多项成果。

第一，二十国集团加强国际货币基金组织和世界银行的治理结构改革，提升新兴市场与发展中经济体的份额和投票权。2009 年的匹兹堡峰会就做出声明，将发达经济体的部分国际货币基金组织份额、世界银行投票权转移到新兴市场与发展中经济体，承诺提高发展中国家的代表性和发言权。2010 年 11 月二十国集团首尔峰会上，各国领导人承诺尽快落实国际货币基金组织向包括新兴市场与发展中经济体在内的代表性不足的国家转移 6% 以上份额。①

第二，二十国集团强化全球金融安全网建设，以应对资本流动波动性和金融脆弱性。采取的措施包括改进国际货币基金组织贷款方式，提高危机救助的灵活性和有效性；大幅增加国际货币基金组织贷款资源，使其能够更好发挥全球最后贷款人的作用；扩大特别提款权（SDR）的使用，减少过度积累外汇储备的需求，促进国际流动性的提高。同时，进一步明确 SDR 改革时间表，择机选择更多符合标准的货币加入，以解决国际储备货币供需矛盾。

第三，二十国集团推动金融监管改革，维护全球金融稳定。二十国集团通过设立金融风险处置机制，提高应对金融危机的能力。二十国集团强调建立宏观审慎和微观审慎相结合的监管框架，加强系统重要性金融机构的识别和监管，防范系统性金融危机。在跨国监管协调合作方面，加强跨国监管合作的统一性和系统性，促进高标准国际金融监管框架的建立。

此外，二十国集团还推动建立透明的国际评估和同行审议机制。自 2009 年伦敦峰会正式引入国际评估和同行审议机制以来，历届峰会上各国领导人都支持建立透明的国际评估和同行审议机制，支持国际货币基金组织和世界银行开展的金融部门评估规划和金融稳定理事会实施的同行审议。到目前为止，金融稳定理事会已经完成薪酬制度、风险披露、风险管理、处置机制等专题审议以及对美国、英国、德国、中国等的国别审议。

---

① G20, "The G20 Seoul Summit Leaders' Declaration", Seoul, Korea, November 12, 2010.

二 宏观经济政策协调

宏观政策的协调在历次二十国集团峰会都是重点讨论的议题,特别是在 2008 年金融危机期间,二十国集团成员均认识到政策协调对应对危机的重要性,推动主要经济体采取一致行动,有效阻止了金融危机的进一步加剧和蔓延。在新形势下,二十国集团的功能正在发生变化,更加侧重于完善促进全球经济发展的长期和可持续的协调和磋商机制。而危机后全球主要发达经济体货币政策分化日趋明显,世界经济增长的不确定性加剧,各种矛盾问题交织,难以形成政策合力。特别是,经济全球化的深入发展使得全球经济联动性不断加强,各经济体宏观经济政策的溢出效应愈发明显,尤其是发达经济体出台的本国的宏观经济政策会对新兴市场与发展中经济体产生显著的影响,二十国集团认识到各国之间宏观经济政策协调更加必要和迫切。

二十国集团机制要确保各成员在议定框架下加强沟通合作,在协调各国货币政策和财政政策等宏观政策、减少负面外溢效应方面发挥积极作用。2008 年金融危机后,二十国集团成员开启相互评估程序,以促进各国政策协调。自 2011 年以来,国际货币基金组织又对具有系统重要性的经济体进行政策溢出效应评估,为二十国集团讨论宏观经济政策协调和责任分担提供依据。面对欧债危机爆发后许多发达经济体公共债务水平攀升,二十国集团在公共债务管理与债务可持续性方面积极采取政策协调和集体行动加以应对,包括加强的合同条款、巴黎俱乐部扩员、GDP 挂钩债券、可持续融资、债务可持续性框架、特别提款权计价债券等。杭州峰会上,二十国集团第一次明确提出综合运用货币政策、财政政策、结构改革政策等加强宏观政策的协调。这种协调表现在:二十国集团成员在制定宏观经济政策时要充分考虑政策的外溢性,在使得成员福利最大化同时尽可能减少对非成员的负面溢出效应。各国宏观经济政策需要具备可持续性和包容性,能够优化世界经济新秩序。

三 全球经济增长

2008 年金融危机以来,全球经济增长一直是二十国集团讨论的重要议题。虽然全球经济已经呈现恢复性增长，但是经济增长依然低迷，总需求不足、失业问题突出、债务高企、贸易投资不振，并且各国增长出现分化。全球经济增长不振是表象，而全球经济的中长期结构性问题是更深层次原因。为恢复全球经济增长活力，二十国集团成员达成诸多共识，并采取了一系列措施。在全球经济增长方面，二十国集团强调避免采取以邻为壑、保护主义等不利于全球经济增长的做法；强调成员采取结构性改革、货币政策、财政政策等直接政策措施促进经济增长；强调国际组织改革为各国经济增长提供助力。特别是，2014 年二十国集团峰会提出"在未来 5 年内二十国集团整体 GDP 在现有预期基础上额外增长 2%"的目标。[1]

在向长效治理转型过程中，二十国集团更加关注助力经济长期增长的结构性改革和增强经济韧性。杭州峰会核准了《深化结构性改革议程》，确立了结构性改革的优先领域，制定了各国结构性改革指导原则，构建了结构性改革指标，并积极实现宏观经济政策和结构性改革政策的相互配合，以共同促进增长。汉堡峰会将提高经济韧性纳入增长框架，作为帮助各个经济体更好地抵抗经济冲击力的一种方式，峰会通过的《二十国集团经济体韧性原则报告》为各国制定了相应的经济韧性原则，这些原则涵盖了实体经济和虚拟经济、公共部门和私人部门、经济体内部和外部等，具体包含生产服务性行业、公共金融、私人金融、货币政策和外向型行业五大领域。

四 全球贸易投资治理

贸易投资问题一向是二十国集团会议的重要议题，从 2008 年华盛顿峰会宣言就反对贸易保护主义达成共识，到 2012 年墨西哥召开首次贸易部长会议，再到 2016 年中国建立贸易投资工作组并实现贸易部长会议机制化，达成首份贸易部长声明，贸易投资议题在二十国集团合作中发挥着

---

[1] G20, "G20 Leaders' Communiqué: Brisbane Summit", Brisbane, Australia, November 16, 2014.

越发重要的作用。

在支持多边贸易体系和反对贸易保护主义方面，二十国集团各成员多次做出承诺。在2016年贸易部长会议上各方承诺继续致力于维护以规则为基础的透明、非歧视、开放和包容的多边贸易体制，决心共同努力进一步加强世界贸易组织，再次重申此前关于维持现状和撤销已有保护主义措施的承诺，并将承诺延长至2018年年底，并且承诺在当年年底前批准世界贸易组织《贸易便利化协定》，并呼吁其他世界贸易组织成员效仿。

二十国集团在积极推动解决金融危机后全球贸易动力不足、推动贸易增长方面采取一致行动，尤其是2016年贸易部长会议通过《二十国集团全球贸易增长战略》，在降低贸易成本、加强贸易投资政策协调、促进服务贸易、增强贸易融资、设定贸易景气指数、促进电子商务发展、推动贸易与发展等领域取得了重要的历史性成果。

在全球投资治理方面，二十国集团2016年贸易部长会议批准了《二十国集团全球投资指导原则》，成为世界首份关于投资政策制订的多边纲领性文件，打破了全球投资规则的碎片化的局面。这份指导原则确立了全球投资规则的总体框架，为各国协调制定国内投资政策和商谈对外投资协定提供了重要指导。

五　全球发展治理

二十国集团峰会机制是为应对金融危机而诞生，但是其开始就将发展问题作为重要议题。2008年华盛顿峰会关注危机对发展中国家的影响，2009年伦敦峰会公报中提出"确保所有经济体公平而持续的复苏"。多伦多峰会成立了二十国集团发展工作组，正式开启发展议程。2016年杭州峰会第一次把发展问题置于全球宏观政策框架的突出位置。可见，随着二十国集团从危机管理向长效治理转型，二十国集团对发展议题越来越重视，也取得了诸多成果。

第一，二十国集团与联合国发展议程紧密衔接。2010年首尔峰会首次引入联合国发展议程以来，历次峰会都继续推动这一领域取得进展。2016年杭州峰会第一次制定落实联合国2030年可持续发展议程行动计划，列出了包括基础设施、人力资源开发和就业、普惠金融和侨汇等内容在内的可持续发展行动清单。

第二，支持非洲和最不发达国家工业化。为支持非洲工业化，杭州峰会首次就该议题发起《二十国集团支持非洲和最不发达国家工业化倡议》，提出通过自愿政策选项，强化包容增长，提升发展潜力，助力非洲减贫和实现可持续发展。

第三，基础设施建设。基础设施投资已经逐渐成为二十国集团的首要议程之一。2010年首尔峰会将基础设施投资列为《首尔发展共识》和《关于发展的未来数年行动目标》的支柱之一。2014年，基础设施投资工作组成立。2016年杭州峰会提出加强多边开发银行的作用，动员多边开发银行资源；加强基础设施的连通性以及探索多元化基础设施的融资渠道。

第四，普惠金融。二十国集团成立普惠金融全球合作伙伴（GPFI），推动全球普惠金融指标的构建，关注中小企业融资问题，并成立了专门的中小企业工作小组，研究如何改善中小企业融资。

此外，二十国集团在就业、粮食安全、公共卫生等领域达成共识，采取共同行动促进包容联动发展。

第三章
二十国集团领导人峰会

2008年，美国爆发次贷危机并引发了全球范围的金融危机。在这一背景下，二十国集团从部长级会议升级为领导人峰会，为应对危机起到重要作用。截至2019年，二十国集团共召开14次领导人峰会，其中在美国举行2次，其他举办过峰会的国家分别是英国、加拿大、韩国、法国、墨西哥、俄罗斯、澳大利亚、土耳其、中国、德国、阿根廷和日本（见表3-1）。

表3-1　2008～2019年二十国集团领导人峰会时间、地点及主题

届次	时间	地点	主题
1	2008年11月15日	美国华盛顿	全球复苏和金融监管
2	2009年4月2日	英国伦敦	改革国际金融体系
3	2009年9月24～25日	美国匹兹堡	国际金融体系改革和全球经济失衡
4	2010年6月26～27日	加拿大多伦多	推动世界经济全面复苏
5	2010年11月11～12日	韩国首尔	跨越危机，携手成长
6	2011年11月3～4日	法国戛纳	应对欧债危机、促进全球经济增长、加强国际金融监管、促进社会保障和协调发展
7	2012年6月18～19日	墨西哥洛斯卡沃斯	加强国际金融体系和就业、发展、贸易
8	2013年9月5～6日	俄罗斯圣彼得堡	—
9	2014年11月15～16日	澳大利亚布里斯班	经济增长、就业与抗风险
10	2015年11月15～16日	土耳其安塔利亚	共同行动以实现包容和稳健增长
11	2016年9月4～5日	中国杭州	构建创新、活力、联动、包容的世界经济

续表

届次	时间	地点	主题
12	2017年7月7~8日	德国汉堡	塑造联通的世界
13	2018年11月30日~12月1日	阿根廷布宜诺斯艾利斯	为公平和可持续发展凝聚共识
14	2019年6月28~29日	日本大阪	全球经济、贸易与投资、创新、环境与能源、就业、妇女赋权、发展、卫生

资料来源：笔者根据相关网站资料整理。

第一节 领导人峰会与国际金融危机

2008年金融危机爆发以来，二十国集团从部长级会议升级为领导人峰会。这一时期的领导人峰会在危机管理方面起到重要作用，遏制了金融危机的进一步蔓延，成功推动了世界经济复苏和金融稳定。

一 2008年华盛顿峰会

（一）峰会背景

在2006年之前的5年里，由于美国住房市场持续繁荣，以及利率水平持续较低，美国的次级抵押贷款市场迅速发展。从2006年春季开始，美国的次贷危机逐步显现。2007年2月13日美国新世纪金融公司（New Century Finance）发出2006年第四季度盈利预警，使得次贷危机开始受到关注。2007年8月开始席卷美国、欧盟和日本等世界主要金融市场，欧美股市全线暴跌。2008年9月15日，美国投资银行雷曼兄弟公司申请破产保护使得次贷危机升级，并最终演变为严重的国际金融危机。危机严重冲击金融市场，使得以美国为代表的发达经济体经济遭受重创。2008年第三季度，美国GDP增长率为-0.54%，比上年同期下降1.08个百分点；欧盟GDP增长率为-0.69%，比上年同期下降1.26个百分点；日本GDP增长率为-1.25%，比上年同期下降

0.75个百分点。① 全球金融市场动荡使得全球经济面临较大的下行风险。在金融危机席卷全球的严峻的形势下,原有二十国集团财长和央行行长会议已经不能有效应对危机。二十国集团召开领导人层面的会议成为共识。在这一背景下,二十国集团领导人金融市场和世界经济峰会(G20 Leaders Summit on Financial Markets and the World Economy)于2008年11月15日在美国首都华盛顿国家建筑博物馆举行,这是二十国集团首次举行领导人峰会。

(二)主要议题和成果

华盛顿峰会的主题为"全球复苏和金融监管",参会者包括二十国集团领导人、国际货币基金组织总裁、世界银行行长、联合国秘书长以及金融稳定论坛主席。西班牙和荷兰作为欧盟代表也参加了此次峰会。会议讨论了国际社会在应对金融危机方面取得的进展、金融危机产生的原因,共商促进全球经济发展的举措,探讨加强国际金融领域监管规范、推进国际金融体系改革等。会议结束时,与会领导人还发表了《二十国集团领导人金融市场和世界经济华盛顿峰会宣言》。宣言承诺,"加强合作,努力恢复全球增长,实现世界金融体系的必要改革",以防止类似危机再次发生。宣言强调,"在金融不稳定时期反对保护主义","避免为投资或商品和服务贸易设置新壁垒,避免采取新的出口限制措施或采取不符合世界贸易组织规定的刺激出口措施"。与会领导人就此次金融危机的起源、加强金融监管、支持经济增长及反对贸易保护主义等问题达成共识,并呼吁改革世界金融体系,防止类似危机再次发生。具体来讲,本次峰会主要就以下四方面议题开展讨论并取得共识。②

一是探讨危机根源。金融危机的爆发引发了对危机根源的广泛讨论,对危机根源的探寻有助于更好地应对危机。为此,探讨危机爆发的根源成为此次峰会重点议题之一。对于危机的根源,与会领导人发表了各自的看

---

① OECD, Quarterly National Accounts.
② G20, "Declaration of the Summit on Financial Markets and the World Economy", Washington D. C. , United States, November 15, 2008.

法。在讨论中，欧洲成员指责美国对市场的放任和监管不力等因素导致危机爆发，呼吁加强市场监管；美国则不愿承担引发危机的全部责任，并认为世界经济不平衡等外部因素导致危机爆发。尽管存在分歧，二十国集团领导人对危机爆发原因的认识在以下方面取得了共识。与会领导人认为，造成危机的主要原因包括：市场参与者追逐更高收益，却未恰当评估风险和履行应有的责任；金融衍生品日益复杂和过度杠杆操作，共同造成金融体系的脆弱性；金融监管滞后于金融创新以及宏观经济政策缺乏连贯性，协调不足，经济结构改革不充分等。

二是探讨稳定金融市场、刺激经济增长的措施。2008年次贷危机爆发以来，主要经济体的经济发展受到冲击，全球经济面临下行风险。许多新兴市场与发展中经济体虽然未处在危机核心，但是也越来越多地受到全球经济放缓的冲击。尽管各方在危机根源、如何加强监管、金融体系改革等诸多问题上存在分歧，但尽快采取有力行动稳定金融市场、提振信心、遏制危机蔓延、刺激经济增长是符合各方共同利益的。对于应对金融危机的措施，与会领导人认为，需要采取的措施包括稳定金融体系，实施支持性货币政策，采取适当的财政措施刺激内需，国际货币基金组织流动性安排和项目支持帮助新兴市场与发展中经济体获得融资，世界银行和其他多边开发银行支持各自发展议程和引入新贷款机制，以及确保国际货币基金组织、世界银行和其他多边开发银行拥有充足的资源，继续在克服危机过程中发挥作用。

三是改革金融市场的原则。领导人普遍认为，需要加强金融监管来阻止危机蔓延和防止金融危机的自此爆发。但是在如何加强金融监管问题上，一些成员之间还存在严重分歧，特别是欧洲成员与美国之间。例如，法国主张将跨国资本流动等所有金融领域都加强监管；美国则认为监管不能造成对市场的过度干预，并强调当务之急是采取共同措施避免危机造成大的经济衰退。而中国、俄罗斯等新兴市场与发展中经济体则要求提高在国际金融领域的发言权。尽管存在分歧，但考虑到严峻的形势，各方最终做出妥协并就金融市场改革的普遍原则达成一致。这些普遍原则包括加强透明度和问责制、加强稳健监管、促进金融市场的诚信、加强国际合作和改革国际金融机构。峰会还就应对世界面临的金融和经济问题的措施达成《关于落实改革原则的行动计划》，就上述五个领域的改革分别设定了 2009 年 3 月 31 日前须完成的最优先的行动清单和中期目标。

四是探讨构建开放的全球经济。对于构建开放的全球经济，与会领导人认为，必须坚持自由市场原则，加强金融监管，同时也必须避免监管过度，在金融不稳定时期反对保护主义、避免政策内顾，强调千年发展目标和各自做出的发展援助承诺的重要性，应对能源安全和气候变化、粮食安全、法治、反恐、贫困和疾病等重要挑战。

与会领导人还就财长和专家的任务做出承诺，包括在监管政策方面减少顺周期性，评估并协调全球会计准则，加强信贷衍生品市场的韧性和透明度并降低其系统性风险，评估薪酬机制，评估国际金融机构的职能、治理和资源需求以及系统重要性金融机构等方面提出建议。

（三）峰会贡献

二十国集团华盛顿峰会无疑是一次巨大的成功。虽然首次二十国集团领导人会议准备时间比较仓促，各方也存在分歧，但是各国领导人展现了很高的政治智慧和领导力，最终达成一系列重要成果，为应对危机起到了极为关键的作用。

华盛顿峰会形成了新的危机对话机制。从 2007 年美国次贷危机开始，美国以及其他受危机影响较为严重的国家采取了增加流动性、稳定金融市场、刺激经济增长等措施。但是，随着发端于美国的次贷危机演变为一场国际金融危机，国家层面的救助措施不足以阻止危机的恶化，而传统的多边合作机制也被指未能发挥足够作用。在危机继续蔓延的趋势未能得到抑制的形势下，二十国集团召开首次领导人层面的会议，说明国际社会形成了一个高级别和具有较好代表性的机制来应对国际金融危机。这一非正式机制有助于克服传统机制的弊端，展现出较大的灵活性和办事效率，在有效控制危机进一步蔓延方面发挥了关键作用。

华盛顿峰会启动了危机救助和经济刺激行动。二十国集团华盛顿峰会上，虽然各方在危机产生的根源、应对措施、金融监管改革等问题的讨论中存在争议，但是最终各方积极求同存异，尽最大可能形成了危机应对的

方案。领导人一致同意采取大规模财政和货币刺激政策，为遏制金融危机和修复金融系统制定了路线方针和具体措施，并规划了短期应采取的紧急行动和中期举措。这在维护金融稳定、刺激需求、促进世界经济发展方面发挥了突出作用。

华盛顿峰会提振了市场和投资者信心。虽然华盛顿峰会达成共识的落实效果还需要一些时间检验，但是全球主要发达经济体同新兴市场与发展中经济体共同合作应对危机这一举动就传递出各国领导人共同应对金融危机、共同协商全球性经济政策的决心，对稳定金融市场、提升市场信心起到重要作用。

华盛顿峰会确立了金融监管改革的方向。此次金融危机使得决策者、监管者开始对金融监管政策进行反思，并认识到金融市场不断累积的风险未能得到充分评估和解决，金融监管未能跟上金融创新步伐，是造成此次危机的重要政策因素。国际社会对金融监管改革的呼声越来越高，此次二十国集团峰会对金融市场改革的普遍原则达成共识，并为落实原则制定了行动计划，为金融监管改革指明了方向，也为进一步讨论和落实金融监管改革的措施提供了基础。

华盛顿峰会促成新兴市场与发展中经济体走向全球经济治理的中心。虽然从2003年起，中国、印度、巴西、墨西哥和南非开始应邀出席八国集团峰会，但实际上发展中国家只是作为外围成员参加"G8+5"的非正式对话机制，并没有与发达经济体同等的话语权。华盛顿峰会使得二十国集团上升至首脑级别，使得新兴市场与发展中经济体在全球治理中的代表性和话语权得到提升，与发达经济体平等讨论国际经济事务，标志着全球治理的重大转折。

二　2009年伦敦峰会

（一）峰会背景

2008年华盛顿峰会以来，虽然全球吹响了应对金融危机的集结号，但是金融危机依然在加深，并且波及面更加广泛。全球经济萎缩已经显现，全球主要经济体的经济增长明显放缓。二十国集团整体的经济在

2009年第一季度下降 1.5%，在 2008 年第四季度的经济下降 1.3% 的情况下进一步恶化。美国 2008 年第四季度 GDP 下降 2.2%，较第三季度下降幅度明显增大。2009 年第一季度经济下降趋势有所好转，下降幅度为 1.1%。2008 年第四季度到 2009 年第一季度，欧盟 GDP 增长从 -1.8% 继续降至 -2.8%；日本 GDP 增长从 -2.4% 降至 -4.8%。[①] 在国际金融危机持续扩大蔓延，世界经济陷入严重衰退的背景下，根据 2008 年华盛顿峰会确定的 2009 年 4 月 30 日之前将再次举行会议议程，2009 年 4 月 2 日，二十国集团领导人第二次峰会在英国首都伦敦举行。在峰会召开之前的 3 月 14~15 日，二十国集团财长和央行行长会议在英国霍舍姆召开。这被认为是二十国集团领导人峰会"前奏"。此次财长和央行行长会议达成了采取有力措施恢复经济增长、改革全球金融体系等诸多共识，但是，美欧之间在政策侧重点上存在分歧。美国主张主要经济体扩大经济刺激计划规模，欧盟更加关注改革和强化包括跨境监管在内的金融监管体系。在距离伦敦峰会召开不到一个月的时间内，美欧之间能否协调立场直接影响峰会成果。危机当前，二十国集团伦敦峰会既备受期待，也存在一定不确定性。

（二）主要议题和成果

2009 年 4 月的二十国集团伦敦峰会以"改革国际金融体系"为主题，主要议题为摆脱危机，使经济尽快复苏；改革国际金融体系，加强监管，防止危机再次发生；改革国际货币基金组织和世界银行等国际金融机构，使之在防范危机和支持增长方面发挥更大的作用等。经过各方共同努力，峰会取得了积极务实成果，通过《复苏与改革全球计划：二十国集团领导人伦敦金融峰会公报》，就恢复经济增长和就业、加强金融监管、巩固全球金融机构、反对保护主义和促进全球贸易及投资、确保所有经济体公平而持续地复苏以及积极履行承诺等方面达成共识。具体来讲，主要包括以下五个方面。[②]

---

① OECD, Quarterly National Accounts.
② G20, "London Summit-Leaders' Statement", London, United Kingdom, April 2, 2009.

第一，对于恢复经济增长和就业，领导人同意采取现代历史上最大规模的财政和货币刺激计划，以及最为全面的金融业扶持计划。并就1万亿美元以上的刺激计划达成一致，将通过全球金融机构和贸易融资为全球经济注入更多资金。同时，确保长期的财政可持续性和物价稳定性，并将制定可靠的退出战略，从而可在必要时候退出目前需要采取的、旨在支持金融业和恢复全球需求的措施。就业问题在此次峰会同样受到关注，领导人承诺将通过创造就业机会和收入支持措施来帮助那些受到危机影响的人，将借助刺激经济增长、投资于教育和培训来支持就业，通过积极的劳动力市场政策和关注最弱势人群来鼓励用工。

第二，对于加强金融监管，领导人同意将采取行动建立更加强有力的、更加具有全球一致性的金融监管框架，在本国推行强有力的监管系统，同时还同意建立更加具有一致性和系统性的跨国合作。监管机构必须保护个人消费者和投资者、扶持市场纪律、避免对其他国家造成负面影响、减少"监管套利"的范围、支持竞争和动力以及跟上市场创新的步伐。为此，发布了一份名为《加强金融系统》（Strengthening the Financial System）的宣言，决定新建一个金融稳定理事会作为金融稳定论坛的继承性机构，与国际货币基金组织进行合作，对宏观经济和金融危机风险做出预警和应对；首次提出把对冲基金置于金融监管之下，并对拒不合作的"避税天堂"采取行动及实施制裁，并要求各国财长按照《行动方案》中的时间表执行上述决议。

第三，对于巩固全球金融机构，此次峰会筹集了1.1万亿美元的扶持资金。领导人同意，通过全球金融机构追加8500亿美元可用资金，支持新兴市场与发展中经济体的增长。具体包括通过成员的直接融资向国际货币基金组织提供2500亿美元可用资源，随后共同达成一个规模更大、更加灵活的借款新安排（NAB），再增加最高5000亿美元，并考虑是否有必要向市场举债；以及由各多边开发银行（MDB）大幅增加至少1000亿美元的贷款，包括向低收入国家提供贷款，并确保所有多边开发银行的安全，包括拥有适当的资本。领导人支持进行一次总的特别提款权（SDR）分配，此举将向世界经济注入2500亿美元并提高全球流动性，并要求对《第四次修正案》进行紧急修订。领导人同意执行 2008 年 4 月达成的国际货币基金组织配额和话语权改革的方案；考虑给予国际货币基金组织官员更高的参与度，令其能够向国际货币基金组织提供战略指导并加强其问责机制；执行 2008 年 10 月达成的世界银行改革方案；同意国际金融机构的首脑和高级领导应该通过公开、透明的优选程序来指派。

第四，对于反对保护主义和促进全球贸易及投资，领导人重申在华盛顿峰会不得针对投资或商品及服务贸易设置新的障碍、不对出口施加新的限制、不得推行违背世界贸易组织规则的措施来刺激出口的承诺，并将上述承诺的期限延长至 2010 年结束。领导人同意努力把包括财政政策和支持金融业行动在内的国内政策行动对贸易和投资的任何不利影响降至最低程度。承诺不采取金融保护主义，尤其不能采取限制世界范围内的资本流动——特别是流向发展中国家的资本——的措施。领导人同意确保在未来两年中通过出口信贷和投资机构及多边开发银行（MDB）至少提供 2500 亿美元的资金来支持贸易融资。领导人同意致力于就急需的多哈发展议程达成一个积极和兼顾各方的协议，这样世界经济总量每年至少能增加 1500 亿美元。

第五，对于确保所有经济体公平而持续地复苏，领导人重申将致力于履行各自的官方发展援助（ODA）承诺，其中包括促进贸易援助、债务减免及在格伦伊格斯（Gleneagles）会议上做出的承诺，特别是对撒哈拉以南非洲国家的承诺；承诺将通过创造就业机会和收入支持措施来帮助那些受到危机影响的人；同意以最佳方式使用财政刺激计划的资金，以达成帮助经济有活力、可持续且绿色复苏的目标；重申在化解气候不可逆变化威胁方面的承诺。

此外，会议重申了在气候变化问题上各国共同但有区别的责任原则，一致支持联合国气候变化会议达成协议。

（三）峰会贡献

2008 年 11 月召开的二十国集团峰会主要是就应对危机达成了原则性的共识，2009 年 4 月的伦敦峰会则是切实推出强有力的措施来拯救危机

中的世界经济。二十国集团伦敦峰会对于国际社会应对金融危机起到重要的作用,峰会决定为国际金融机构提供资金,并推动金融监管改革等,遏制世界经济下滑的势头,提振了国际社会克服金融危机冲击影响、推动世界经济恢复增长的信心,有助于促进金融市场趋于稳定,使得世界经济出现积极变化。

伦敦峰会最突出成就是以强有力的注资扭转了世界经济的衰退。为应对危机,伦敦峰会达成了向国际金融机构提供 1.1 万亿美元的一揽子协议。这些资金能够支持逆周期调节的支出,银行资本重组,加强基础设施建设、贸易融资,为支持国际收支平衡、债务展期等提供资金,并提高全球流动性。这些资金的注入对于深陷危机的世界经济非常重要和紧迫,促进了恢复全球信贷、就业和刺激经济增长。

这次危机之初,国际货币基金组织等国际金融机构由于应对不力受到国际社会诟病。二十国集团伦敦峰会决定为国际金融机构提供所需资金,特别是将国际货币基金组织的可用资金规模扩大两倍,从 2500 亿美元扩大至 7500 亿美元。这使得国际货币基金组织监管权力和贷款能力大大增强,使其在应对危机中能够有能力发挥更大作用。

伦敦峰会加强了金融监管改革的机构建设。在二十国集团华盛顿峰会确立了金融市场改革的五项普遍原则和《关于落实改革原则的行动计划》后,伦敦峰会在金融监管机构建设方面取得显著进展。会议决定将金融稳定论坛升级为金融稳定理事会,成员扩展至所有二十国集团成员,使其包容性大大提高,并赋予其对宏观经济和金融危机风险发出预警并解决这些危机的职责。

伦敦峰会较华盛顿峰会更加突出了贸易投资议题。随着金融危机的深化,其影响也从金融市场延伸到实体经济。全球贸易增长也在危机冲击下出现了 25 年来的首次下滑,贸易保护的压力持续增加,重振世界贸易和投资成为恢复全球经济增长的核心。反对保护主义以及贸易融资等措施,不仅对于提振贸易投资本身具有积极作用,而且对于提高需求、恢复经济增长起到重要作用。

三 2009年匹兹堡峰会

(一) 峰会背景

2009年第二次二十国集团峰会以来，各国采取了有史以来规模最大、协调性最强的财政和货币刺激计划。经过努力，全球经济活动急剧危险下滑得到遏制，国际金融市场逐渐趋于稳定。几乎所有二十国集团经济体的工业产出都开始回升，国际贸易也正开始复苏，金融市场信心得到提振。但是，世界经济的复苏进程尚不稳定，私人部门需求尚不能支撑持续复苏，特别是许多国家的失业率依然居高不下。在从危机走向复苏的关键时刻，2009年9月，二十国集团领导人第三次峰会在美国匹兹堡举行。这次峰会距华盛顿峰会召开不到12个月。如果说前两次峰会主要是为了避免国际金融体系发生系统性崩溃和经济全面衰退，第三次领导人峰会的着力点则在于引导全球经济持续复苏、推动国际金融体制改革等方面。

(二) 主要议题与成果

匹兹堡峰会以"国际金融体系改革和全球经济失衡"为主题，并较前两次峰会扩大了议题范围。领导人围绕推动世界经济复苏、转变经济发展方式、国际金融体系改革和发展问题等议题进行讨论，并通过了《二十国集团匹兹堡峰会领导人声明》。此次峰会主要取得了以下五方面成果。[①]

一是二十国集团的机制化。此次峰会在确立二十国集团国际地位方面取得了重大的历史性成果，特别是领导人声明首次明确指定二十国集团成为"国际经济合作的首要论坛"，确定了2011年起每年举办一次的机制。

二是峰会启动了"强劲、可持续、平衡增长框架"以及相互评估进程。这一增长框架包括责任的财政政策、加强金融监管、促进经常账户平衡、采取符合价格稳定目标的货币政策、推进结构改革、促进平衡和可持续发展等方面。根据这一框架，二十国集团成员承诺解决各自经济存在的问题，进行相互评估并定期向二十国集团和国际货币与金融委员会

---

① G20, "G20 Leaders Statement: The Pittsburgh Summit", Pittsburgh, United States, September 25, 2009.

（IMFC）报告。

三是提升了新兴市场与发展中经济体在国际金融机构中的代表性和发言权。二十国集团匹兹堡峰会在国际金融机构改革方面取得重大突破。在国际货币基金组织份额改革方面，领导人认为国际货币基金组织份额分配应反映成员在世界经济中的相对权重，承诺从份额高估的经济体向份额低估的新兴市场与发展中经济体至少转移5%的份额。在多边开发银行改革方面，二十国集团领导人强调逐步实现世界银行内平等分享投票权的目标，承诺将发展中经济体和转轨经济体在世界银行的投票权至少实质性增加3%。

四是加速推进金融监管改革。会议提出在2010年底前建立国际公认的规则，以提高银行资本的数量和质量，降低过高杠杆率，减弱经济顺周期性，二十国集团成员的所有主要金融中心承诺于2011年前实施"新巴塞尔资本协议框架"。提出改革金融高管薪酬，把薪酬同公司长期价值创造而非过度冒险行为统一起来，以促进金融稳定。加强对场外衍生品市场的监管，提出最迟于2012年底前实现所有标准化场外衍生品合约在交易所或电子交易平台交易。在2010年底前制定跨境破产清算方案，解决具有系统重要性金融机构的有关问题。呼吁建立全球统一的会计准则。在打击不合作辖区方面，与会领导人承诺应对"避税天堂"、洗钱、腐败所得行为、恐怖融资和审慎标准等问题，并准备好自2010年3月起对"避税天堂"采取反制措施。

五是加强能源与气候治理。本次峰会上，二十国集团领导人承诺规范并逐步消除低效的、鼓励浪费的化石燃料补贴以应对能源和环境问题，并要求能源和财政部门的领导人根据各自国情制定落实措施和时间表。这是领导人首次就化石燃料补贴做出承诺。会议在气候融资资金等方面也取得进展。

此外，由于各方经济复苏进程并不一致，因此对于刺激政策退出的时间存在争议。最终，会议还就经济刺激方案退出机制、长期可持续发展等问题进行了讨论，同意避免过早撤出刺激方案，短期内继续实施经济刺激计划以促进经济活动，直到经济复苏势头得到巩固。同时将制定退出战略，在时机成熟时通过合作与协调的方式退出非常规性的政策支持。

但是，此次峰会也存在一些遗憾。对于各方关注的贸易保护主义问题，会议没有取得实质进展。尽管领导人重申不采取新的贸易保护主义措施，争取推动多哈回合谈判，进一步推动贸易自由化，但是上述承诺缺乏兑现的具体措施和落实细节。

（三）峰会贡献

与前两次峰会召开时危机迫在眉睫不同，二十国集团匹兹堡峰会召开之际，世界经济开始逐步走出衰退，但危机的影响依然没有消除。此次峰会在继续讨论应对危机和推动世界经济增长等议题之外，进一步扩展了议程，也开始对更加深层次的问题有所触及。

匹兹堡峰会释放了一个强烈的信号，即在世界经济确定走向长期复苏之前，二十国集团成员不会退出刺激政策。同时，峰会开始讨论为政策退出做准备，并根据各方实际情况进行差异化安排。这一共识对于避免经济陷入有可能的二次衰退和安抚市场和修复信心起到非常及时的作用，也为各国留出政策空间。

匹兹堡峰会一大亮点是创立的"强劲、可持续、平衡增长框架"。这一框架能够对各成员在未来进行严格的宏观经济和结构改革起到指导和约束作用，不仅为世界经济复苏提供政治指引和政策指导，同时也对更长期的世界经济增长起到前瞻性的作用，并成为二十国集团持续关注的议题。为落实这一框架而启动的相互评估进程为二十国集团其他领域成果的实施和评估起到示范作用，有助于加强二十国集团的约束力。

匹兹堡峰会在二十国集团制度建设上取得了重要成果。首次二十国领导人峰会是在危机爆发的紧急情况下召开的，并未做出机制化安排。随着华盛顿峰会和伦敦峰会在应对危机上发挥了重要作用，国际社会对二十国集团的认可和期待有所提升，同时对其自身建设十分关注。匹兹堡峰会将二十国集团确立为"国际经济合作的首要论坛"，以及每年召开一次峰会的永久化机制。二十国集团的机制化建设对其从危机应对向长效治理转型和在全球经济治理中发挥重要作用，产生深远影响。

匹兹堡峰会反映了新兴市场与发展中经济体话语权的提升。由于在国际金融危机面前，发达经济体需要发展中经济体的合作应对金融危机，此次峰会在国际金融机构改革方面取得切实进展，特别是就国际货币基金组织份额改革方面提出了量化方案，为新兴市场与发展中经济体在全球治理中获得更大话语权起到了推动作用。

第二节　领导人峰会与欧债危机

在二十国集团前三次峰会时，世界经济深处金融危机的泥潭，二十国集团重点任务是协同应对全球挑战。随着世界经济复苏势头的开始，以及欧洲主权债务危机等新因素的出现，二十国集团成员各自面对的情况发生了不同变化，因此开始出现不同的宏观经济政策主张。2010~2012年，二十国集团主要面临应对欧洲主权债务危机与促进世界经济复苏增长的任务以及各国之间的政策协调。

一　2010年多伦多峰会

（一）峰会背景

自二十国集团召开三次领导人峰会以来，各方在应对国际金融危机方面已取得积极进展。各方采取了有力举措，协调推出财政和货币刺激计划，以增加私人需求和恢复信贷，稳定并改善金融体系。向国际金融机构大幅增资，推动国际金融机构治理和管理改革措施也使得全球经济逐渐明确了向好的趋势。但是，经济复苏并不均衡，基础依然脆弱，欧洲主权债务危机又给全球经济走势增添诸多变数，失业问题仍然没有得到解决，有些国家的失业率居高不下甚至达到无法接受的程度，对社会造成的影响依然深远。为此，巩固复苏成为关键。

（二）主要议题和成果

二十国集团多伦多峰会主要讨论了世界经济形势，欧洲主权债务危机，强劲、可持续和平衡增长框架，国际金融机构改革，国际贸易和金融监管等问题。二十国集团成员通过相互协调立场，取得了比较积极的成果。会议取得以下四方面主要成果。①

一是继续完善强劲、可持续、平衡增长框架。二十国集团成员领导人一致同意根据各自情况采取相应的措施,发达经济体完成财政刺激计划并公布"增长友好型"的财政整顿计划,发达经济体承诺在2013年前将财政赤字至少减半,在2016年前稳定或降低政府债务占GDP的比重,并欢迎日本政府近期一同宣布的增长战略和财政整顿计划;二十国集团全体成员需进行结构改革;以及在重新平衡全球需求方面应取得更多进展。二十国集团成员领导人同意财政出现赤字的发达经济体和盈余经济体都应该采取有效措施促进经济平衡增长,并承诺缩小发展差距和充分考虑对低收入国家的影响。

二是继续加强金融监管改革。对此,会议提出改革的四个支柱。第一是强有力的监管框架。领导人支持在首尔峰会时就巴塞尔新资本框架达成一致,并同意所有成员都执行新的标准。第二是有效监管。领导人强调更有效的监督和监管的重要性,特别在加强监管者职能、所需资源以及具体权限方面需要制定新的措施,并责成金融稳定理事会与国际货币基金组织提出建议。第三是处置和解决系统性机构问题。二十国集团成员同意,金融部门应公平和实质性地偿付政府干预所产生的费用,并责成金融稳定理事会与国际货币基金组织建立包含有效的处置手段、强化的审慎监管要求、金融市场核心基础设施等内容的政策框架。第四是透明的国际评估和同行审议。二十国集团成员同意支持通过金融稳定理事会开展对避税天堂、反洗钱行动、恐怖主义融资及审慎标准执行等方面的强有力、透明的同行审议。

三是国际金融机构改革和完善。二十国集团成员承诺加强国际金融机构的合法性、可信度和有效性,重申落实匹兹堡峰会的承诺。会议还讨论了加强全球金融安全网、支持中小企业融资、全球农业和粮食安全基金等问题。

四是反对贸易保护主义。二十国集团成员将不采取贸易保护措施的承诺延长三年至2013年年底,重申尽早完成世界贸易组织多哈回合谈判,承诺保持促贸援助的势头。

---

① G20, "The G20 Toronto Summit Declaration", Toronto, Canada, June 27, 2010.

此外，多伦多峰会还关注了最脆弱国家和弱势群体的问题。二十国集团成员同意向国际金融机构大幅增资，此举有助于稳定并减轻危机对最弱势群体的影响。承诺采取措施增强经济增长潜力和就业增长，对弱势群体给予特殊关注，提供社会保障，确保最贫穷国家受益于峰会恢复全球经济增长的努力。

但是，此次多伦多峰会也暴露了各成员的不同诉求和政策主张。由于应对金融危机取得进展，欧债危机等新的因素出现，各成员面对的经济情况开始发生不同的变化，在宏观经济政策主张上逐渐出现分歧。例如，此次峰会争论的焦点在征收银行税和金融交易税方面，法国和德国等国主张在全球范围内征收金融交易税，用于弥补将来可能发生的救助成本，而这一主张遭到美国、加拿大等国的反对，认为征税会降低信贷流动。中国和日本等国则主张在征税问题上由各国结合本国的实际情况来做出决定是否征税，而不应采取"一刀切"的做法。在经济刺激计划退出策略问题上，不同成员的矛盾分歧也开始公开化。欧元区成员受到债务危机拖累，要求控制和削减财政开支；而美国由于整体经济复苏前景尚不明朗而希望各国能够继续执行刺激计划。中国、日本等其他二十国集团成员则希望各国能够根据自己的实际情况来协调和决定刺激计划的退出策略。

总之，二十国集团多伦多峰会是二十国集团峰会机制化后的首次领导人峰会，具有承前启后的重要意义。多伦多峰会为协调美国"促就业、保增长"的政策主张，欧洲"削债务、渡危机"的诉求以及新兴市场与发展中经济体以保持经济复苏势头为首要任务的主张，以履责作为此次峰会的核心，确保了峰会取得成果，同时为各国留下了按照各自节奏采取"有差别与酌情而定的"经济政策空间。多伦多峰会在国际货币基金组织份额改革和发达经济体在削减赤字、公债方面设定的量化指标和时间表为促进世界经济复苏和应对欧洲主权债务危机发挥了积极作用。

二　2010年首尔峰会

(一) 峰会背景

在二十国集团和国际社会共同努力下，世界经济逐渐复苏，但总需求依然不足,缺少新的经济增长点。此时的各国经济政策目标差异越发公开化,宏观经济政策协调难度增大,进一步增加了世界经济复苏的脆弱性和不平衡性。而最备受关注的是美国在首尔峰会前夕出台的新一轮量化宽松政策,引发美元贬值、大宗商品价格上升、跨境资本流入新兴市场等问题。同时,随着国际金融危机深层次影响的显现,全球发展问题更加突出。2010年11月,二十国集团在韩国首尔举行第五次峰会。值得注意的是,这是二十国集团领导人峰会首次在七国集团以外的新兴市场与发展中经济体成员举行,也是首次在亚洲举行,这对二十国集团的发展具有重要意义。

(二) 主要议题和成果

首尔峰会主要讨论了世界经济不平衡、国际金融机构改革、汇率、全球金融安全网和发展等议题,并最终达成《二十国集团首尔峰会领导人宣言》。会议的主要成果体现在以下五个方面。[①]

一是世界经济不平衡问题。峰会就经常项目收支平衡议题达成"相互评估进程"并将研究拟定相关"参考性指南"。而对于美国会前一直以一些经济体贸易顺差较大为由提出对经常项目顺差或逆差设置不高于国内生产总值4%的标准,因为受到很多经济体质疑和反对,最终没有被纳入领导人宣言中。《首尔宣言》突出了"涵盖一系列指标以评估世界经济不平衡的机制",强调推动"首尔行动计划"既要突出"全面""合作",也不能忽略"各国实际情况"。

二是国际金融机构改革。二十国集团领导人再次肯定国际金融机构改革的重要意义,并承诺尽快落实国际货币基金组织向包括新兴市场与发展中经济体在内的代表性不足的国家转移6%以上份额。正是由于二十国集团领导人的政治决断和推动,国际货币基金组织改革取得了成立以来最重要的进展,通过了新兴市场与发展中经济体最大的份额转移方案。新的份额分配提高了新兴市场与发展中经济体的代表性,体现了新兴市场与发展中经济体经济力量上升这一客观现实,也使得国际货币基金组织自身的合

---

① G20, "The G20 Seoul Summit Leaders' Declaration", Seoul, Korea, November 12, 2010.

法性和有效性得到加强。

三是货币和汇率政策。汇率议题最早并未被韩国列为此次峰会的重点议题，但是峰会前美国新一轮量化宽松政策的出台，造成美元贬值其他货币升值，其他经济体为维护金融安全而被迫干预汇市，并由此引发汇率争端。美国为此在峰会提出汇率操纵、人民币低估等议题转移视线，但未被领导人宣言采纳。最终首尔峰会就汇率政策与协调提出四项建议，延续了二十国集团韩国庆州财长和央行行长会议的成果，缓解了人们对"货币战"的担忧。峰会特别指出对美国第二轮量化宽松政策导致热钱冲击国际金融市场保持警惕，减少其可能带给新兴市场与发展中经济体的风险。

四是推动加强国际金融监管和金融安全网。韩国在当选二十国集团主席国之后，就一直主张各成员讨论通过国际合作建立"全球金融安全网"向面临暂时性资金危机的国家提供资金的问题。在资本流动加剧、金融市场波动风险增加的形势下，首尔峰会就建立金融安全网达成一致，提出"金融网"将提供有效工具，这对克服国际资本迅速进出带来的严重后果将起到重要作用。而在金融监管方面，领导人承诺支持巴塞尔银行监督委员会新通过的银行资本和流动性框架。这对于继续推进全球性的金融监管改革和防范金融危机意义深远。

五是发展问题。首尔峰会首次将发展问题作为主题之一，通过"关于共享增长的首尔发展共识"和跨年度行动计划。二十国集团领导人承诺通过合作帮助发展中国家特别是低收入国家加强能力建设，进而为世界经济再平衡做出贡献。首尔共识和跨年度行动计划确定了6项核心原则，首尔共识确定了基础设施建设、人力资源开发、贸易、私营部门投资和就业、粮食安全、抗风险增长、金融包容性、筹集国内资源和知识共享等9个关键领域，并且跨年度行动计划制订了一系列专门的、具体的行动。

此外，在反对贸易保护主义方面，领导人承诺反对任何形式的保护主义，重申将不采取贸易保护主义的共识延长至2013年底，并纠正新的贸易保护主义措施。领导人还就气候变化、反腐败、化石燃料补贴等问题达成共识。

总之，二十国集团首尔峰会是在世界经济复苏进程中面临新的不确定性，二十国集团本身是在从危机应对机制向长效经济治理机制转型的背景下召开的。通过各方协商、合作，峰会取得了积极的成果。各方共同承诺加强二十国集团作用，向国际市场发出了积极信号，巩固了市场信心。此次峰会在国际金融机构改革问题上取得了具有历史性意义的进展，体现了新兴市场与发展中经济体经济力量上升这一客观现实。此次峰会首次将发展议题置于突出地位，并促成发展问题成为二十国集团峰会的长期议题，对凝聚各方共识、缩小南北差距、从根本上缓解世界经济不平衡问题做出了历史性贡献。但是，此次峰会对欧债危机方面讨论还不够充分，未能给出具体的应对措施，不利于尽早控制欧债危机的发展。

三 2011年戛纳峰会

（一）峰会背景

2011年，世界经济的不稳定、不确定因素明显增多，复苏步伐放缓。第二季度以来，发达经济体经济增长明显放缓，失业率居高不下，新兴市场与发展中经济体经济也出现了增长趋缓的明显迹象，大宗商品价格出现震荡，这使得刚刚企稳复苏的全球经济又面临不断增大的下行风险。特别是，下半年以来希腊等国引发的欧债危机愈演愈烈，使得欧洲银行业受到冲击，并且已经开始威胁欧元区核心国家的金融稳定。虽然，欧洲领导人在10月底就欧债危机达成了一揽子方案，但还有待进一步细化和完善。在世界经济进入新的困难时期的背景下，二十国集团领导人第六次峰会于2011年11月在法国戛纳举行。

（二）主要议题和成果

峰会主要议题包括欧债危机、世界经济复苏与增长、国际货币体系改革、国际金融监管、抑制国际市场原材料价格过度波动、发展问题和全球治理等，其中，在世界经济面临新危险时如何维护和巩固来之不易的经济复苏势头成为会议首要议题。会议发表《二十国集团领导人第六次峰会公报》，就继续加强宏观经济政策协调、建立更为稳定和抗风险的国际货币体系、改革全球经济治理等达成重要共识。峰会通过了《增长与就业行动计划》，各国领导人决心共同采取措施，为促进经济增长、创造就

业、保持稳定、推动改革，实现包容发展做出努力。具体来讲，峰会主要在以下六个方面取得积极成果。①

第一，促进增长和就业。二十国集团领导人就促进增长和就业的行动计划达成共识，承诺在短期内应对经济脆弱性，恢复金融稳定，并巩固中期增长基础。二十国集团支持欧洲关于恢复希腊债务可持续性、加强欧洲银行体系、构建危机防火墙、为欧元区经济治理改革奠定基础等决定。二十国集团成员承诺将进一步推动结构改革，挖掘增长潜力，促进就业，完善社会保障体系，加强各国和国际金融体系稳定，倡导贸易和投资自由化，并同意各国根据不同公共财政和经常账户状况采取有助于经济增长和稳定的财政政策。

第二，国际货币体系改革。二十国集团成员同意对国际货币基金组织特别提款权货币篮子进行的审查最晚将于2015年进行，满足标准的货币将被纳入；承诺加快推进汇率制度市场化，避免持续失调和货币竞争性贬值；同意进一步增强全球金融稳定网，确保资本流动性。二十国集团成员支持欧元区的综合计划，并将确保国际货币基金组织拥有充足资源，将在2009年伦敦峰会增资共识的基础上随时进行新的增资。

第三，国际金融监管改革。二十国集团成员承诺继续推进金融部门改革，同意采取全面措施来避免金融机构"大而不能倒"问题；继续对影子银行实施监管和监督；同意对金融稳定理事会进行改革以增强其协调和监督金融监管议程的能力；承诺在税收、审慎监管及反洗钱和反恐融资领域遵守国际标准。同时，峰会还公布了全球系统重要性金融机构的初步名单和11个"避税天堂"，增加了金融监管透明度。

第四，应对大宗商品价格波动和推动农业发展。二十国集团成员核准国际证监会组织关于完善大宗商品衍生品市场监管的建议，同意市场监管者有权干预市场，对原材料衍生品进行监管，以避免市场滥用。会议决定投资并支持提高农业生产率方面的研发，承诺设立合适的风险管理机制和紧急人道主义工具以加强粮食安全。

---

① G20, "Communiqué: G20 Leaders Summit", Cannes, France, November 4, 2011.

第五，发展问题。峰会的发展问题聚焦在粮食安全、基础设施建设和发展项目的融资创新等方面。二十国集团成员就粮食安全和人道主义紧急粮食储备试点项目、地区性重大基础设施项目、发展融资创新等达成共识。

第六，全球治理。2009年匹兹堡峰会以来，二十国集团暴露出成员利益分歧逐渐明显、执行力不足等一系列问题。为此，此次峰会就加强二十国集团全球治理的地位和作用展开讨论。领导人同意二十国集团应保持非正式集团这一性质，进一步明确将"三驾马车"机制化，重申二十国集团创始精神，同意拿出集体政治意愿，推进经济和金融议程，推动相关国际组织进行改革并提高工作实效。会议明确了2012~2015年的主席国先后由墨西哥、俄罗斯、澳大利亚和土耳其担任，2015年以后，二十国集团的年度主席国首先从中国、印度尼西亚、日本和韩国开始选择。

此外，二十国集团成员集体发出避免保护主义和加强多边贸易体系的声音，承诺推动贸易自由化，反对保护主义，继续推动世界贸易组织多哈回合谈判取得进展。二十国集团成员就完善能源市场、应对气候变化和反腐败等达成共识。

总之，二十国集团戛纳峰会是继华盛顿峰会和伦敦峰会抗击金融危机，实现经济复苏目标之后，再一次在世界经济面临新危险时，为维护和巩固来之不易的复苏势头做出了积极努力。峰会成功遏制希腊、意大利等国债务危机的进一步恶化和蔓延，提振了市场信心，取得了总体积极的成果，再次体现出二十国集团成员在面对危机和挑战时合作共赢的态度，也凸显了二十国集团作为国际经济合作的首要论坛的作用。

四 2012年洛斯卡沃斯峰会

(一) 峰会背景

自二十国集团戛纳峰会以来，各国采取经济措施，使得世界经济增长前景有所改善，但是全球经济依旧脆弱，复苏依然面临一系列挑战。一些国家主权债务问题突出，国际贸易增速明显回落，保护主义抬头，金融市场形势高度紧张，财政和金融失衡依然普遍，严重影响增长和就业前景及

信心。在此背景下，2012年6月二十国集团在墨西哥洛斯卡沃斯举行第七次领导人峰会。

（二）主要议题和成果

会议主要议题为世界经济形势、加强国际金融体系、发展问题、贸易问题、就业问题等。本次峰会通过了《二十国集团洛斯卡沃斯峰会领导人宣言》，强调二十国集团的首要任务仍是寻求强劲、可持续、平衡的经济增长。峰会还通过了《洛斯卡沃斯增长与就业计划》，批准了《洛斯卡沃斯责任评估框架》。具体来讲，峰会取得的成果主要表现在以下六个方面。[①]

第一，以增长和就业为基础的经济稳定和结构调整。二十国集团将通过支持经济增长和促进金融稳定，来创造高质量的就业机会。为此，通过了《洛斯卡沃斯增长与就业计划》来促成各方合作以达到目标。对于欧洲债务危机，二十国集团中的欧元区成员承诺，维护欧元区的完整和稳定，完善金融市场功能，打破主权债务和银行债务相互影响和恶性循环。二十国集团成员承诺采取必要的政策行动支持增长并恢复信心，货币政策将在中期内维持价格稳定，继续对高油价和高波动保持警惕，对新兴市场与发展中经济体的经济放缓采取必要措施，继续采取行动改善全球失衡，推进结构性改革，并承诺将本国政策对其他国家的负面溢出效应降至最低。会议还就《增长与就业行动计划》所附的《洛斯卡沃斯问责评估框架》达成一致。领导人们承诺加大努力，强化教育、技能发展和培训政策。峰会特别关注了青年和妇女的就业问题，承诺采取措施克服就业障碍、创造平等就业机会、提高社会保障标准。

第二，贸易问题。二十国集团成员承诺开放贸易和投资并反对一切形式的贸易保护主义以及维护世界贸易组织的中心地位。领导人对首次召开的贸易部长会议就区域和全球价值链，以及全球价值链对促进经济增长、就业和发展的作用的讨论表示赞赏，并鼓励国际组织继续深化讨论并在俄罗斯任主席国期间报告进展。二十国集团成员重申寻找新的、可信的方式

---

① G20, "G20 Leaders Declaration", Los Cabos, Mexico, June 19, 2012.

推进多哈回合谈判的承诺，要求在简化最贫穷国家加入世界贸易组织程序方面取得进展。支持改善包括争端解决机制在内的世界贸易组织日常工作以加强其作用。

第三，国际金融架构。二十国集团领导人对构筑有效的全球性与区域性金融安全网的重要性达成共识，与会各方承诺将向国际货币基金组织增资4300亿美元并且是在2010年份额改革后份额增加的基础上额外增加的资源。这笔资金对国际货币基金组织各成员有效，并不针对任何特定的地区。关于落实2010年国际货币基金组织和世界银行份额改革与治理结构改革，二十国集团成员承诺在2013年1月前完成份额公式的全面检查，并在2014年1月前完成下一轮份额总检查。

第四，金融部门改革和普惠金融。二十国集团领导人就金融稳定理事会对各国金融改革进展加强监测达成共识，对标准OTC衍生品合约的交易、巴塞尔协议、金融机构处置机制、国内系统重要性银行（D-SIBs）的判别、信用评级、建立法人识别编码（LEI）体系框架、金融稳定理事会机制化、税收透明度、反洗钱和反恐怖主义融资等做出承诺。领导人们还支持就已达成共识的金融监管改革对新兴市场与发展中经济体可能产生的意料之外的影响开展研究。在普惠金融方面，二十国集团领导人批准普惠金融全球伙伴（GPFI）提出的二十国集团普惠金融基本指标体系；推进"二十国集团创新性普惠金融原则"的有效实施；通过合作开展金融教育，特别考虑到妇女和青年的需求。

第五，粮食安全和大宗商品价格波动。会议欢迎落实《行动计划》和《首尔发展问题跨年度行动计划》在粮食安全领域取得的显著进展；承诺在解决饥饿问题方面的倡议上继续努力；重申取消世界粮食计划署采购的用于非商业用途的人道主义援粮出口限制或临时税；欢迎启动"农业效果"倡议（"AgResults"Initiative）；呼吁提高农业用水效率以适应气候变化。领导人认识到国际大宗商品市场稳定对全球经济复苏的重要性，并要求就维护能源等大宗商品价格采取行动。

第六，可持续发展、绿色增长和气候变化。峰会还就消除贫困，实现强劲、可持续、平衡的经济增长；加强基础设施投资；在金融方面加强自

然灾害管理；通过包容性绿色增长促进长期繁荣；规范并逐步取消化石燃料补贴等达成共识。

总之，二十国集团洛斯卡沃斯峰会在世界经济面临复杂多变局面、下行风险增加的背景下召开，就共同推动经济增长、创造就业以实现经济复苏达成了初步一致，使各方增强了信心，为世界经济复苏增添了动力。主席国墨西哥在粮食安全、可持续发展和绿色增长等议题上的投入体现了新兴市场与发展中经济体借助二十国集团平台维护切身利益的努力，也体现了新兴市场与发展中经济体话语权的提高。

第三节 领导人峰会向长效治理转型

2013~2016年，二十国集团基本处于向长效治理转型和平稳发展阶段，其间每年召开一次领导人峰会，共同商讨全球性问题。其间，二十国集团的关注点从危机应对转向更加综合性的问题，其议题设置逐渐向更广泛的领域发展。

一 2013年圣彼得堡峰会

（一）峰会背景

自2008年二十国集团首次举行领导人峰会以来，二十国集团成员协调一致采取行动，在遏制金融危机、推动世界经济复苏方面起到了至关重要的作用。但是，全球经济依然面临新老交织的问题和不确定性，依然面临增强全球复苏势头、推动全球经济更快增长、为各国民众创造更好就业机会、巩固长期增长基础，同时避免以牺牲别国利益为代价来促进增长的任务。二十国集团圣彼得堡峰会的主席国俄罗斯是横跨欧亚大陆的国家，同时又是八国集团和金砖国家的成员国。同时，二十国集团成员中有多个国家完成领导人交替，他们将首次在峰会上进行交流对话。俄罗斯身份的交织和新领导人因素都使得此次峰会的效果备受关注。在这一背景下，2013年9月，二十国集团成员在俄罗斯圣彼得堡举行第八次峰会，主要议题包括促进经济增长和创造就业岗位等。

(二) 主要议题和成果

会议通过了《二十国集团圣彼得堡峰会领导人宣言》，此宣言为历届二十国集团峰会宣言中最长。宣言包含了经济增长与就业，投资融资，多边贸易，解决税基侵蚀和利润转移以及打击避税，国际金融架构，金融监管，金融包容、金融教育和消费者保护，包容性的发展，可持续能源政策和全球大宗商品的抗风险性，应对气候变化，加强反腐败等13章内容。峰会还通过了《圣彼得堡行动计划》，阐述了强劲、可持续、平衡增长的改革计划，以及评价历年承诺取得成效的绩效评价机制，重申了开展金融监管改革和国际货币基金组织改革的承诺。具体来讲，峰会在以下方面取得重要成果。[①]

第一，经济增长和就业。二十国集团成员将刺激增长和创造就业视为优先任务，鼓励各成员落实《圣彼得堡行动计划》，采取措施改善就业状况，推动强劲、可持续和平衡增长。二十国集团成员明确了促进青年就业是全球优先事项，承诺致力于劳动力市场改善，并激励和支持代表性不足和弱势群体实现就业。领导人要求财长们进一步研拟全面增长战略，以实现更强劲、更可持续、更平衡的增长，并在布里斯班峰会上汇报进展。

第二，投融资。二十国集团成员承诺在布里斯班峰会前制定并开始落实改善投资环境的措施，特别是对基础设施和中小企业进行投资，完善中小企业获得资金的渠道。

第三，多边贸易。领导人重申自由贸易有助于增强经济发展潜力，指出世界贸易组织成员应增加灵活性以确保多边贸易谈判能取得积极进展，承诺将不采取新贸易保护主义措施的承诺延长至2016年年底。

第四，税收。二十国集团成员承诺解决税基侵蚀和利润转移，打击避税，增强税收透明度和自动情报交换。

第五，国际金融架构。二十国集团成员认为必须尽快落实2010年国际货币基金组织份额和治理改革方案，承诺在2014年1月底前完成国际货币基金组织第15次份额总检查。二十国集团成员还就加强全球金融安

---

① G20, "G20 Leaders' Declaration", Saint Petersburg, Russia, September 6, 2013.

全网和区域金融安排、公共债务、监测全球流动性和发展债券市场等问题达成共识。

第六，金融监管。二十国集团成员就建设支持经济强劲、可持续和平衡增长的金融体系，建立具备风险抵御能力的金融机构并解决"大而不能倒"问题，推动建设透明、持续运行的金融市场，应对影子银行带来的风险，解决洗钱和恐怖融资问题等做出积极承诺。

第七，金融包容、金融教育和消费者保护。二十国集团成员支持设立金融包容指标，进一步推动制定和监测金融包容目标；支持完善金融市场基础设施、开发创新性工具以增加中小企业融资；承诺加强金融教育特别是落实对妇女和女童的金融教育。

第八，发展议题。二十国集团成员承诺采取措施加强粮食安全和营养。在2010年共享增长的首尔发展共识基础上，二十国集团成员批准了《圣彼得堡发展展望》，并加强粮食安全、普惠金融和侨汇、基础设施、人力资源开发、国内资源动员。继续承诺加快实现千年发展目标，参与联合国2015年后发展议程，并保证二十国集团在2015年后的活动与新的发展框架相协调。

第九，可持续能源政策和全球大宗商品市场的抗风险性。二十国集团成员承诺完善"联合机构数据倡议"石油数据库，要求国际能源论坛在10月二十国集团财长和央行行长会议前提交进展报告。二十国集团成员承诺提高大宗商品价格透明度，推动市场更好运作。二十国集团成员还就发展清洁能源、逐步取消化石燃料补贴、加大能源基础设施投资、加强能源监管者对话、改善能源结构、全球海洋环境保护以及建立抗风险的能源市场等达成共识。

第十，气候变化。二十国集团成员重申致力于应对气候变化的承诺，并欢迎联合国气候变化框架公约（UNFCCC）第十八次缔约方大会的成果；支持启动绿色气候基金，欢迎二十国集团气候变化融资研究小组关于二十国集团成员有效调动气候资金的报告。

第十一，反腐败。二十国集团成员欢迎沙特阿拉伯批准《联合国反腐败公约》，重申打击国内外贿赂和索贿的决心，强化促进二十国集团成员间反腐败合作的框架，并核准《司法互助高级原则》。二十国集团成员支持金融行动特别工作组（FATF）在反腐败领域开展的工作，特别关注高风险领域的反腐败，并承诺与工商界和公民社会合作开展反腐败。

此次峰会还发表了《二十国集团峰会五周年声明》，对二十国集团五年来所做的工作做一总结。声明肯定了二十国集团的协调行动对于应对危机发挥了重大作用，并重申二十国集团作为国际经济合作首要论坛，将在促进增长和就业，财政可持续性，解决内外部失衡，促进贸易和投资，推动世界经济规则，完善全球金融体系，增加国际机构代表性，促进政府开放和透明，建设包容性、可持续、惠及各方的全球经济等采取进一步行动，从而实现世界经济强劲、可持续、平衡和包容性增长。

但是，此次峰会在一些议题上没有提出解决方案和达成共识。一是量化宽松政策。美国在何时以何种方式退出量化宽松货币政策上表现的诸多不确定性导致国际金融市场波动加剧。为此，中国、俄罗斯和印度等新兴市场与发展中经济体认为，长期实施量化宽松货币政策所带来的风险和负面影响正在显现，并要求美国在退出量化宽松政策时注意时机和把握节奏，给国际市场留出反应时间。但是美国总统奥巴马并未能就这一问题给予明确表态。最终，宣言中没有提及货币政策扭转造成国际金融市场波动，影响发展中国家国际收支等问题。二是叙利亚问题。尽管二十国集团峰会主要聚焦经济议题，但面对叙利亚危机的升级和可能的外部军事介入，之前没有列入峰会议事日程的叙利亚危机也成了关注焦点。二十国集团领导人峰会讨论这一问题有助于协调各方的立场，但各国领导人在叙利亚危机上的立场没有松动，能否通过政治途径解决从而避免军事介入仍存悬念。

总之，二十国集团圣彼得堡峰会是在二十国集团从危机应对向长效治理转型的关键阶段召开，二十国集团领导人对一系列全球性问题进行了充分讨论，峰会达成了一份综合、全面的全球经济治理文件，再一次体现了二十国集团多边国际合作的重要作用。值得一提的是，此次峰会期间，金砖国家领导人的非正式会晤也受到较以往更多关注，金砖国家在推进二十国集团框架内国际货币基金组织改革、增加发展中国家的代表权等问题上发出更强的声音。

二 2014年布里斯班峰会

(一) 峰会背景

尽管自2010年以来全球经济开始复苏,但复苏水平一直低于预期且不均衡,特别是,发达经济体在危机期间推出的大规模刺激计划对经济增长的拉动作用日益减弱,导致经济复苏乏力,甚至有可能陷入长期低增长的状态。同时,发达经济体货币政策分化日渐明显,由此所引发的日元、欧元兑美元贬值,加大了二十国集团机制协调各国货币政策难度。而正当此次峰会欲将重点放在促进经济增长等议题上时,乌克兰危机升级使得地缘政治问题也成为讨论的焦点,并加剧了俄罗斯同西方国家的紧张关系。在这一背景下,2014年11月,二十国集团在澳大利亚布里斯班举行第九次领导人峰会。

(二) 主要议题和成果

峰会的主题为"经济增长、就业与抗风险",主要就世界经济形势、全面增长战略、结构改革、就业、国际贸易、能源等议题开展讨论,就加强宏观经济政策协调、建设开放型世界经济、反对保护主义、增加基础设施投资、完善全球能源治理、实现在将来5年二十国集团整体经济增长在当前政策水平上额外提高2%以上等目标达成共识。峰会通过了《二十国集团领导人布里斯班峰会公报》,通过了针对具体国家的全面增长战略以及《布里斯班行动计划》,并对埃博拉疫情暴发带来的人道主义和经济影响发表《二十国集团领导人应对埃博拉疫情布里斯班声明》。具体来讲,峰会主要在以下三个领域取得重要成果。[1]

第一,促进增长和就业。促进增长和就业已经纳入了全面增长战略和《布里斯班行动计划》。鉴于全球投资和基础设施投资对增长和就业的重要作用,二十国集团成员承诺解决全球投资特别是基础设施投资不足问题,赞成提高公私部门基础设施投资的"全球基础设施倡议",并同意成

---

[1] G20, "G20 Leaders' Communiqué: Brisbane Summit", Brisbane, Australia, November 16, 2014.

立为期四年的全球基础设施中心。欢迎世界银行发起成立全球基础设施基金,以帮助提升发展中国家基础设施水平。二十国集团成员赞同通过降低成本、简化海关程序、减少监管负担来促进贸易便利化,通过改革、竞争创新来促进贸易,并重申反对保护主义的承诺。二十国集团成员致力于实现到2025年将男女就业参与率差额在目前基础上减少25%的目标,并承诺降低青年失业率。二十国集团成员致力于消除贫困和继续发展,确保包容性和可持续增长。

第二,提高抗风险能力。控制和防范全球经济和金融风险始终是金融危机以来二十国集团的工作重点。本次峰会上,二十国集团成员面对新的世界经济下行风险和诸多不确定因素,再一次就增强全球经济韧性、防范风险做出承诺。二十国集团成员承诺继续加强金融监管改革,包括增强金融机构抗风险能力、改革影子银行体系以及加强对衍生品市场的监督;确保国际税收体系公平,加强税收监管,打击跨境逃税行为,承诺在2015年完成税基侵蚀和利润转移行动计划相关工作;批准一项反腐败行动计划并承诺提高公共和私营部门的所有权透明度。

第三,加强全球机构。二十国集团成员强调全球经济机构应提高效率并更具代表性,以更好反映世界经济的变化;欢迎新兴市场与发展中经济体增加在金融稳定理事会的代表性,重申落实2010年国际货币基金组织改革方案,并敦促美国批准上述改革方案;表示将努力保证双边、区域和诸边贸易协定互为补充、透明,承诺落实巴厘一揽子协定所有内容并推动多边贸易谈判重返轨道。二十国集团成员还提出加强能源领域合作,核准了《二十国集团能源合作原则》;重申逐步取消鼓励浪费的化石燃料补贴的承诺;并支持应对气候变化的强力有效举措,以及为减缓和适应气候变化动员资金。

总之,二十国集团布里斯班峰会是在世界经济下行风险增加、乌克兰危机等地缘政治问题升级以及埃博拉疫情等热点问题突发的复杂背景下举行的。作为国际经济合作首要论坛,此次二十国集团峰会起到了加强宏观经济政策协调,共同促进世界经济强劲、可持续、平衡增长的作用,在诸多方面取得了积极成果。

三 2015年安塔利亚峰会

(一) 峰会背景

尽管一些主要经济体增长前景趋好,但各国经济复苏增长不平衡,世界经济正在经历深度调整,发达经济体货币政策继续分化,全球贸易增速显著放缓,全球需求不足和结构性问题持续影响世界经济的实际和潜在增长。此外,地缘政治方面的挑战日益成为全球关注的问题。就在峰会前期,法国发生连环暴恐事件,使得法国总统奥朗德缺席本次峰会。因此,反恐也必然成为本次峰会讨论的重要议题。在这一背景下,2015年11月,二十国集团第10次领导人峰会在土耳其安塔利亚召开。

(二) 主要议题和成果

安塔利亚峰会肩负着提振全球经济增长信心,确保世界经济按照二十国集团确定的强劲、可持续、平衡增长道路发展的艰巨使命,同时,二十国集团正处于由危机应对机制向长效经济治理机制转变的关键时刻。为此,安塔利亚峰会以"共同行动以实现包容和稳健增长"为主题,提出了"三个I",即包容(Inclusiveness)、落实(Implementation)、投资(Investment)三大要素,讨论世界经济形势、包容性增长、国际金融货币体系改革、贸易、能源、反腐败等议题。峰会发表了《二十国集团领导人安塔利亚峰会公报》,决定采取共同行动,以实现包容和稳健增长,增加人民福祉;致力于创造更多、更高质量就业,促进全球强劲、可持续和平衡增长;要推进包容性增长和增强信心,需要运用所有政策工具并同关键利益攸关方紧密互动。具体来讲,峰会在以下三个领域取得成果。[1]

第一,经济复苏和提升潜力。二十国集团成员重申灵活实施财政政策以促进经济增长并创造就业,同时保持政府债务的可持续性;致力于促进全球再平衡;加强全球金融安全网建设。二十国集团成员承诺继续支持需求和结构性改革,提升实际和潜在增长,创造就业,增强包容性,减少不

---

[1] G20, "G20 Leaders' Communiqué: Antalya Summit", Antalya, Turkey, November 16, 2015.

平等；承诺确保包容性增长，创造就业和提高就业质量，并使全社会共享增长红利；采取措施应对国际劳动力流动和人口老龄化带来的问题；为增加私人部门的参与制定了国别投资战略；提出了公私合作（PPP）模式指南和良好实践；促进中小企业长期融资。二十国集团成员重申加强协调以推动贸易和投资、建设包容的全球价值链、反对贸易保护主义、坚持世界贸易组织的核心地位和落实巴厘一揽子协议等。

第二，增强抗风险能力。为增强金融体系抗风险能力，二十国集团成员承诺在中央对手方抗风险能力、恢复计划和可处置性等方面开展工作，监测新出现的风险和脆弱性，加强对影子银行的监督和监管，落实场外衍生品（OTC）改革，对全球金融监管框架进行审议，特别是对新兴市场与发展中经济体的影响。为实现公平、现代化的国际税收体系，二十国集团成员核准《G20/OECD 税基侵蚀和利润转移（BEPS）项目行动计划》，敦促相关措施的落实，并承诺提升税收体系透明度。在反腐败方面，二十国集团成员核准《二十国集团反腐败公开数据原则》和《二十国集团推动公共采购廉洁原则》，并加强国际合作。在金融机构改革方面，二十国集团成员重申 2010 年改革方案仍是关于国际货币基金组织的最优先工作，并期待完成对特别提款权（SDR）估值方法的审议工作。在主权债务问题上，二十国集团成员欢迎在国际主权债券合同中加强集体行动条款和同权条款落实方面取得的进展，并就低收入国家债务可持续性框架审议、改善可持续融资实践以及加强主权债务国和债权国对话达成共识。

第三，可持续发展。鉴于 2015 年是可持续发展关键之年，本次峰会将实现包容和可持续发展作为重要议题之一。二十国集团成员承诺落实 2030 年可持续发展议程，包括可持续发展目标和《亚的斯亚贝巴行动议程》，核准《二十国集团和低收入发展中国家框架》，在推动能源可及性、粮食安全和营养、人力资源开发、高质量基础设施、普惠金融和国内资源动员等方面的工作达成共识，制定政策鼓励私营部门在发展和消除贫困方面发挥更大作用，核可《二十国集团粮食安全和可持续粮食系统行动计划》和《二十国集团可再生能源开发自愿选择工具箱》等。二十国集团成员承诺采取措施应对气候变化，包括落实《利马气候

行动倡议》《联合国气候变化框架公约》，落实国家自主贡献。二十国集团成员还就解决难民问题、消除数字鸿沟以及安全使用信息通信技术等问题做出承诺。

总之，二十国集团安塔利亚峰会在促进全球经济增长、加强全球经济治理、推动各国经济改革转型等方面取得积极进展。峰会释放了二十国集团带领世界经济实现真正的复苏的信心，明确了二十国集团将保持开放和维护多边贸易体制，应加强宏观经济政策协调，并切实落实发展议题。

四 2016年杭州峰会

（一）峰会背景

在国际金融危机爆发8年后，世界经济虽然步入复苏轨道，但是增长依然疲弱，国际贸易持续低迷，而且不稳定、不确定因素有所增加，需要从根本上解决世界经济的深层次问题，为经济增长注入新的动力，开拓新的空间。气候变化、难民、恐怖主义等影响经济发展的全球性挑战日益突出，也需要寻找应对之策。同时，二十国集团自身面临从危机应对向长效治理机制转型的重要任务。这些都为二十国集团以及杭州峰会提出了新的和更高的要求，也使国际社会对中国举办峰会充满期待。

（二）主要议题和成果

2016年二十国集团杭州峰会的主题为"构建创新（innovative）、活力（invigorated）、联动（interconnected）、包容（inclusiveness）的世界经济"。二十国集团成员围绕这一主题，重点讨论了政策协调、增长方式创新、全球经济金融治理、全球贸易和投资、包容和联动式发展等问题，并最终峰会通过了《二十国集团领导人杭州峰会公报》，核准了《二十国集团创新增长蓝图》等28份含金量十足的成果文件。具体来讲，峰会主要在以下领域达成共识：[①]

第一，加强政策协调。二十国集团成员承诺加强货币、财政和结构性

---

① G20, "G20 Leaders' Communiqué: Hangzhou Summit", Hangzhou, China, September 5, 2016.

改革政策的协调，重申避免竞争性贬值和不以竞争性目的来盯住汇率的承诺。为进一步落实增长战略，峰会制订了《杭州行动计划》。

第二，创新增长。促进经济增长始终是二十国集团峰会的核心议题。杭州峰会倡导"创新驱动型增长"，提出抓住新工业革命的机遇，发展数字经济等领域，通过了《二十国集团创新增长蓝图》，为全球创新增长开辟出新的路径，挖掘世界经济中长期增长潜力。创新增长蓝图及具体的行动计划以科技创新为核心，带动发展理念、体制机制、商业模式等的创新，推动创新成果交流共享，并决定设立一个专题工作组，进一步推动创新、新工业革命和数字经济议程。峰会核准了结构性改革的9个改革优先领域及一系列指导原则，并制订一套指标体系组成的量化框架，全面提升了结构性改革在二十国集团框架内的政策地位与引领作用。

第三，全球经济金融治理。峰会核准了《二十国集团迈向更稳定、更有韧性的国际金融架构的议程》；欢迎国际货币基金组织2010年份额和治理改革的落实并致力于在2017年年会前完成第15次份额总检查，包括形成新的份额公式。峰会支持世界银行股份审议，增加新兴市场与发展中经济体的代表性、投票权和发言权，以及扩大特别提款权的使用。二十国集团成员继续承诺完成包括巴塞尔协议Ⅲ在内的监管框架中剩余的核心工作。支持国际税收合作推进税基侵蚀和利润转移合作、税收情报交换、发展中国家税收能力建设和税收政策等。峰会承诺采取措施提升金融透明度，扩大绿色投融资，反对腐败和非法资金流动，并核准了《二十国集团反腐败追逃追赃高级原则》，并通过在华设立二十国集团反腐败追逃追赃研究中心的倡议，同时也核准了《二十国集团2017—2018年反腐败行动计划》。峰会支持开展国际能源合作，承诺逐步取消低效的、鼓励浪费的化石燃料补贴。

第四，贸易与投资。二十国集团成员欢迎设立贸易投资工作组，核准了《二十国集团全球贸易增长战略》，促进包容协调的全球价值链发展，继续支持多边贸易体制，重申反对保护主义承诺，以释放全球经贸合作潜力，扭转全球贸易增长下滑趋势。峰会核准了全球首个多边投资规则框架——《二十国集团全球投资指导原则》。二十国集团领导人重申维护以

世界贸易组织为核心的多边贸易体制，承诺优先推进多哈回合剩余议题谈判，在2016年底前批准《贸易便利化协定》，并重申反对任何形式的贸易和投资保护主义。

第五，发展问题。二十国集团领导人同意要实现强劲、可持续、平衡的增长，必须坚持包容性增长，必须消除普遍贫困。为实现包容和联动式发展，峰会把发展问题置于全球宏观政策框架的突出位置，为联合国《2030年可持续发展议程》制定了行动计划，发起《二十国集团支持非洲和最不发达国家工业化倡议》。二十国集团成员认为创业是创造就业机会、推动经济增长的重要动力，强调用系统和透明的方式监测促进青年和女性就业目标的进展。并且，中国将设立二十国集团创业研究中心。二十国集团成员承诺促进基础设施投资，核准2016年启动的"全球基础设施互联互通联盟倡议"，创造高质量就业，核准《二十国集团促进高质量学徒制倡议》，并就粮食安全、农村农业发展问题达成共识。

第六，气候变化。峰会提出切实推动《巴黎协定》在2016年底生效实施，重申绿色气候基金的重要性，确认在联合国气候变化公约框架下，发达国家为发展中国家根据该协定开展减缓和适应行动提供资金所做的承诺。

此外，峰会还在难民、反恐和公共卫生等问题上取得积极进展。

总之，二十国集团杭州峰会在议题的深度和广度，成果的数量和质量上都取得了重大突破。杭州峰会制定了一系列务实的战略指导和行动计划，明确了世界经济的前进方向，在完善全球贸易、投资、金融格局方面取得了新进展。杭州峰会为推动二十国集团从短期政策向中长期政策转型、从危机应对向长效治理机制转型发挥了积极作用，对二十国集团机制的巩固与发展做出了重要贡献。

第四节 领导人峰会与国际环境的新变化

二十国集团杭州峰会以来，世界经济基本面总体处于恢复上升的通道。美国引领发达经济体经济复苏,欧盟、日本等经济也趋于回暖,以金砖国家为代表的新兴市场与发展中经济体也总体向好。但是,全球经济的深层次、结构性问题依然没有得到解决。欧美国家逆全球化的思潮明显抬头,英国举行公投退出欧盟,奉行"美国优先"的特朗普当选为美国总统,意大利修宪公投失败、总理辞职,欧洲遭遇难民危机,德国、法国、意大利、奥地利、荷兰等西方国家的民粹主义兴起,使得经济全球化进程站在一个历史的十字路口上。在这一背景下,与2008年团结一致对抗金融危机相比,此时的二十国集团面临着如何继续推进全球化进程、建设开放型世界经济的巨大挑战。2020年,新冠肺炎疫情全球大流行,给二十国集团框架下的国际合作带来新的重大挑战。

一 2017年汉堡峰会

(一) 峰会背景

二十国集团汉堡峰会的召开虽然距离杭州峰会仅有短短10个月,但是全球政治格局已经发生很大变化。美国大选、英国启动脱欧进程和法国大选使得西方三大国首脑全部更换。与此相联系的是各国内外政策以及受此影响的国际局势发生深刻变化。特朗普推行"美国优先"的单边主义和贸易保护主义、退出《巴黎协定》等做法,破坏了西方国家的团结,使得美欧在治理气候变化和欧洲钢铁税上的分歧几乎无法调和,也将世界带入了一个充满不定性的时代。特别是,此前的财长和央行行长公报没有写入"反对一切形式的贸易保护主义"的一贯表述,进一步加深了外界对于全球自由贸易发展前景的担忧,为即将召开的二十国集团汉堡峰会能否取得积极成果又增加了不确定性。

(二) 主要议题和成果

二十国集团汉堡峰会以"塑造联通的世界"为主题,各方主要讨论了全球经济形势、贸易金融和税收、气候变化、数字化技术、难民和移民事务及反恐合作等问题。其中,会议的重点聚焦在气候和贸易问题。峰会最终通过了《二十国集团汉堡峰会公报》,以推进"建立韧性、改善可持

续性和承担责任"三大目标,取得的具体成果主要有以下七个方面。①

一是世界经济增长和就业。二十国集团成员重申采取货币、财政和结构性改革政策实现强劲、可持续、平衡和包容性增长的目标,并核可《汉堡行动计划》。二十国集团成员承诺将进一步加强合作解决产能过剩问题。二十国集团成员致力于实现可持续和包容性的供应链,努力在2025年前消除童工、强制劳动、人口走私以及各种形式的现代奴役制,支持普惠金融全球伙伴关系(GPFI)正在进行的工作。二十国集团成员承诺采取措施增加工作机会,促进就业。

二是贸易投资。面对民粹主义思潮的上升和日趋严重的贸易保护问题,特别是特朗普政府用贸易保护主义解决贸易逆差,与会各方中,中国、欧盟、日本等成员都明确表示支持贸易自由。经过艰难磋商,汉堡峰会就贸易问题取得了较为积极的进展。二十国集团成员承诺保持市场开放,反对"包括所有不公平贸易实践在内的保护主义",强调"公平的竞争环境"和"对等与互利的贸易与投资框架及非歧视原则的重要性",并首次认可相关的"合法贸易防御工具"的作用。这一表述相对于以往峰会是一种倒退,但也是为了协调各方立场的妥协。二十国集团成员还就双边、区域和诸边协定对多边贸易协定起到补充作用,落实世界贸易组织《贸易便利化协定》,确保国际投资政策开放、透明等达成共识。

三是金融和税收。二十国集团成员继续承诺落实已议定的二十国集团金融部门改革议程,推动完成巴塞尔协议Ⅲ框架,加强影子银行监管,维护金融稳定。关于国际货币基金组织改革,二十国集团成员期待在2019年春季会议、不晚于2019年年会前完成国际货币基金组织第15次份额总检查,这比2016年杭州峰会确定的推迟了2年。二十国集团成员核可多边开发银行(MDBs)关于动员私人资本的联合原则和愿景("汉堡原则和愿景")。关于税收问题,二十国集团成员承诺就打击腐败、逃税、恐怖主义融资和洗钱活动等采取行动。

---

① G20, "G20 Leaders' Declaration: Shaping an Interconnected World", Hamburg, Germany, July 8, 2017.

四是数字化问题。二十国集团成员承诺发挥数字化潜力，缩小数字鸿沟，确保到2025年实现所有公民间的数字化联通。二十国集团成员将致力于营造数字经济发展的有利环境，同时认识到标准不应成为贸易、竞争或创新的壁垒。二十国集团成员支持在尊重适用的隐私、数据保护、知识产权法律框架下的信息自由流动，并将《二十国集团数字化路线图》作为工作指导。

五是气候变化。二十国集团成员承诺加强可持续和清洁能源、能效领域创新，减缓温室气体排放，但是由于美国的退出，与会各方未能就应对气候变化的《巴黎协定》达成共识。除美国以外的其余19个成员重申《巴黎协定》不可逆转，决定尽快充分落实相关义务，并核准《二十国集团促进增长的气候和能源汉堡行动计划》。

六是发展议题。二十国集团成员就预防卫生危机和加强卫生体系建设，抗菌药物耐药性，落实2030年可持续发展议程，发起二十国集团非洲伙伴关系倡议，提高妇女就业质量和加大对女性创业支持，促进粮食安全、可持续水资源利用和农村青年就业，提高资源效率和减少海洋垃圾等方面做出承诺。

七是难民以及反恐等问题。二十国集团成员承诺加强合作应对移民和被迫流离失所问题，核可《二十国集团在常规移民及经认定的难民公平有效融入劳动力市场政策实践》。二十国集团致力于通过务实国际合作和技术援助等打击腐败，将继续全面落实《二十国集团2017—2018年反腐败行动计划》。峰会还通过了《二十国集团领导人反恐声明》，就落实国际承诺和加强合作、打击恐怖主义融资、消除导致恐怖主义的极端化和打击网络恐怖主义等做出承诺。

此外，峰会还为双边问题的对话和解决提供了机会。例如，美国总统特朗普和俄罗斯总统普京在峰会期间举行首次会面，就叙利亚问题、乌克兰问题和俄罗斯涉嫌干涉美国大选问题等多个敏感问题进行磋商，并达成了冲突各方在叙利亚西北部实现停火的决议。

总之，汉堡峰会在逆全球化抬头，世界政治经济格局充满不确定性的情况下召开，各方在诸多议题上存在分歧，特别是在气候变化、贸易等议题上遭遇前所未有的巨大阻力，但是在主席国德国积极协调下，各方最终本着团结合作的精神，通过妥协达成了联合声明，取得了较为积极的成果。峰会肯定了全球化为世界经济带来的益处，针对全球化进程中出现的问题进行了讨论，并承诺采取相关措施加以解决。作为国际多边合作平台，汉堡峰会为各方讨论全球性问题、协调政策、弥合分歧、凝聚各方共识创造了机会，发挥了在全球治理上的关键作用。

二　2018年布宜诺斯艾利斯峰会

（一）峰会背景

2018年是金融危机爆发10周年，也是二十国集团上升为领导人峰会机制的第10年。此时的国际社会再次面临严峻挑战：虽然全球经济继续保持增长，但是依然低于预期，并且各国经济增长分化进一步加大，金融部门脆弱性和地缘政治问题等关键方面的风险增大。国际贸易发展进入低迷期，保护主义和单边主义日渐抬头，特别是美国特朗普政府退出一系列国际合作机制、挑起贸易摩擦、不满甚至破坏以世界贸易组织为核心的多边贸易体系，对国际秩序造成严重冲击，使得世界经济风险和不确定性上升。在6月召开的七国集团峰会上，美国和其他成员国之间在贸易和气候等关键领域的分歧凸显，反映了发达国家集团内部矛盾日益严重。10月召开的二十国集团工商峰会首次出现重大分歧，未能就准备提交给G20峰会的建议性文件达成一致。而11月召开的APEC领导人非正式会议由于在世界贸易组织可能进行的改革等问题上存在分歧而使得APEC历史上首次未能发表领导人共同宣言。在这种复杂严峻的形势下，国际社会对二十国集团领导人能够选择合作共赢而非对抗，能够凝聚共识引领新一轮经济全球化和全球经济治理充满期待，但对峰会最终能否达成积极成果表示担忧。

（二）主要议题和成果

在这一背景下，二十国集团第13次领导人峰会于阿根廷布宜诺斯艾利斯召开，这也是二十国集团峰会第一次在南美洲举行。峰会确立了未来就业、面向发展的基础设施、可持续的粮食未来等三大议题。峰会通过了

《二十国集团布宜诺斯艾利斯宣言》，主要在以下六个方面取得成果：①

一是经济增长和就业。二十国集团成员承诺继续采取货币政策、财政政策、结构性改革等实现强劲、可持续、平衡和包容性增长，并核可《布宜诺斯艾利斯行动计划》。二十国集团成员承诺确保技术转型使民众广泛受益，核可《未来的工作政策选项清单》，并致力于促进体面劳动、职业培训和技能开发，消除劳动世界中的童工、强迫劳动、人口贩运和现代奴役制，强调受教育权特别是女童受教育权。

二是数字技术与创新。二十国集团成员承诺发挥数字化和新技术对创新型增长和生产力提升的积极作用，帮助中小微企业和创业者，缩小数字性别鸿沟，并保障数字安全。二十国集团成员重视贸易和数字经济之间的关系，并致力于推进人工智能、新技术和新商业平台等工作。

三是发展问题。二十国集团成员承诺吸引更多私人资本投资基础设施，核可《推动基础设施成为独立资产类别的路线图》和《二十国集团基础设施项目筹备阶段原则》。承诺应对粮食安全挑战、促进性别平等、动员可持续融资、加强普惠金融，核可《二十国集团普惠金融政策指南》和《全球普惠金融合作伙伴路线图》。二十国集团成员还就儿童早期发展、公共卫生问题、难民问题、2030年可持续发展议程等达成共识。

四是气候变化与能源。二十国集团成员采取措施推动能源转型，鼓励使用更加清洁和可持续的能源，并继续提高全球能源可及性。但是，此次峰会依然未能就《巴黎协定》达成共识，参与汉堡行动计划的《巴黎协定》签字国重申该协定不可逆转，美国重申其退出《巴黎协定》的决定，但也强调了使用所有能源来源和技术的同时保护环境。

五是金融和税收。二十国集团成员重申加强全球金融安全网。对于国际货币基金组织份额改革，承诺在2019年春季会议之前、至晚不超过2019年年会完成第十五次份额总检查，包括制定新的份额公式。承

---

① G20, "G20 Leaders' Declaration: Building Consensus for Fair and Sustainable Development", Buenos Aires, Argentina, December 1, 2018.

诺继续监测跨境资本流动，采取措施解决低收入国家债务脆弱性问题。承诺完成已议定的金融部门改革议程，加强风险监测和监管合作，实现更具韧性的非银行金融中介，加强金融技术的同时防范风险，打击洗钱和恐怖主义融资。二十国集团成员承诺完善国际税收体系，应对经济数字化对国际税收体系的影响，支持对税收透明度标准落实不力辖区制定的强化标准。

六是贸易投资。二十国集团领导人重申国际贸易和投资是增长、生产力、创新、创造就业与发展的重要引擎，认识到多边贸易体制为促进世界经济发展的贡献。会议认识到多边贸易体制仍有完善空间，并就支持对世界贸易组织进行必要改革达成一致。峰会并未就反对贸易保护主义发出一致的声音，使得全球贸易形势蒙上阴影。

此外，中美领导人在峰会期间举行会晤，就停止关税升级达成共识，为双方带来90天窗口期，对缓解全球贸易紧张局势具有积极意义。

总之，二十国集团布宜诺斯艾利斯峰会在国际格局加速演变、世界经济风险急剧上升、保护主义和单边主义愈发严重的背景下召开。在此次峰会召开之前，成员之间存在的矛盾分歧已经越发显现，但是在此次峰会三个核心议题"就业未来、基础设施建设以及可持续发展"问题上，成员之间的共识大于分歧，有助于二十国集团领导人能够合作取得积极成果。会议通过了领导人共同宣言，向国际社会释放出加强宏观经济政策协调、结构改革、落实2030年可持续发展议程、基础设施建设等领域合作、共同维护多边贸易体制等积极信号，有利于提升市场信心，保持了二十国集团作为国际经济合作首要论坛的合作势头。

三 2019年大阪峰会

（一）峰会背景

2019年以来，单边主义和保护主义持续蔓延，贸易和投资争端加剧，全球产业格局受到冲击，金融环境收紧，商业信心下降，世界经济风险和不确定性显著上升。大阪峰会之前，主要国际机构先后下调全球经济增速预期。2019年4月9日，国际货币基金组织发布最新《世界经济展望》，将2019年全球经济增速预期下调0.2个百分点至3.3%。在此之前，经合组织（OECD）将2019年全球经济增速预测由此前预测的3.5%下调至3.3%；世界银行将2019年全球经济增速预期由此前预测的3.0%下调至2.9%。

（二）主要议题和成果

在这一背景下，二十国集团领导人第十四次峰会于2019年6月28日在日本大阪开幕。与会领导人就全球经济、贸易与投资、创新、环境与能源、就业、女性赋权、发展以及卫生等议题展开讨论，并通过了《二十国集团领导人大阪峰会宣言》。宣言达成的共识主要体现在以下方面。[①]

一是全球经济。二十国集团领导人指出贸易和地缘政治紧张局势加剧加大了全球经济下行风险，重申利用所有政策工具实现强劲、可持续、平衡和包容性增长，并防范经济下行风险。领导人提出为解决过度失衡问题，有必要根据各国具体情况，谨慎调整宏观经济和结构政策。在全球金融治理方面，会议重申加强以国际货币基金组织为中心的全球金融安全网建设，致力于不迟于2019年年度会议时结束第15次配额总体审查；重申借款人和债权人共同努力提高债务透明度和确保债务可持续性的重要性，欢迎完成对《二十国集团可持续融资业务准则》执行情况的自愿自我评估；重申完善国际税收体系，增加透明度；强调密切监测加密资产等，防止其对金融稳定构成威胁；肯定金融行动特别工作组（FATF）在反洗钱、反恐怖融资等领域的工作，并呼吁积极执行最新修订的可以应用于虚拟资产的《金融行动特别工作组准则》；重申推进金融改革，加强金融监管，提高金融包容性。

二是贸易投资。二十国集团领导人承诺实现自由、公平、不歧视、透明、可预测和稳定的贸易和投资环境，并保持市场开放；重申支持世界贸易组织进行必要的改革；同意使争端解决系统的运作符合世界贸易组织成员谈判的规则。但是，由于美方的反对，"反对贸易保护主义"未能写入

[①] G20, "G20 Osaka Leaders' Declaration", Osaka, Japan, June 29, 2019.

领导人宣言。

三是创新问题。领导人分享了日本提出的"社会5.0"这一以人类为中心的未来社会的概念；提出加强信任基础上的数据自由流动；分享有效的政策、监管方法和框架；发展致力于以人为中心的人工智能方法，欢迎《二十国集团人工智能原则》；加强数字安全，并重申弥合数字鸿沟、促进数字经济更加包容性发展。在建设优质基础设施方面，二十国集团领导人通过了《二十国集团优质基础设施投资原则》，最大限度地发挥基础设施的积极影响，实现可持续增长和发展。

四是环境与能源。《巴黎协定》签署国重申其对《巴黎协定》不可撤销性和全面执行的承诺，并考虑到各国共同但有区别的责任和能力并强调提供资金协助发展中国家履行《巴黎协定》。美国重申其决定退出《巴黎协定》，重申对促进经济增长、能源安全和准入以及环境保护的坚定承诺并致力于继续减少排放并提供更清洁的环境。二十国集团领导人承诺采取行动实现向经济、可靠、可持续和低温室气体排放的能源转型，重申逐步取消低效化石燃料补贴方面的承诺。领导人重申各国在国内和国际上采取措施处理海洋垃圾，特别是海洋塑料垃圾和微塑料；致力于结束非法、未报告和不受管制（IUU）捕鱼。

五是劳动就业。二十国集团领导人注意到人口老龄化问题，承诺完善老年劳动力市场，同时继续增加青年、妇女和残疾人的就业机会。领导人认为科技创新可以带来新的工作机遇，并鼓励终身学习，提高就业能力。重申将促进体面工作，并根除童工、强迫劳动、人口贩运和现代奴隶制。

六是女性赋权。二十国集团领导人承诺采取进一步行动，提高妇女就业质量，缩小性别工资差距；承诺继续支持女童和妇女获得包括数字技术在内的教育和培训，尤其在贫困和农村地区；重申采取措施消除所有基于性别的暴力、虐待和骚扰。欢迎私营部门为促进妇女获得管理和决策职位以及培养女性商业领袖和企业家精神所做的努力；对妇女企业家融资倡议（We-Fi）以及"赋予妇女经济代表权和促进妇女经济代表权"联盟所做的工作表示欢迎。

七是发展问题。二十国集团领导人重申采取集体和具体行动落实《2030年议程》；重申继续支持包括《二十国集团非洲契约》(CwA)在内的二十国集团与非洲伙伴关系；重申致力于人力资本建设，促进包容性和公平教育；通过合作加强应对自然灾害和金融风险；领导人承诺继续推进国际发展协会第19次补充，以及非洲发展基金第15次补充。呼吁国际复兴开发银行和国际金融公司全面、及时地实施其增资方案。

八是公共卫生。二十国集团领导人承诺加强以质量为重点的卫生系统；加强可持续融资；解决老龄化带来的医疗和长期护理问题；致力于全球卫生应急融资机制的可持续性和效率；承诺在脊髓灰质炎、艾滋病、结核病和疟疾等疾病上采取行动；通过研发和加强管理来应对抗生素耐药性（AMR）问题。

此外，会议还就反腐败、打击恐怖主义、农业安全和农业技术创新以及移民问题达成共识。会议通过了《二十国集团领导人大阪峰会防范网络恐怖主义和暴力极端主义声明》，重申将采取行动保护人民免受恐怖主义和暴力极端主义利用网络产生的危害，要求网络平台进一步增强履行其职责的意识。峰会期间中美首脑会谈同意两国重启经贸磋商，防止了摩擦进一步恶化，也是本次峰会的一大成果。

总之，二十国集团大阪峰会是在复杂严峻的国际局势下召开。虽然在一些议题上分歧严重，但是最终通过了领导人宣言，为提振全球市场信心起到积极作用。特别是，峰会就维护和发展自由、公正、无歧视的贸易体制上形成共识，在推动数字国际规则的制定、共享基于信任的数据自由流动、对海洋塑料垃圾对策、提高女性赋权的力度等方面达成一致。但是，本次峰会未能在环境、贸易保护主义、多边贸易体制等全球治理的核心议题上取得显著进展。并且，与2018年布宜诺斯艾利斯峰会相比，各方立场更趋强硬，分歧更加难以调和。在世界经济更加复杂和困难的重要关口，二十国集团的全球治理的能力正在经受重大考验，其在增强各国互信、加强政策协调与合作、使世界经济回到正常的发展轨道方面承担着更加重要和紧迫的任务。

四 2020年应对新冠肺炎特别峰会

(一) 峰会背景

2020年以来，新冠肺炎疫情在全球多点暴发。此次新冠肺炎疫情的传染性、蔓延速度、覆盖范围及严重程度，在近百年来人类公共卫生危机事件中均属罕见。2020年1月30日，世界卫生组织宣布新型冠状病毒疫情为"国际关注的突发公共卫生事件"（PHEIC）。2020年3月11日，世界卫生组织宣布新冠肺炎为"全球大流行病"（pandemic）。疫情不仅对人类生命健康造成严重威胁，同时，各国为遏制疫情扩散而采取的人流、物流的限制重创了生产供给和消费需求，对原本不振的世界经济造成严重冲击。相比2008年国际金融危机，此次新冠肺炎疫情的冲击更大，影响的时间和程度更加不确定，单边主义、保护主义严重影响国际政治经济环境，主要国家国内深层次结构性问题越发显现，这些都为全球合作抗击疫情带来新的挑战。

(二) 主要议题和成果

为应对新冠肺炎疫情，二十国集团领导人于3月26日举行特别峰会，这是二十国集团历史上首次以视频方式举行领导人峰会。峰会发表了《二十国集团领导人应对新冠肺炎特别峰会声明》，主要在以下方面达成了积极成果：[①]

一是各方承诺采取一切必要公共卫生措施抗击新冠肺炎疫情大流行。各方承诺保障信息透明和及时分享，保障医疗物资供应，并确保以可负担的价格提供。各方支持并承诺进一步增强世卫组织在协调国际抗疫行动方面的职责，同意尽快填补世界卫生组织应对疫情的资金缺口。各方承诺大幅增加防疫支出，特别是保护受传染病严重影响的弱势群体，同时完善全球公共卫生体系，为应对未来传染病疫情做好准备。

二是各方承诺使用现有一切政策工具维护世界经济，减少疫情对国际

[①] G20, "Extraordinary G20 Leaders' Summit Statement on COVID-19", by Videoconference from Riyadh, Saudi Arabia, March 26, 2020.

贸易的干扰。二十国集团领导人宣布其成员正向全球经济注入5万亿美元以应对疫情。领导人承诺继续采取有力、大规模的财政支持措施，支持各国央行根据授权采取特别措施，维护全球经济金融稳定，提振市场信心，保障就业民生。各方承诺确保医疗用品、农产品等商品和服务的正常跨境流动，减少疫情对全球贸易和供应链的冲击，重申实现自由、公平、非歧视、透明、可预期和稳定的贸易投资环境以及保持市场开放的目标。

三是各方承诺加强国际合作，应对共同挑战。各方承诺采取一切措施抗击疫情、保护生命、重振经济，向国际社会传递了积极信号。二十国集团领导人承诺加强与世界卫生组织（WHO）、国际货币基金组织、世界银行以及多边和区域开发银行开展合作，采取金融计划和补充政策工具。承诺向所有需要的国家和地区提供帮助，特别是向最不发达国家提供能力建设和技术援助。

特别峰会上，中国提出尽早召开二十国集团卫生部长会议；探讨建立区域公共卫生应急联络机制；积极支持WHO、二十国集团等发挥作用，适时举办全球公共卫生安全高级别会议以及加强国际宏观经济政策协调等四点倡议，为共同应对疫情发挥了突出的引领作用。[1]

（三）峰会贡献

二十国集团领导人应对新冠肺炎特别峰会取得了积极成果，为全球合作抗疫和稳定世界经济做出了重要贡献，同时对二十国集团自身机制的发展具有重要意义。

第一，为防控疫情和稳定世界经济做出重要贡献。二十国集团领导人应对新冠肺炎特别峰会在危机的紧要关头召开并做出重要的政治承诺，传递出各方团结一致的强烈信号，对有力抗击疫情起到关键作用。面对全球性疫情，二十国集团成员能够暂时搁置争议，协调政策立场，此举有助于市场稳定，增强了国际社会的信心。

与2014年二十国集团就抗击埃博拉疫情发表的声明相比，此次特别

---

[1] 习近平：《携手抗疫 共克时艰——在二十国集团领导人特别峰会上的发言》，人民出版社，2020。

峰会声明不仅表达了抗击疫情的决心，而且讨论了抗击疫情采取的行动，特别是就提供应对疫情的资金做出承诺，为抗击疫情提供了方案。在抗击疫情方面，二十国集团表示向世界卫生组织提供紧急资源支持，并且提出对最不发达国家的严重关切，表示准备好调动更多发展和人道主义资金。在稳定世界经济方面，二十国集团推出的经济刺激计划，以及支持各国中央银行促进金融稳定和增强市场的流动性措施等承诺，使得全球股市出现积极反应，市场信心得以提振。

第二，对二十国集团自身的机制发展具有重要意义。二十国集团机制在危机应对中诞生，又在危机应对中得以发展。在此次全球性疫情应对中，二十国集团机制再一次发挥了举足轻重的作用。疫情的应对也使得二十国集团自身机制在定位和作用等方面得到进一步发展。

在机制定位方面，疫情应对使得二十国集团从全球经济治理向治理领域更加广泛的全球治理机制发展。二十国集团成功应对2008年国际金融危机，并成为国际经济合作首要论坛，在全球经济治理中发挥不可替代的作用。随着二十国集团逐渐转向长效治理，其涉及的领域也逐渐向非经济议题扩展，包括反恐、难民、公共卫生等。此次新冠肺炎疫情的全球大流行使得二十国集团成为应对全球性公共卫生危机的重要平台，对其向综合性的全球治理平台发展具有重要意义。

在机制作用方面，疫情应对再一次凸显了二十国集团机制的重要作用。随着金融危机的逐渐消退，对二十国集团"清谈馆"的诟病增多，使得二十国集团在全球治理中的作用有被弱化的趋势。二十国集团在疫情应对中及时做出反应，特别是迅速达成5万亿美元的经济计划，并在有关专业领域制定了应对措施，展现了其在综合性全球治理方面的能力，巩固了其在全球治理中的重要地位。

第四章
二十国集团部长级会议

在二十国集团的会议机制升级为领导人峰会之前，二十国集团主要以财长与央行行长会议的形式召开。2008年金融危机后，二十国集团财长和央行行长会议由每年召开1次增加至2~4次。二十国集团财长和央行行长会议主要讨论全球金融、经济议题，并扩展到更加广泛的领域。二十国集团其他部长级会议根据每年主席国的议程设置召开，主要围绕相应专业领域的议题开展讨论。

第一节 二十国集团财长和央行行长会议

1999年6月七国集团德国科隆峰会召开前，七国集团各国财长向峰会提交的一份报告中建议在布雷顿森林体系框架下设立一个系统重要性国家之间的非正式对话机制。① 在6月18日的七国集团科隆峰会声明中，领导人们欢迎设立这一机制。② 1999~2007年，二十国集团财长和央行行长会议为年度会议，主席国由二十国集团成员轮流担任。2008年以后，二十国集团财长和央行行长会议调整为每年召开2~4次。目前，二十国集团财长和央行行长会议成为二十国集团峰会机制下的两大主要渠道之一，对全球经济治理发挥重要作用。

---

① G7 Finance Ministers, "Report of G7 Finance Ministers to the Köln Economic Summit", Cologne, Germany, June 18, 1999.

② G7, "G7 Statement", Cologne, Germany, June 18, 1999.

一 2008年前的财长和央行行长会议

二十国集团成立以后,二十国集团财长和央行行长会议定期举行,在2008年前每年举行一次,主席国采用轮任制。会议主题从主要讨论金融、经济等逐渐向更广泛的议题扩展(见表4-1)。

表4-1 1999～2007年二十国集团财长和央行行长会议时间、地点及主要议题

时间	地点	主要议题
1999年12月15～16日	德国柏林	全球经济和金融形势、国际金融体制改革方向等
2000年10月24～25日	加拿大蒙特利尔	应对全球化挑战、稳定金融秩序和增强危机抵御能力等
2001年11月16～17日	加拿大渥太华	"9·11"事件对全球经济的影响、二十国集团在打击恐怖融资活动方面的作用等
2002年11月22～23日	印度新德里	维护金融稳定、推进全球化、贸易和发展以及打击恐怖融资和其他金融滥用等
2003年10月26～27日	墨西哥莫雷利亚	推进全球化和多边贸易、防范金融危机、防止金融滥用、打击恐怖融资、减贫和促进全球经济增长等
2004年11月20～21日	德国柏林	金融部门建设、打击国际金融体系滥用、老龄化、债务重组、国际金融机构改革、可持续增长与改革、区域一体化等
2005年10月15～16日	中国香河	全球发展问题、国际金融机构改革、人口变化和移民、创新发展等
2006年11月18～19日	澳大利亚墨尔本	能源与矿产、布雷顿森林体系改革、国内经济改革、人口变化和移民等
2007年11月17～18日	南非克莱蒙德	增长与发展的财政要素、大宗商品价格周期与金融稳定、能源和气候变化、布雷顿森林体系改革、可持续增长和二十国集团改革议程等

资料来源:笔者根据相关网站资料整理。

(一) 二十国集团的创立与财长和央行行长会议

1999年,二十国集团成立后的首次财长和央行行长会议在德国柏林召开。财长和央行行长在会议上一致强调,二十国集团是布雷顿森林体系

框架下建立的非正式对话的一种新机制,旨在就系统重要性经济体的核心经济和金融政策议题进行更广泛的讨论并推动合作,以寻求促进世界经济的稳定和持续增长。①

在逆全球化抬头、国际社会对全球化表示担忧的背景下,二十国集团财长和央行行长第 2 次会议在加拿大蒙特利尔举行。此次会议对全球化进程能否继续推进起到关键作用,会议主要讨论了世界经济形势,相关政策挑战和解决特定脆弱性的途径,并达成"蒙特利尔共识"(Monterrey Consensus)。该共识内容主要包括:通过增加透明度和加强合作提高国际机构的有效性;努力落实逐渐形成共识的政策措施,以增强抵御金融危机能力;推动各个经济体融入全球金融体系,特别是对新兴市场与发展中经济体给予技术帮助和政策建议;对重债穷国进行援助,并协助这些国家进入全球经济体系;打击金融滥用,增加公共产品提供,加强多边贸易体制和促进社会安全网建设等 9 个方面。②

(二) 美国"9·11"事件与二十国集团财长和央行行长会议

美国"9·11"事件爆发后,在加拿大渥太华举行的二十国集团财长和央行行长会议上,"9·11"恐怖袭击事件占据了大部分会议议程,会议就"9·11"事件对全球经济的影响和各国如何在财经领域就打击恐怖主义开展合作等问题达成共识。会议还通过了《二十国集团打击恐怖融资行动计划》(G20 Action Plan on Terrorist Financing),提出冻结恐怖分子的资产、批准相关国际标准、加强信息交流等国际交流、技术援助等行动措施,成为此次会议最突出的成果。③

此后,二十国集团反恐怖融资议题在之后的会议上得到进一步的讨论。2002 年二十国集团第 4 次财长和央行行长会议在印度新德里召开。

---

① G20 Finance Ministers and Central Bank Governors, "Communiqué: Meeting of G20 Finance Ministers and Central Bank Governors", Berlin, Germany, December 16, 1999.

② G20 Finance Ministers and Central Bank Governors, "Communiqué: Meeting of G20 Finance Ministers and Central Bank Governors", Montreal, Canada, October 25, 2000.

③ G20 Finance Ministers and Central Bank Governors, "Communiqué: Meeting of G20 Finance Ministers and Central Bank Governors", Ottawa, Canada, November 17, 2001.

这是二十国集团财长和央行行长会议首次在发展中国家召开。会议主要就经济形势和金融稳定、全球化、贸易和发展以及打击恐怖融资和其他金融滥用等议题达成共识。会议突出的一点是引入了发展问题,并第一次涉及了联合国千年发展目标。[①] 在墨西哥莫雷利亚举行的二十国集团第5次财长和央行行长会议上,与会代表就推进全球化和多边贸易、防范金融危机、防止金融滥用、打击恐怖融资、减贫和促进全球经济增长等方面达成共识。会议还延续了新德里会议的发展议题,并重申了国际贸易对发展的重要性,将贸易与联合国千年发展目标联系起来。[②]

（三）二十国集团财长和央行行长会议向更多领域扩展

在二十国集团成立五年之后,二十国集团财长和央行行长会议从关注金融、经济议题扩展到更加广泛的领域,并在发达经济体和发展中经济体交替召开。

在德国柏林举行的二十国集团第6次财长与央行行长会议就全球化的核心问题进行了公开和建设性的对话。与会财长和央行行长对世界经济形势持较为乐观态度,但表示油价波动、持续的不平衡和地缘政治问题也带来经济下行的风险。各国再次强调莫雷利亚会议关于落实"蒙特利尔共识"和千年发展计划的共识,就强劲和可持续的发展、国内金融部门的加强、资本流动和债务重组、区域一体化、人口老龄化问题达成共识,会议还强调国际金融体系和打击金融体系滥用、洗钱、恐怖融资的重要性。[③] 此外,此次财长与央行行长会议还取得了两项重要成果:一是发表《二十国集团税收透明度和信息交换的声明》;二是在可持续经济增长方面达成《二十国集团可持续增长协定》并在落实可持续增长协定的《二

[①] G20 Finance Ministers and Central Bank Governors, "Delhi Communiqué: G20 Finance Ministers' and Central Bank Governors' Meeting", New Delhi, India, November 23, 2002.

[②] G20 Finance Ministers and Central Bank Governors, "Morelia Communiqué: Fifth G20 Finance Ministers' and Central Bank Governors' Meeting", Morelia, Mexico, October 27, 2003.

[③] G20 Finance Ministers and Central Bank Governors, "Communiqué: Meeting of Finance Ministers and Central Bank Governors", Berlin, Germany, November 21, 2004.

十国集团改革议程》中取得共识。① 二十国集团达成的关于经济可持续增长以及改革议程取得重要成果，使得二十国集团的国际地位和影响力得到加强。

2005 年，二十国集团财长和央行行长在香河举行的会议以"加强全球合作：实现世界经济平衡有序发展"为主题，对世界经济面临的经济发展与平衡、国际油价攀升、贸易摩擦加剧等风险和挑战进行讨论，会议发表的联合声明重申了在实现平衡、可持续发展方面的共同目标和责任，同意加强政策协调，采取适当措施，共同应对挑战。② 此次会议聚焦布雷顿森林体系改革和发展问题，发表了《二十国集团关于布雷顿森林机构改革的联合声明》、《二十国集团关于全球发展问题的联合声明》和《二十国集团 2005 年改革议程》。③

二十国集团第 8 次财长和央行行长会议在澳大利亚墨尔本举行。会议围绕"建设和维持繁荣"的主题，重点对全球经济形势、能源与矿产问题、人口变化、布雷顿森林体系改革、经济改革以及援助承诺和效果等议题开展讨论并形成共识。④ 此次会议依然延续了可持续增长的议题。会议还通过了《二十国集团 2006 年改革议程》。⑤

---

① G20 Finance Ministers and Central Bank Governors, "G20 Statement on Transparency and Exchange of Information for Tax Purposes", Berlin, Germany, November 21, 2004; G20 Finance Ministers and Central Bank Governors, "G20 Accord for Sustained Growth", Berlin, Germany, November 21, 2004; G20 Finance Ministers and Central Bank Governors, "G20 Reform Agenda", Berlin, Germany, November 21, 2004.

② G20 Finance Ministers and Central Bank Governors, "Communiqué: Meeting of Finance Ministers and Central Bank Governors", Xianghe, Hebei, China, October 16, 2005.

③ G20 Finance Ministers and Central Bank Governors, "The G20 Statement on Reforming the Bretton Woods Institutions", Xianghe, Hebei, China, October 16, 2005; G20 Finance Ministers and Central Bank Governors, "G20 Statement on Global Development Issues", Xianghe, Hebei, China, October 16, 2005; G20 Finance Ministers and Central Bank Governors, "G20 Reform Agenda 2005: Agreed Actions to Implement the G20 Accord for Sustained Growth", Xianghe, Hebei, China, October 16, 2005.

④ G20 Finance Ministers and Central Bank Governors, "Communiqué: Meeting of Ministers and Governors in Melbourne", Melbourne, Australia, November 19, 2006.

⑤ G20 Finance Ministers and Central Bank Governors, "G20 Reform Agenda 2006: Agreed Actions to Implement the G20 Accord for Sustained Growth", Melbourne, Australia, November 19, 2006.

二十国集团

二十国集团第 9 次财长和央行行长会议在南非克莱蒙德举行。与会财长和央行行长就世界经济形势、财政政策对经济增长和发展的重要性、大宗商品价格波动和金融稳定、布雷顿森林体系改革以及可持续增长议题达成共识。[①] 会议还通过了《二十国集团 2007 年改革议程》。[②]

这一阶段,发展中成员的利益诉求得到更多的体现。例如,自 2002 年"蒙特利尔共识"达成以来,发展中国家对于布雷顿森林机构改革的诉求越来越高。特别是,2005 年香河会议将"布雷顿森林机构 60 周年战略回顾与改革议程"作为重要议程进行讨论,并发布了联合声明,再次明确了布雷顿森林机构的使命、治理及管理和业务战略,并提出制定布雷顿森林机构改革路线图,特别是国际货币基金组织份额改革的问题。这为推动国际货币基金组织和世界银行等国际金融机构改革和世界经济的增长都有积极意义。发展议题在议程中的比重也有所提高,特别是,2005 年的香河会议对发展议题的讨论达到新的高度,并发布了第一份关于发展议题的声明,强调,"二十国集团作为发达经济体同新兴市场与发展中经济体之间政策对话的主要论坛,应在解决重要的发展问题上发挥积极作用"。会议讨论了多哈发展议程、贸易自由化以及联合国千年发展目标,成员主导和尊重各国具体发展模式的原则,并将世界银行和国际货币基金组织改革议程与发展更紧密地联系起来。

二 2008 年以来的财长和央行行长会议

2008 年国际金融危机爆发,二十国集团财长和央行行长会议的主要议题再次回到危机应对。二十国集团的会议机制升级为领导人峰会后,二十国集团财长和央行行长会议是二十国集团体系中的重要组成部分,会议也由每年 1 次增加至每年 2~4 次,并根据情况召开副手会和联合部长会议(见表 4-2)。

[①] G20 Finance Ministers and Central Bank Governors, "Communiqué: Meeting of Ministers and Governors in Kleinmond", Kleinmond, South Africa, November 18, 2007.

[②] G20 Finance Ministers and Central Bank Governors, "G20 Reform Agenda 2007: Agreed Actions to Implement the G20 Accord for Sustained Growth", Kleinmond, South Africa, November 18, 2007.

表4-2　2008~2019年二十国集团财长和央行行长会议时间、地点和主要议题

年度	时间	地点	主要议题
2008年	10月11日	美国华盛顿	应对金融危机、深化合作加强金融监管等
	11月8~9日	巴西圣保罗	
2009年	3月14~15日	英国霍舍姆	促进世界经济复苏、加强金融体系建设、强化金融机构监管、气候变化融资等
	4月24日	美国华盛顿	
	9月4~5日	英国伦敦	
	11月6~7日	英国圣安德鲁斯	
2010年	4月22~23日	美国华盛顿	世界经济复苏,强劲、可持续和平衡增长,金融监管改革,国际金融机构治理改革等
	6月4~5日	韩国釜山	
	10月9~10日	美国华盛顿	
	10月22~23日	韩国庆州	
2011年	2月18~19日	法国巴黎	经济复苏增长、政策协调、国际货币体系完善、大宗商品价格波动、金融机构改革、加强金融稳定理事会建设、主权债务危机、财政巩固、多边开发性金融机构、创新融资、遵守国际标准、落实首尔发展共识、反对贸易保护主义、反腐败、应对埃博拉病毒等
	4月14~15日	美国华盛顿	
	9月22日	美国华盛顿	
	10月14~15日	法国巴黎	
2012年	2月25~26日	墨西哥墨西哥城	全球经济复苏、欧洲财政巩固、全球金融稳定、IMF改革、IMF监督框架改善、金融监管改革议程、金融消费者保护、加强信息交流打击非法金融活动、大宗商品价格波动、普惠金融、绿色增长、灾害风险管理、能源市场透明度和效率等
	4月19~20日	美国华盛顿	
	11月4~5日	墨西哥墨西哥城	
2013年	2月15~16日	俄罗斯莫斯科	经济增长、长期投资融资、公共债务可持续性、国际金融构架、金融监管、普惠金融、消费者保护、能源、大宗商品和气候融资、税收改革等
	4月18~19日	美国华盛顿	
	7月19~20日	俄罗斯莫斯科	
	10月10~11日	美国华盛顿	
2014年	2月21~23日	澳大利亚悉尼	经济增长、就业、结构性改革、宏观政策协调、货币政策正常化、金融体系改革、税收治理改革、金融监管完善等
	4月10~11日	美国华盛顿	
	9月20~21日	澳大利亚凯恩斯	
	10月9~10日	美国华盛顿	
2015年	2月9~10日	土耳其伊斯坦布尔	经济增长不平衡、结构性改革、石油等大宗商品价格下降、适应性货币政策、灵活的财政政策、激发投资、IMF份额改革、金融监管、税收制度、发展议程、基础设施建设、反恐合作、气候变化、埃博拉病毒等
	4月16~17日	美国华盛顿	
	9月4~5日	土耳其安卡拉	

续表

年度	时间	地点	主要议题
2016年	2月26~27日	中国上海	经济增长、结构性改革、加强基础设施投资、增强国际货币体系稳定性和韧性、金融监管改革、金融机构改革、加强金融透明度、完善国际税收体系、打击恐怖融资、绿色金融、2030年可持续发展议程、气候变化、化石燃料补贴等
	4月14~15日	美国华盛顿	
	7月23~24日	中国成都	
2017年	3月17~18日	德国巴登巴登	全球经济形势和增长框架、国际金融架构及全球金融治理、与非洲紧密合作倡议、全球资本流动、金融部门发展和监管、数字金融、反对信息和通信技术恶意使用、普惠金融、完善国际税收体系、打击恐怖融资、金融数据共享等
	4月20~21日	美国华盛顿	
2018年	3月19~20日	阿根廷布宜诺斯艾利斯	全球经济形势、数字化、基础设施、金融安全网、跨境资本流动、低收入国家债务增长、加密资产风险防范、国际税收体系完善、打击恐怖融资、与非洲紧密合作倡议、技术变革及普惠金融等
	4月19~20日	美国华盛顿	
	7月21~22日	阿根廷布宜诺斯艾利斯	
2019年	4月11~12日	美国华盛顿	全球经济形势、发展融资、国际税收、全球失衡、老龄化、基础设施投资、金融部门改革、稳定币等
	6月8~9日	日本福冈	
	10月17~18日	美国华盛顿	

资料来源：笔者根据相关网站资料整理。

（一）国际金融危机与二十国集团财长和央行行长会议

2008年国际金融危机爆发，二十国集团财长和央行行长会议将如何应对金融危机作为会议重点议题。为应对危机，二十国集团财长和央行行长首先在华盛顿召开了一次特别会议，讨论了金融危机及其对世界经济的影响，就合作克服金融风暴、改善世界金融市场的监管达成一致，并强调各国在宏观经济政策、流动性提供、加强金融机构和保护零售储户等关键领域开展国际合作和继续采取行动的必要性。与会财长和央行行长还承诺利用一切经济和金融工具，确保金融市场的稳定和良好运行，并确保一个国家的行动不会损害其他国家或整个系统的稳定。随后，二十国集团财长和央行行长在巴西圣保罗召开年度会议，这次会议也可以说是首次二十国集团领导人峰会的筹备会议。会议核心议题是制定政策措施来稳定金融市场和恢复信贷流动，支持全球经济增长，以及深化合作加强金融监管等。为了推动二十国集团成员联合应对金融危机，此次会议也反映了新兴市场与发展中经济体的利益和要求。会议提出对布雷顿森林机构进行全面改革，使新兴市场与发展中经济体拥有更大的发言权和代表性，以提高其合法性和有效性。会议还提出金融稳定论坛（FSF）必须扩大到新兴市场与发展中经济体的更广泛成员，以反映金融市场的全球性和应对全球金融形势带来的挑战。[1]

2009年二十国集团召开4次财长和央行行长会议，主要就促进世界经济复苏、加强金融体系建设、强化金融机构监管以及应对气候变化的融资等问题进行了讨论。其中，2009年9月在伦敦的财长和央行行长会议继续跟进此前二十国集团华盛顿峰会和伦敦峰会的承诺，并为即将召开的匹兹堡峰会做准备。与会财长和央行行长评估了实施伦敦峰会"复苏与改革全球计划"方面取得的进展，重申迅速和全面履行在华盛顿和伦敦首脑会议上做出的所有承诺，并就确保可持续增长和建立更强大的国际金融体系的进一步行动达成一致。会议除了通过财长和央行行长公报，还发布了"加强金融体系进一步措施的宣言"，提出需要加强金融机构治理和薪酬改革，对系统重要性银行加强监管，制定更强有力的审慎监管政策，应对非合作司法管辖（NCJs），协调包括新巴塞尔协议在内的银行资本和风险监管国际标准，建立高质量、全球性、独立的会计准则等。[2]

（二）欧洲主权债务危机中的二十国集团财长和央行行长会议

在世界经济开始企稳复苏之际，欧洲主权债务危机爆发，为世界经济又蒙上阴影和不确定性。在应对欧洲主权债务危机方面，二十国集团财长

---

[1] G20 Finance Ministers and Central Bank Governors, "G20 Communiqué", Washington D. C., United States, October 11, 2008; G20 Finance Ministers and Central Bank Governors, "Communiqué: Meeting of Ministers and Governors", São Paulo, Brazil, November 9, 2008.

[2] G20 Finance Ministers and Central Bank Governors, "G20 Finance Ministers' and Central Bank Governors' Communiqué", Horsham, March 14, 2009; G20 Finance Ministers and Central Bank Governors, "Communiqué: Meeting of Finance Ministers and Central Bank Governors", London, United Kingdom, September 5, 2009; G20 Finance Ministers and Central Bank Governors, "Declaration on Further Steps to Strengthen the Financial System", London, United Kingdom, September 5, 2009; G20 Finance Ministers and Central Bank Governors, "Communiqué: Meeting of Finance Ministers and Central Bank Governors", St. Andrews, Scotland, United Kingdom, November 7, 2009.

和央行行长会议总体上还是取得了积极的效果,同时,这一期间的财长和央行行长会议将刺激经济复苏增长、改革国际金融体系等也作为讨论的重要议题并取得进展。

2010年,二十国集团财长和央行行长会议讨论的议题包括世界经济复苏,强劲、可持续和平衡增长,金融监管改革以及国际金融机构治理改革等。[1] 2011年,二十国集团财长和央行行长会议讨论的议题包括经济复苏增长、政策协调、国际货币体系完善、大宗商品价格波动、金融机构改革、加强金融稳定理事会建设、主权债务危机、财政巩固、多边开发性金融机构、创新融资、遵守国际标准、落实首尔发展共识、反对贸易保护主义、反腐败以及应对埃博拉病毒等。[2] 2012年,二十国集团财长和央行行长会议讨论了全球经济复苏、欧洲财政巩固、全球金融稳定、国际货币基金组织改革、国际货币基金组织监督框架改善、金融监管改革议程、金融消费者保护、加强信息交流打击非法金融活动、大宗商品价格波动、普惠金融、绿色增长、灾害风险管理、能源市场透明度和效率等议题。[3] 此

---

[1] G20 Finance Ministers and Central Bank Governors, "Communiqué: Meeting of Finance Ministers and Central Bank Governors", Washington D. C., United States, April 23, 2010; G20 Finance Ministers and Central Bank Governors, "Communiqué: Meeting of Finance Ministers and Central Bank Governors", Busan, Republic of Korea, June 5, 2010; G20 Finance Ministers and Central Bank Governors, "Communiqué: Meeting of Finance Ministers and Central Bank Governors", Gyeongju, Republic of Korea, October 23, 2010.

[2] G20 Finance Ministers and Central Bank Governors, "Communiqué: Meeting of Finance Ministers and Central Bank Governors", Paris, France, February 19, 2011; G20 Finance Ministers and Central Bank Governors, "Final Communiqué: Meeting of G20 Finance Ministers and Central Bank Governors", Washington D. C., United States, April 15, 2011; G20 Finance Ministers and Central Bank Governors, "Communiqué of Finance Ministers and Central Bank Governors of the G20", Washington D. C., United States, September 22, 2011; G20 Finance Ministers and Central Bank Governors, "Communiqué of Finance Ministers and Central Bank Governors of the G20", Paris, France, October 15, 2011.

[3] G20 Finance Ministers and Central Bank Governors, "Communiqué: Meeting of Finance Ministers and Central Bank Governors", Mexico City, Mexico, February 26, 2012; G20 Finance Ministers and Central Bank Governors, "Final Communiqué: Meeting of G20 Finance Ministers and Central Bank Governors", Washington D. C., United States, April 20, 2012; G20 Finance Ministers and Central Bank Governors, "Communiqué of Meeting of G20 Finance Ministers and Central Bank Governors", Mexico City, Mexico, November 5, 2012.

外，2012年6月，二十国集团财长发表声明，欢迎欧洲采取的主要政策行动，来改善金融市场运行和打破主权债务与银行之间的恶性循环。[1]

(三) 走向长效治理的二十国集团财长和央行行长会议

随着危机的阴影逐渐退去，世界经济逐步走向复苏，二十国集团财长和央行行长会议的议题也在逐渐从金融稳定向经济增长倾斜，同时所涵盖的议题也趋于广泛。

2013年，二十国集团财长和央行行长会议就经济增长、长期投资融资、公共债务可持续性、国际金融构架、金融监管、普惠金融、消费者保护、能源、大宗商品和气候融资、税收改革等议题达成共识。[2] 2014年，二十国集团财长和央行行长会议主要聚焦增长和就业问题，就经济增长、结构性改革、宏观政策协调、货币政策正常化、金融体系改革、税收治理改革、金融监管完善等议题达成一致。[3] 此外，二十国集团财长11月在澳大利亚布里斯班召开会议，就继续推动经济增长和就业达成共

---

[1] G20 Finance Ministers, "G20 Finance Ministers' Statement: The G20 Welcomes Major Policy Actions in Europe", June 29, 2012.

[2] G20 Finance Ministers and Central Bank Governors, "Communiqué of Meeting of G20 Finance Ministers and Central Bank Governors", Moscow, Russia, February 16, 2013; G20 Finance Ministers and Central Bank Governors, "Communiqué of G20 Meeting of Finance Ministers and Central Bank Governors", Washington D. C., United States, April 19, 2013; G20 Finance Ministers and Central Bank Governors, "Communiqué of Meeting of Finance Ministers and Central Bank Governors", Moscow, Russia, July 20, 2013; G20 Finance Ministers and Central Bank Governors, "Communiqué of Meeting of Finance Ministers and Central Bank Governors", Washington D. C., United States, October 11, 2013.

[3] G20 Finance Ministers and Central Bank Governors, "Communiqué: Meeting of Finance Ministers and Central Bank Governors", Sydney, Australia, February 23, 2014; G20 Finance Ministers and Central Bank Governors, "Communiqué: Meeting of G20 Finance Ministers and Central Bank Governors", Washington D. C., United States, April 11, 2014; G20 Finance Ministers and Central Bank Governors, "Communiqué: Meeting of G20 Finance Ministers and Central Bank Governors", Cairns, Australia, September 21, 2014; Treasurer Joe Hockey, Media Release of G20 Finance Ministers and Central Bank Governors Meeting, Washington D. C., United States, October 10, 2014.

识。① 2015 年，二十国集团财长和央行行长会议重点讨论了经济增长不平衡、结构性改革、石油等大宗商品价格下降、适应性货币政策、灵活的财政政策、激发投资、国际货币基金组织份额改革、金融监管、税收制度、发展议程、基础设施建设、反恐合作、气候变化、埃博拉病毒等议题。② 2016 年，二十国集团财长和央行行长会议主要关注经济增长、结构性改革、加强基础设施投资、增强国际货币体系稳定性和韧性、金融监管改革、金融部门改革、加强金融透明度、完善国际税收体系、打击恐怖融资、绿色金融、2030 年可持续发展议程、气候变化、化石燃料补贴等议题。③ 2017 年，二十国集团财长和央行行长会议主要讨论了全球经济形势和增长框架、国际金融架构及全球金融治理、与非洲紧密合作倡议、全球资本流动、金融部门发展和监管、数字金融、反对信息和通信技术恶意使用、普惠金融、完善国际税收体系、打击恐怖融资、金融数据共享等议题。④ 2018 年，二十国集团财长和央行行长会议重点讨论了全球经济形势、数字化、基础设施、金融安全网、跨境资本流动、低收入国家债务增长、加密资产风险防范、国际税收体系完善、打击恐怖融资、与非洲紧密合作倡议、技术变革及普惠金

---

① G20 Finance Ministers, "Statement: G20 Finance Ministers Meeting", Brisbane, Australia, November 15, 2014.

② G20 Finance Ministers and Central Bank Governors, "Communiqué: G20 Finance Ministers and Central Bank Governors Meeting", Istanbul, Turkey, February 10, 2015; G20 Finance Ministers and Central Bank Governors, "Communiqué: G20 Finance Ministers and Central Bank Governors Meeting", Washington D. C., United States, April 17, 2015; G20 Finance Ministers and Central Bank Governors, "Communiqué: G20 Finance Ministers and Central Bank Governors Meeting", Ankara, Turkey, September 5, 2015.

③ G20 Finance Ministers and Central Bank Governors, "Communiqué: G20 Finance Ministers and Central Bank Governors Meeting", Shanghai, China, February 27, 2016; G20 Finance Ministers and Central Bank Governors, "Communiqué: G20 Finance Ministers and Central Bank Governors' Meeting", Washington D. C., United States, April 15, 2016; G20 Finance Ministers and Central Bank Governors, "Communiqué: G20 Finance Ministers and Central Bank Governors Meeting", Chengdu, China, July 24, 2016.

④ G20 Finance Ministers and Central Bank Governors, "Communiqué: G20 Finance Ministers and Central Bank Governors Meeting", Baden-Baden, Germany, March 18, 2017.

融等议题。① 2019年，二十国集团财长和央行行长会议重点讨论了全球经济形势、发展融资、国际税收、全球失衡、老龄化、基础设施投资、金融部门改革以及稳定币等议题。②

总之，在二十国集团从危机应对向长效治理转型过程中，财长和央行行长会议在二十国集团体系中一直占有重要地位。特别是，其在国际金融治理改革深化和议题扩展方面取得了积极进展，为领导人峰会贡献了大量成果。

第二节 二十国集团贸易部长会议

2008年国际金融危机不仅对国际金融市场造成巨大冲击，也使得世界经济和国际贸易增长出现了严重下滑。为此，二十国集团领导人峰会将贸易问题作为重要议题，将重振世界贸易和投资作为恢复全球经济增长的关键要素。早在2008年华盛顿峰会上，二十国集团领导人就强调在金融不稳定时期反对保护主义、避免政策内顾的重要性。峰会宣言提出避免为投资或商品和服务贸易设置新壁垒，努力争取尽早结束多哈发展议程，并指示各国贸易部长实现这一目标。在世界经济逐渐复苏，但危机的深层次影响尚未消除的情况下，国际贸易与投资问题日益突出，在二十国集团向长效治理转型过程中的地位更加凸显。为此，二十国集团开始召开专门的贸易部长会议讨论全球贸易投资问题。截至2019年，二十国集团贸易部长会议共召开6次，就全球价值链、贸易保护、多边贸易体制、全球贸易增长、全球投资合作、数字经济与贸易的关系等方面展开讨论（见表4-3）。

---

① G20 Finance Ministers and Central Bank Governors, "Communiqué: Finance Ministers and Central Bank Governors", Buenos Aires, Argentina, March 20, 2018; G20 Finance Ministers and Central Bank Governors, "Chair's Summary: G20 Finance Ministers and Central Bank Governors Meeting", Washington D.C., United States, April 20, 2018; G20 Finance Ministers and Central Bank Governors, "Communiqué: G20 Finance Ministers and Central Bank Governors Meeting", Buenos Aires, Argentina, July 22, 2018.

② G20 Finance Ministers and Central Bank Governors, "Communiqué: G20 Finance Ministers and Central Bank Governors Meeting", Fukuoka, Japan, June 9, 2019.

表4-3 二十国集团贸易部长会议时间、地点及主要议题

时间	地点	主要议题
2012年4月18~20日	墨西哥巴亚尔塔港	全球价值链、贸易与经济增长、就业和发展、加强发展中国家对全球价值链的参与等
2014年7月19日	澳大利亚悉尼	国家增长战略中的贸易行动,反对贸易保护主义,贸易援助,双边、区域以及诸边贸易协定与多边贸易协定的关系,消除贸易壁垒,支持多边贸易体制等
2015年10月6日	土耳其伊斯坦布尔	履行全面增长战略中与贸易有关行动和反对贸易保护主义承诺,包容性全球价值链,支持多边贸易体制,增加区域贸易协定与多边贸易体制的一致性、互补性等
2016年7月9~10日	中国上海	二十国集团贸易部长会议机制化、促进全球贸易增长、支持多边贸易体制、促进全球投资政策合作与协调、促进包容协调的全球价值链等
2018年9月14日	阿根廷马德普拉塔	粮农产品全球价值链、新工业革命、国际贸易新发展等
2019年6月8~9日	日本筑波	全球贸易环境、改善商业环境以促进投资、世界贸易组织改革、双边和区域贸易协定的最新发展、贸易与数字经济的关联等

资料来源:笔者根据相关网站资料整理。

一 全球贸易增长困境与贸易部长会议

国际金融危机后,世界贸易增速在2009年出现了25年来首次下降。2011年世界贸易增长5.0%,较2010年13.8%的反弹大幅减速,而2012年增长将进一步放缓至3.7%,并认为贸易下降的主要原因是全球经济因欧洲主权债务危机等的冲击而失去动力。[①] 在世界经济复苏艰难和全球贸易增长低迷的情况下,来自贸易保护主义的压力也不断增大。世界贸易组织在2011年10月发布的《二十国集团贸易措施报告》认为,一些二十国集团成员令人失望的疲弱增长和全球宏观经济持续失衡,正在考验多国

---

① WTO, "World Trade 2011, Prospects for 2012", 2012 Press Releases, April 12, 2012.

政府遵守二十国集团抵制保护主义承诺的政治决心。报告指出，2011年5月中旬至10月中旬，没有迹象表明二十国集团成员采取新的贸易限制措施有所放缓，或者已努力消除现有的，特别是金融危机爆发以来实施的限制措施。[①] 2011年瑞士日内瓦召开的第八次世界贸易组织部长级会议正式批准俄罗斯加入世界贸易组织。至此，所有二十国集团成员均为世界贸易组织成员，这为在二十国集团框架下讨论多边贸易问题和缓解多哈回合谈判的困境提供了更好的条件。

在全球贸易增长下滑和贸易保护主义抬头的背景下，2012年4月，二十国集团在墨西哥巴亚尔塔港举行首次贸易部长会议。会议主要就全球价值链，贸易和经济增长、就业的关系等开展讨论。与会部长认为，开放的贸易对经济增长有着直接的积极作用，保护主义将导致消费者和劳动力市场成本高企。会议就抵制贸易保护主义交换了意见并达成共识，承诺不采取新的贸易限制措施，避免为全球价值链的发展设置障碍，并强调要推动发展中国家融入全球价值链。首次贸易部长会议为二十国集团共同商讨和合作解决全球贸易问题提供了新的平台，对促进世界经济和贸易恢复增长活力具有重要意义。

2014年7月，第二次二十国集团贸易部长会议在澳大利亚悉尼召开。在经历了过去两年平均仅2.2%的增长后，2014年和2015年的贸易会随着世界经济的改善出现温和增长，但是依然低于此前20年（1983~2013年）5.3%的平均增速。[②] 值得肯定的是，2013年底召开的世界贸易组织第九次部长级会议终于打破多哈回合谈判僵局，达成了"巴厘一揽子协定"，让外界对多边贸易体制的未来重拾了一些信心，也为贸易增长提供了支持。此次二十国集团贸易部长会议重点围绕进一步完善二十国集团全面增长战略中的贸易政策措施、加强多边贸易体制、推动多哈回合谈判等议题进行了深入讨论，并发表了《二十国集团贸易部长会议主席总结》。会议取得的主要成果包括：强调贸易是经济增长的重要引擎，欢迎二十国

---

① WTO, "Report on G-20 Trade Measures (May to Mid-October 2011)", October 25, 2011.
② WTO, "World Trade 2013, Prospects for 2014", 2014 Press Releases, April 14, 2014.

集团成员落实国家增长战略而采取支持贸易增长的国内行动；重申了二十国集团关于反对贸易保护主义的圣彼得堡承诺；强调贸易援助对于发展中国家的重要性；肯定了设计得当的双边、区域以及诸边贸易协定对多边贸易协定的补充作用；强调通过国内改革和国际合作消除全球价值链壁垒和服务贸易壁垒；重申支持世界贸易组织全球贸易体系支柱作用，承诺在支持全面执行巴厘岛会议成果，特别是在按照商定的时间表执行《贸易便利化协定》上发挥领导作用。[1]

2015年10月，二十国集团在土耳其伊斯坦布尔召开第三次贸易部长会议。此前，世界贸易组织考虑到2015年上半年新兴市场与发展中经济体进口需求下降、石油等初级商品价格下跌等因素，将2015年世界贸易增长预期从4月的3.3%下调至2.8%，并认为金融市场波动、美国货币政策立场变化的不确定性为下半年及以后的世界经济和贸易前景蒙上了阴影。[2] 在这一背景下，二十国集团贸易部长会议重点讨论了应对全球贸易增速放缓、促进中小企业及低收入发展中国家融入全球价值链、支持多边贸易体制等多个议题。会后发表的主席总结重申了履行全面增长战略中与贸易有关行动和反对贸易保护主义承诺，强调包容性的全球价值链，减轻中小企业参与的障碍，支持多边贸易体制，增加区域贸易协定与多边贸易体制的一致性、互补性等。此外，部长们欢迎中方提出的将二十国集团贸易部长会议变为年度会议及建立支持性工作机制的建议。[3]

二 机制化与贸易部长会议

2008年金融危机后，作为拉动世界经济增长引擎的国际贸易和投资均出现放缓。特别是，2012年以来世界贸易增长始终在3%以下，远低于2008年金融危机前的水平，并已连续四年低于世界经济增速。贸易投资

---

[1] G20 Trade Ministers, "Chairman's Summary: Meeting of G20 Trade Ministers", Sydney, Australia, July 19, 2014.
[2] WTO, "Trade Statistics", 2015 Press Releases, September 30, 2015.
[3] G20 Trade Ministers, "Chairman's Summary: Meeting of G20 Trade Ministers", Istanbul, Turkey, October 6, 2015.

的低迷和保护主义抬头为全球经济复苏蒙上阴影，亟须强有力的政治指引和有效的具体措施为全球贸易注入新的动力。随着二十国集团主要任务逐步从危机应对向长效治理转变，贸易投资议题的重要作用更加凸显。在这一背景下，2016年二十国集团贸易部长会议在中国上海召开。会议就加强二十国集团贸易投资机制、促进全球贸易增长、支持多边贸易体制、促进全球投资政策合作与协调、促进包容协调的全球价值链等达成共识。此次贸易部长会议在二十国集团历史上具有里程碑式的意义，发表了二十国集团历史上首份贸易部长共同声明。具体来讲，会议主要取得了以下五个方面的成果。[①]

一是实现了二十国集团贸易投资政策合作机制化。世界经济走向复苏以来，金融危机的深层次影响并未消除，全球化进程面临巨大挑战，国际贸易与投资问题日益突出。作为国际经济合作的首要论坛，二十国集团需要在贸易投资问题上发挥更大作用。为此，二十国集团领导人在安塔利亚峰会上指示贸易部长定期举行会议，并同意建立落实这一机制的支持性工作组。2016年，中方创立了二十国集团贸易投资工作组（TIWG），并于1月在北京主办了工作组创建后的首次正式会议。此次贸易部长会议批准了中方倡议起草的《二十国集团贸易投资工作组工作职责》，确立了二十国集团贸易投资工作组的合作范围和议事程序，明确工作组将每年召开3~4次会议，并定期向贸易部长和协调人报告工作进展。机制化建设为二十国集团在全球贸易治理中更好地发挥作用提供了稳定和长期的机制保障。

二是就全球贸易增长问题达成了一份战略性文件。会议批准了《二十国集团全球贸易增长战略》（G20 Strategy for Global Trade Growth），确立了降低贸易成本、加强贸易投资政策协调、促进服务贸易、增强贸易融资、制订全球贸易景气指数（WTOI）、促进电子商务发展、推动贸易与发展等七大合作支柱，并提出针对性的行动方案。其中，在深化电子商务

[①] G20 Trade Ministers, "G20 Trade Ministers Meeting Statement", Shanghai, China, July 10, 2016；《高虎城部长出席二十国集团贸易部长会议成果发布会宣布会议成果》，商务部网站，2016年7月11日，http://gaohucheng.mofcom.gov.cn/article/activities/201607/20160701356339.shtml。

合作方面，部长们承诺加强公私对话，研究讨论与贸易相关的政策、标准和方法，并欢迎工商界提出的世界电商平台（eWTP）倡议。在贸易部长会议召开前夕，二十国集团联合世界贸易组织首次发布全球贸易景气指数，为研判全球贸易走势和周期变化提供了新的工具，有助于提高贸易政策制定的科学性和合理性。《二十国集团全球贸易增长战略》是危机以来第一次就全球贸易增长问题达成的一份战略性文件，表达了全球主要经济体共同合作提振全球贸易的决心，为应对贸易增长放缓所带来的挑战提供了重要的指导。

三是发布了首份全球投资指导原则。会议批准了首份《二十国集团全球投资指导原则》（G20 Guiding Principles for Global Investment Policymaking），确立了反对跨境投资保护主义，营建开放、非歧视、透明和可预见的投资政策环境，加强投资保护，确保政策制定透明度，推动投资促进可持续发展，政府对投资的监管权，投资促进与便利化，企业社会责任和公司治理以及国际合作等相互关联且整体一致的九大原则。作为世界首份关于投资政策制订的多边纲领性文件，这一指导原则填补了多边投资领域的空白。面对当前国际投资体制碎片化，国家与投资者权利义务失衡以及可持续发展要素缺失等挑战，特别是投资保护主义抬头的情况，二十国集团各方达成这份指导原则具有深远的意义。它所确立的九大原则涵盖了国际投资体制的核心要素，为改革现行国际投资体制和构建未来全球投资框架奠定坚实的基础。[1]

四是就加强多边贸易体制达成重要共识。会议就反对贸易保护主义，加强区域贸易协定透明度和确保其与多边规则的一致性，年底前二十国集团成员全部批准《贸易便利化协定》，推进多哈回合剩余议题谈判和开启讨论潜在的、符合各方利益的新议题等达成共识。此外，二十国集团成员中的《环境产品协定》（EGA）谈判参加方还就谈判的进程达成共识。上述成果共识为坚持以世界贸易组织为核心的多边贸易体制、推动早日结束

---

[1] 詹晓宁：《全球投资治理新路径——解读〈G20 全球投资政策指导原则〉》，《世界经济与政治》2016 年第 10 期。

多哈回合剩余议题谈判以及积极探索新的议题领域具有重要意义。

五是就发展中国家和中小企业融入全球价值链达成共识。会议就中方提出的"促进包容协调的全球价值链"达成共识,以帮助发展中国家和中小企业更好地融入全球价值链,分享全球化成果。二十国集团各方同意通过能力建设、促贸援助、推广信息技术等多种途径,促进全球价值链包容协调发展,实现全球经济均衡、可持续发展。"促进包容协调的全球价值链"是对往届全球价值链议题的进一步深化,也是对落实世界贸易组织《内罗毕部长宣言》帮助最不发达国家融入全球贸易有关承诺和联合国2030年可持续发展议程的有利推动。

此外,对于钢铁等行业产能过剩这一全球性问题,部长们同意加强沟通与合作,采取有效措施应对这一挑战。

值得一提的是,此次贸易部长会议在与国际组织合作方面取得了新的进展。此次受邀参会的国际组织包括国际货币基金组织、世界银行、世界贸易组织、经合组织、国际贸易中心及联合国贸发会议,是二十国集团贸易部长会议召开以来数量最多的,扩大了会议的代表性。并且,二十国集团与国际组织开展了更加紧密的合作。这些国际组织撰写了多份报告作为背景资料和讨论文件,有助于增加议题讨论的客观性、专业性和深度。一些国际组织还更加深入地参与了议题磋商,例如,联合国贸发会议在《二十国集团全球投资指导原则》的磋商中积极配合中方,为最终达成这一历史性成果起到重要的支持作用。

三 全球贸易治理新挑战与贸易部长会议

2017年,全球贸易出现了6年以来的最大增幅,但是这一增长态势并未得到延续。相反,逆全球化抬头,保护主义和单边主义持续蔓延,贸易摩擦频发,以世界贸易组织为核心的多边贸易体系受到严重冲击,全球贸易面临更加复杂的环境和紧张的局势。国际贸易环境的恶化导致贸易增长放缓,也给世界经济带来下行风险。同时,以数字化为代表的技术革命为国际贸易发展提供新的动力,也带来新的挑战。在全球贸易治理遭遇前所未有挑战的形势下,贸易问题成为二十国集团合作中日益重要的部分,也成为各方分歧比较集中的领域。二十国集团贸易部长会议面临维护多边贸易体制、遏制贸易环境恶化、提振全球贸易的巨大挑战。

2018年9月,二十国集团贸易部长会议在阿根廷马德普拉塔召开。会议围绕"为公平与可持续发展凝聚共识"这一主题,就粮农产品全球价值链、新工业革命以及国际贸易新发展等议题进行了讨论并发表共同声明。会议达成的共识主要包括:重申国际贸易和投资继续是增长、生产力、创新、创造就业和发展的重要引擎,认识到技术进步正以前所未有的水平改变着世界经济,承诺将共同努力,促进经济持续增长,保持市场开放,应对经济发展,振兴国际贸易体系;强调农业食品全球价值链是实现粮食可持续发展的重要手段之一,承诺支持中小企业、妇女和农村地区改善市场准入,提高就业机会和增加收入;强调利用新工业革命为贸易和投资流动提供的机会,特别关注中小企业、发展中国家和妇女的情况,从而有助于弥合各种形式的数字鸿沟;承诺在贸易发展问题上加强对话和行动,以减轻风险,增强对国际贸易的信心,改革世界贸易组织以应对当前和未来的挑战。会议还制定了二十国集团关于农产品全球价值链和新工业革命贸易和投资方面的国家经验、方案、政策和做法汇编,为各国参与粮农产品全球价值链和新工业革命提供参考指南。①

总的来讲,马德普拉塔贸易部长会议并未设定很高的目标,议题设计相对简单,从而一定程度上避免了成员之间在贸易保护主义、世界贸易组织改革等敏感问题上出现严重的分歧和对立。虽然会议未能在贸易投资领域中的焦点问题取得大的推进,但此次会议在非常艰难的情况下达成了诸多共识并发表联合声明,对促进全球贸易增长具有积极的意义,体现了二十国集团成员之间的合作精神,也使国际社会对全球贸易环境的改善增强了信心。

2019年6月,二十国集团贸易部长会议在日本筑波召开,其间与同期召开的数字经济部长会议举行了联席会议。本次会议重点围绕全球贸易

---

① G20 Trade and Investment Ministers, "Ministerial Statement: G20 Trade and Investment Ministerial Meeting", Mar del Plata, Argentina, September 14, 2018.

发展、优化营商环境、贸易投资与可持续和包容增长、世贸组织改革、贸易与数字经济等议题展开讨论，会后发表了联合声明，就以下四方面达成共识：重申在马德普拉塔的承诺，继续开展贸易发展对话以降低风险并增强出口商和投资者的信心，保持市场开放，实现一个自由、公平、非歧视、透明、可预测和稳定的贸易和投资环境；承诺确保公平的竞争环境，并营造良好的商业环境，以促进市场驱动的投资决策；认识到贸易和投资促进了广泛和可持续性的全球增长、包容性、减贫和可持续性的经济发展，承诺推动发展中国家，特别是妇女、青年和中小微企业参与全球价值链，促进有助于可持续和包容性增长的贸易和投资；承诺带着紧迫感来推进必要的世界贸易组织改革，努力加强成员贸易政策透明度，支持在渔业补贴、电子商务、数字经济等领域工作，同意根据世界贸易组织成员商定的规则对争端解决机制的运作采取行动。声明还强调了贸易与数字经济之间联动的重要性，并提出继续进行相关讨论以提高数字化带来的益处。[1]

会议还同时发表了主席声明，反映主席对于 G20 贸易部长广泛共同观点的评估。该主席声明中使用"许多""大多数""一些"等表述而非"我们""G20 贸易部长"，说明会议未能达成全面共识，成员之间的分歧最终依然未能弥合。[2]

总的来讲，在单边主义和保护主义蔓延、全球贸易日趋紧张的形势下，此次会议就各方关切的问题进行了讨论，并取得了整体积极的成果。但是，从会议最终发表的联合声明和主席声明中可以明显看出，成员之间存在严重分歧，例如，由于成员未能达成共识，导致反对贸易保护主义的表述未能写入共同声明，只是在主席声明中表达了许多部长对当前贸易紧张局势表示严重关切，指出许多部长肯定了集体改善贸易和投资环境的必要性，强调了确保贸易措施与世界贸易组织保持一致的重要性。成员之间还在补贴、全球钢铁产能过剩论坛的工作等问题上保留不同意见。这次会

---

[1] G20 Trade Ministers and Digital Economy Ministers, "G20 Ministerial Statement on Trade and Digital Economy", Tsukuba City, Ibaraki Prefecture, Japan, June 9, 2019.
[2] G20 Trade Ministers, "Chairs' Statement", Tsukuba City, Ibaraki Prefecture, Japan, June 9, 2019.

议反映了各成员缓解贸易紧张局势的意愿和努力,但是会议暴露出的协调各方分歧的巨大难度,使得国际社会对于全球贸易的发展走向充满担忧。

第三节 二十国集团其他部长级会议

除了二十国集团财长和央行行长会议以及贸易部长会议之外,二十国集团还根据每年主席国的议程设置召开了劳工就业部长会议、议会议长会议、农业部长会议、外交部长会议、旅游部长会议、能源部长会议、科技创新部长会议、卫生部长会议、数字经济部长会议、教育部长会议等部长级会议以及劳工和财政部长会议、劳工就业和财政部长会议、旅游和教育部长会议、财长和负责发展问题的部长会议、教育和劳工就业部长会议等联合部长会议。其他部长级会议的情况如下。

一 劳工就业部长会议

劳工就业问题一直以来是二十国集团关注的重要议题之一。在二十国集团着力应对 2008 年国际金融危机时期,就业问题就同经济增长一起受到领导人们的关注。2009 年匹兹堡领导人峰会上,领导人们指示美国劳工部长邀请各国劳工就业部长在 2010 年召开会议,同劳工界和工商界协商,并以即将举行的讨论就业危机的经合组织劳工部长会成果为基础。为此,2010年二十国集团首次召开劳工就业部长会议。此后,二十国集团劳工就业部长会议每年均召开一次,截至 2019 年共召开 10 次会议(见表 4-4)。

表 4-4 二十国集团劳工就业部长会议时间、地点和主要议题

时间	地点	主要议题
2010 年 4 月 20~21 日	美国华盛顿	就业创造、加强社会保障体系和劳动力市场、就业与减贫、提高工作的质量等
2011 年 9 月 26~27 日	法国巴黎	年轻人和弱势群体就业、加强社会保障、促进社会和劳动权利的有效运用、增强经济社会政策的一致性等

第四章 二十国集团部长级会议

续表

时间	地点	主要议题
2012年5月17~18日	墨西哥瓜达拉哈拉	高质量就业和有尊严的工作、青年就业、包容性绿色增长等
2013年7月18~19日	俄罗斯莫斯科	就业创造、劳动力激励、公平和包容性、监督二十国集团领导人承诺等
2014年9月10~11日	澳大利亚墨尔本	加强就业计划、预防结构性失业、创造更好的工作、增加劳动参与率等
2015年9月3~4日	土耳其安卡拉	为所有人创造高质量就业机会,提高劳动技能,减少不平等,以促进经济包容性和强劲增长
2016年7月12~13日	中国北京	扩大就业机会、增强就业能力、提高就业质量等
2017年5月18~19日	德国巴特诺伊纳尔	塑造未来的工作、减少在劳动参与率和报酬方面的性别差距、移民及经认定的难民融入劳动力市场、培育高质量的工作、促进青年就业等
2018年9月6~7日	阿根廷马德普拉塔	创新和协调的技能发展政策、社会保障、公平和包容性的工作前景等
2019年9月1~2日	日本松山	适应人口变化、延长工作期、老龄化社会新的就业机会、两性平等等

资料来源:笔者根据相关网站资料整理。

金融危机爆发后,世界经济增速下降的同时,主要国家失业率上升,扩大就业以保证经济增长成为二十国集团劳工就业部长会议重点关注的问题。2010年二十国集团劳工就业部长会议向二十国集团领导人提交了一系列建议,包括加速就业创造以保证经济复苏和未来增长,加强社会保障体系和促进有活力的劳动力市场政策,将就业与减贫作为国家和全球经济战略的中心,提高工作的质量,使劳动者为未来的挑战和机遇做好准备等。[①] 2011年二十国集团劳工就业部长会议向二十国集团领导人提出如下建议,一是改善积极就业政策,特别是对于年轻人和弱势群体;二是建立社会保障层加强对社会保障;三是促进社会和劳动权利的有效运用;四是

[①] G20 Labor and Employment Ministers, "G20 Labor and Employment Ministers' Recommendations to G20 Leaders", Washington D. C., United States, April 21, 2010.

增强经济社会政策的一致性。[1] 2012年二十国集团劳工就业部长会议就创造高质量就业和有尊严的工作、青年就业促进以及在可持续发展背景下提高就业质量的包容性绿色增长等议题开展了讨论并提出政策建议。[2]

随着世界经济走向复苏，二十国集团劳工就业部长会议关注的议题更加广泛，涵盖了创造就业机会、提高就业质量、平等就业机会、提高社会保障等。2013年二十国集团劳工与就业部长会议就就业创造、劳动力激励、公平和包容性以及监督二十国集团领导人承诺等议题达成一致。[3] 2014年二十国集团劳工就业部长会议以"预防结构性失业、创造更好就业和提升劳动参与率"为主题，主要讨论了加强就业计划、预防结构性失业、创造更好的工作、增加劳动参与率等议题。[4]

2015年以来，创新与包容成为二十国集团劳工和就业部长会议持续关注的问题。2015年9月举行的二十国集团劳工和就业部长安卡拉会议主题是"创造高质量的就业，投资于技能和消除不公平以促进包容强劲的增长"，会议主要就更加包容的劳动力市场、增加人力资源投资、通过有效监督加以落实等方面达成一致。[5] 2016年7月举行的二十国集团劳工就业部长北京会议的主题为"创新与包容增长：让就业机会更加充分、就业能力更加适应、就业质量更高"。会议主要就扩大就业机会、增强就业能力、提高就业质量等议题进行讨论并通过了部长宣言。会议通过了核心成果《二十国集团创业行动计划》、《二十国集团高质量学徒制倡议》

---

[1] G20 Labor and Employment Ministers, "G20 Labour and Employment Ministers' Conclusions", Paris, France, September 27, 2011.

[2] G20 Labor and Employment Ministers, "G20 Labour and Employment Ministers' Conclusions", Guadalajara, Mexico, May 18, 2012.

[3] G20 Labour and Employment Ministers, "G20 Labour and Employment Ministers' Declaration", Moscow, Russia, July 19, 2013.

[4] G20 Labour and Employment Ministers, "G20 Labour and Employment Ministerial Declaration: Preventing Structural Unemployment, Creating Better Jobs and Boosting Participation", Melbourne, Australia, September 11, 2014.

[5] G20 Labour and Employment Ministers, "G20 Labour and Employment Ministerial Declaration: Creating Quality Jobs for All, Investing in Skills and Reducing Inequalities to Promote Inclusive and Robust Growth", Ankara, Turkey, September 4, 2015.

以及推动各国根据国情采取相应的促进就业政策措施。[①] 2017 年，二十国集团劳工就业部长会议主题为"面向包容性未来：塑造就业的世界"，会议就塑造未来的工作、减少在劳动参与率和报酬方面的性别差距以提高妇女工作质量、促进常规移民及经认定的难民公平有效融入劳动力市场以增加包容性增长潜力、培育高质量的工作以促进可持续的全球价值链以及促进青年就业等议题达成共识。[②] 2018 年二十国集团劳工就业部长会议就通过创新和协调的技能发展政策释放人们的潜力，通过促进正式化和改善劳动条件营造公平的工作前景使社会保障更加可持续、适应和对新的社会和劳动力市场动态做出反应，塑造公平和包容性的工作前景等议题开展讨论并通过了部长宣言。[③] 2019 年二十国集团劳工就业部长会议将老龄化问题突显出来，就适应人口变化、延长工作期、老龄化社会新的就业机会、两性平等等议题开展讨论并通过了部长宣言。[④]

二 农业部长会议

2008 年金融危机爆发后，全球粮价大幅上涨，已经导致了一些国家的社会动荡。粮价波动不仅严重影响经济复苏，而且容易引发社会问题和政治问题。为此，二十国集团对粮食安全表示担忧，认为避免粮价大幅波动对于保持经济发展、维护社会稳定、促进世界和平具有重要意义。为此，2011 年二十国集团在法国巴黎召开首次农业部长会议，截至 2019 年共召开 6 次会议（见表 4-5）。

[①] G20 Labour and Employment Ministers, "Innovation and Inclusive Growth: Decent Work, Enhanced Employability and Adequate Job Opportunities: G20 Labour and Employment Ministerial Meeting Declaration", Beijing, China, July 13, 2016.

[②] G20 Labour and Employment Ministers, "G20 Labour and Employment Ministers Meeting 2017 Ministerial Declaration", Bad Neuenahr, Germany, May 19, 2017.

[③] G20 Labour and Employment Ministers, "Fostering Opportunities for an Inclusive, Fair and Sustainable Future of Work", Mendoza, Argentina, September 7, 2018.

[④] G20 Labour and Employment Ministers, "Shaping a Human-Centered Future of Work: G20 Labour and Employment Ministers' Meeting 2019 Ministerial Declaration", Matsuyama, Japan, September 2, 2019.

表4-5 二十国集团农业部长会议时间、地点及主要议题

时间	地点	主要议题
2011年6月22~23日	法国巴黎	应对国际粮价剧烈波动、保障世界粮食安全等
2015年5月7~8日	土耳其伊斯坦布尔	粮食安全和营养、农业、可持续粮食系统、减少粮食损失和浪费等
2016年6月2~3日	中国西安	全球粮食安全、粮食价格波动、减少粮食损失和浪费、可持续农业、最佳农业实践推广、气候变化、科技社会体制机制创新、农村建设、家庭农场和小规模农场等
2017年1月22日	德国柏林	落实《联合国2030年可持续发展议程》《联合国气候变化框架公约》和《巴黎协定》，农业与水，信息技术在农业中的应用，科研合作和知识分享，农业市场信息系统，抗生素耐药性，农业贸易和投资等
2018年7月27~28日	阿根廷布宜诺斯艾利斯	粮食可持续、土壤健康、农业信息技术、粮食损失和浪费、农业贸易投资、抗生素耐药性等
2019年5月11~12日	日本新潟	培育创新的人力资源和新技术、食品价值链、促进农民和其他食品价值链利益相关者的利益、为实现可持续发展目标（SDGs）寻求可能的贡献等

资料来源：笔者根据相关网站资料整理。

2011年，二十国集团农业部长会议主要关注粮价波动和粮食安全问题。2011年6月，二十国集团农业部长会议在法国巴黎召开，会议主要从农业生产率、市场信息和透明度、国际协调、风险管理等方面讨论国际粮价剧烈波动的应对，保障世界粮食安全等问题。会议形成并通过了部长宣言——《关于粮食价格波动与农业的行动计划》，向国际社会发出了二十国集团高度重视农业和粮食生产的政治信号。[①] 在同年召开的领导人峰

---

① G20 Agriculture Ministers, "Ministerial Declaration: Action Plan on Food Price Volatility and Agriculture", Paris, France, June 23, 2011.

会上，领导人对这一行动计划表示欢迎并决定就该行动计划的五个目标采取提高农业生产与生产率、增加市场信息及透明度、降低粮价波动对最脆弱人群的影响、加强国际政策协调以及完善农产品衍生品市场的运作等行动。

2015年以来，二十国集团农业部长会议议题逐渐扩展，并且将农业问题与发展、气候变化、贸易投资、技术创新等问题联系起来进行讨论。2015年二十国集团农业部长会议就粮食安全和营养、农业、可持续粮食系统、减少粮食损失和浪费等议题达成共识。[1] 2016年二十国集团农业部长会议主要讨论了全球粮食安全、粮食价格波动、减少粮食损失和浪费、可持续农业、最佳农业实践推广、气候变化、科技社会体制机制创新、农村建设、家庭农场和小规模农场等问题。[2] 2017年二十国集团农业部长会议主要就落实《联合国2030年可持续发展议程》、《联合国气候变化框架公约》和《巴黎协定》，农业与水，信息技术在农业中的应用，科研合作和知识分享，农业市场信息系统（AMIS），抗生素耐药性（AMR），农业贸易和投资等议题开展讨论并形成共识。部长们还就解决粮食和水安全问题达成《二十国集团农业部长行动计划》。[3] 2018年二十国集团农业部长会议以"可持续的粮食未来"为主题，主要讨论了粮食可持续、土壤健康、农业信息技术、粮食损失和浪费、农业贸易投资、抗生素耐药性等议题，并通过了《二十国集团农业部长宣言》。[4] 2019年，二十国集团农业部长会议以"面向农业食品领域可持续发展——新的问题与良好做法"为主题，重点讨论了培育创新的人力资源和新技术、关注食品价值链、促

---

[1] G20 Agriculture Ministers, "G20 Agriculture Ministers Meeting Final Communiqué", Istanbul, Turkey, May 8, 2015.

[2] G20 Agriculture Ministers, "G20 Agriculture Ministers Meeting Communiqué", Xi'an, China, June 3, 2016.

[3] G20 Agriculture Ministers, "G20 Agriculture Ministers' Declaration: Towards Food and Water Security: Fostering Sustainability, Advancing Innovation", Berlin, Germany, January 22, 2017.

[4] G20 Agriculture Ministers, "Declaration: G20 Meeting of Agriculture Ministers", Buenos Aires, Argentina, July 28, 2018.

进农民和其他食品价值链利益相关者的利益、为实现可持续发展目标（SDGs）寻求可能的贡献等议题。①

三 能源部长会议

长期以来，能源问题被列为二十国集团领导人峰会主要讨论议题之一。2009年匹兹堡峰会公报将能源和气候变化作为单独一个部分，并首次做出规范并逐步消除低效的、鼓励浪费的化石燃料补贴的承诺。在此后的领导人峰会中，能源问题得到进一步讨论，并且领导人多次要求能源部长和财政部长们落实化石燃料补贴的措施和时间表。特别是，2014年布里斯班领导人峰会上，领导人核准了《二十国集团能源合作原则》（G20 Principles on Energy Collaboration），并要求能源部长在2015年召开会议。2015年10月，首次二十国集团能源部长会议在土耳其伊斯坦布尔召开。截至2019年，二十国集团能源部长会议（包括能源与环境部长会议）共召开4次（见表4-6）。

表4-6 二十国集团能源部长会议时间、地点及主要议题

时间	地点	主要议题
2015年10月1~2日	土耳其伊斯坦布尔	能源获取、国际能源机构协调合作、市场透明度、能源安全、化石能源补贴、能源效率、可再生能源、清洁能源技术、气候变化等
2016年6月29~30日	中国北京	国际能源发展的机遇与挑战、能源技术与创新、能源可及性的需求和政策现状等
2018年6月15日	阿根廷巴里洛什	能源效率、可再生能源、天然气、化石能源补贴、核能源、创新、能源数据透明和市场电子化、能源安全、能源获取与负担能力等
2019年6月15~16日	日本长野	能源创新、能源安全、能源效率、可再生能源、电力系统、核能源、化石燃料、海洋塑料垃圾、适应性和弹性基础设施、氢能源等

资料来源：笔者根据相关网站资料整理。

---

① G20 Agriculture Ministers, "G20 Agriculture Ministers' Declaration 2019", Niigata, Japan, May 12, 2019.

第四章 二十国集团部长级会议

2015年二十国集团能源部长会议就能源获取、国际能源机构协调合作、市场透明度、能源安全、导致消费浪费的低效化石能源补贴、能源效率、可再生能源、清洁能源技术等创新技术、气候变化等议题展开讨论并达成共识。[①] 2016年二十国集团能源部长会议以"构建低碳、智能、共享的能源未来"为主题，围绕国际能源发展的机遇与挑战、能源技术与创新、能源可及性的需求和政策现状等议题进行了讨论，达成了多项共识，并发表《2016年二十国集团能源部长会议北京公报》。公报亮点主要体现在以下4个方面：一是提出《加强亚太地区能源可及性：关键挑战与二十国集团自愿合作行动计划》，将能源普及的重点从撒哈拉沙漠以南非洲地区扩展到尚有5亿无电人口的亚太地区；二是提出《二十国集团可再生能源自愿行动计划》，鼓励成员制定可再生能源发展战略和行动计划，促进可再生能源投资，以实现大幅提高可再生能源比重；三是提出《二十国集团能效引领计划》，将自愿地开展能效领域的国际合作关键领域从6个扩大到11个；四是二十国集团国家达成共识，各国根据国情采用可再生能源、核能、天然气等新能源，以及使用先进和更清洁的化石能源技术。[②] 2018年二十国集团能源部长会议主要围绕向清洁、更灵活、透明的体系转变这一主题展开讨论，主要就能源效率、可再生能源、天然气、其他化石能源、导致消费浪费的低效化石能源补贴、核能源、创新、能源数据透明和市场电子化、能源安全以及能源获取与负担能力等达成共识。[③]

2019年，二十国集团将能源问题和环境问题联系起来进行讨论，召开了能源与环境部长会议。这也是首次二十国集团能源与环境部长会议。此次会议主要讨论了能源创新、能源安全、能源效率、可再生能源、电力

---

① G20 Energy Ministers, "Communiqué: G20 Energy Ministers Meeting", Istanbul, Turkey, October 2, 2015.
② G20 Energy Ministers, "G20 Energy Ministerial Meeting Beijing Communiqué, Final Draft 4am 29th June 2016", Beijing, China, June 29, 2016.
③ G20 Energy Ministers, "G20 Energy Ministers Communiqué", Bariloche, Argentina, June15, 2018.

97

系统、核能源、化石燃料等能源议题；资源效率与海洋塑料垃圾以及适应性和弹性基础设施，包括基于生态系统的方法等环境议题。会议还就中东阿曼湾附近发生的两艘油船遇袭事件造成的能源安全隐患以及氢能源和海洋垃圾问题展开讨论。会议期间，日美欧三方建立了首个国家层面的氢能源合作联盟。会议发表了《二十国集团能源转型和全球环境促进可持续增长公报》，就共同加强能源安全保障达成一致，就包括削减海洋塑料垃圾、共同处理高放射性核废料等内容达成共识。[①]

四　数字经济部长会议

数字经济迅速发展，创新速度不断加快，并越来越广泛地应用到各个经济领域。数字经济作为全球经济新的重要驱动力，对于促进经济增长、提高效率、更好地实现包容性和可持续增长起到日趋重要的作用。二十国集团对数字经济问题的关注度也越来越高。2015年安塔利亚峰会上，二十国集团领导人注意到今天的数字时代给全球经济增长带来的机遇与挑战并存，有效利用数字技术是提高效率和优化经济结构的重要手段。2016年二十国集团杭州峰会对数字经济进行讨论，并达成了首个关于数字经济的倡议——《二十国集团数字经济发展与合作倡议》，为利用数字机遇、应对挑战、促进数字经济推动经济实现包容性增长和发展的路径指出了方向。2017年，首次二十国集团数字经济部长会议在德国杜塞尔多夫召开，并在此后的年份中连续召开（见表4-7）。

表4-7　二十国集团数字经济部长会议时间、地点及主要议题

时间	地点	主要议题
2017年4月6~7日	德国杜塞尔多夫	全球数字化对于创造包容性增长和就业的潜力、制造业数字化对经济增长的作用、增进数字互信等

[①] G20 Energy and Environment Ministers, "Communiqué: G20 Ministerial Meeting on Energy Transitions and Global Environment for Sustainable Growth", Karuizawa, Japan, June 16, 2019.

续表

时间	地点	主要议题
2018年8月23~24日	阿根廷萨尔塔	二十国集团数字政府原则、性别数字鸿沟、数字经济测度、数字基础设施、数字技能、数字世界中的企业家和中小微企业等
2019年6月8~9日	日本筑波	数据流动、人工智能、数字治理创新、数字安全、数字鸿沟等

资料来源：笔者根据相关网站资料整理。

首次二十国集团数字经济部长会议就如何最大限度地发挥数字化优势达成一致，强调ICT技术作为当今数字经济支柱的重要性。会议着重就全球数字化对于创造包容性增长和就业的潜力、制造业数字化对经济增长的作用以及增进数字世界的互信等议题展开讨论。会议通过了《二十国集团数字经济部长宣言》和三个附件，分别是《数字化路线图：数字化未来的政策》、《职业教育和培训中的数字技术》和《二十国集团关于数字贸易的优先事项》。其中，数字化路线图为改善网络接入、扩大数字化基础设施、支持创新和消除数字鸿沟等问题描绘了发展路线图。[1]

2018年二十国集团数字经济部长会议讨论了二十国集团数字政府原则、弥合性别数字鸿沟、数字经济测度、数字基础设施、数字技能及数字世界中的企业家和中小微企业等议题，会议通过了《二十国集团数字经济部长宣言》、《二十国集团数字政府原则》、《弥合性别数字鸿沟－取得实效》、《数字经济测度》和《加速发展的数字基础设施》。[2] 2019年，二十国集团召开了贸易部长与数字经济部长会议。在数字经济方面，会议主要就以下内容达成共识：信任基础上的数据自由流动；以人类为中心的人工智能（AI）、治理创新－数字经济中灵活的政策方法、数字经济中的安

---

[1] G20 Digital Economy Ministers, " G20 Digital Economy Ministerial Declaration: Shaping Digitalisation for an Interconnected World", Düsseldorf, Germany, April 7, 2017.

[2] G20 Digital Economy Ministers, " G20 Digital Economy Ministerial Declaration", Salta, Argentina, August 24, 2018.

全问题、解决数字鸿沟和促进数字化、通过数字化帮助实现可持续发展目标。其中，人工智能（AI）首次被纳入讨论议题，并通过了《二十国集团人工智能原则》，强调人工智能开发应以人类为中心、以负责任的开发为目标原则。[1]

五 卫生部长会议

自2016年《二十国集团领导人杭州峰会公报》中首次纳入卫生议题后，2017年5月，首次二十国集团卫生部长会议在德国柏林召开。会议以"今日携手为健康明天——塑造全球卫生的共同承诺"为主题，主要讨论了全球卫生危机管理、强化卫生体系、抗生素耐药性等议题，并通过了《二十国集团卫生部长柏林宣言》。[2] 会议期间，二十国集团卫生部长及世界银行、世界卫生组织代表共同参加了一场应对突发卫生事件的模拟演练，以提升跨国卫生危机应对能力。2018年在阿根廷马德普拉塔召开的二十国集团卫生部长会议主要就抗生素耐药性，儿童超重和肥胖等营养问题，卫生系统强化，卫生系统对灾害、灾难和流行病的反应性等进行讨论并达成共识。[3] 2019年在日本冈山召开的二十国集团卫生部长会议就实现全民医保、应对人口老龄化、健康风险管理与健康安全、抗生素耐药性等问题开展讨论。[4]

六 旅游部长会议

旅游业是全球经济领域中的一个重要部门。根据2019年世界旅游及旅行理事会（WTTC）数据，考虑到旅游业的直接、间接和诱发影响，旅

---

[1] G20 Trade Ministers and Digital Economy Ministers, "G20 Ministerial Statement on Trade and Digital Economy", Tsukuba City, Ibaraki Prefecture, Japan, June 9, 2019.
[2] G20 Health Ministers, "Berlin Declaration of the G20 Health Ministers: Together Today for a Healthy Tomorrow", Berlin, Germany, May 20, 2017.
[3] G20 Health Ministers, "Declaration of G20 Meeting of Health Ministers", Mar del Plata, Argentina, October 4, 2018.
[4] G20 Health Ministers, "Okayama Declaration of the G20 Health Ministers", Okayama, Japan, October 20, 2019.

游业估计占全球 GDP 的 10.4%。根据 2019 年联合国世界旅游组织（UNWTO）数据，旅游业直接占二十国集团经济体 GDP 的 3%。二十国集团一直关注旅游议题，自 2010 年首次二十国集团旅游部长会议在南非约翰内斯堡召开以来，截至 2019 年共召开 9 次会议。二十国集团旅游部长会议通常邀请联合国世界旅游组织、世界旅游及旅行理事会、经合组织、国际劳工组织等国际组织参加，并与这些组织密切合作。二十国集团旅游部长会议主要讨论的议题包括：旅游业对世界经济复苏、可持续增长以及向绿色经济转型的重要性；旅游业对就业的促进作用，包括就业创造、平等就业、鼓励创业等；发挥中小企业在旅游、遗产和文化保护的重要作用；加强公私合作，鼓励对旅游行业投资，加强旅游与贸易政策的联系；推动旅游业落实联合国 2030 年可持续发展议程，推动合作、融合和包容发展；加强旅游安全；促进数字技术在旅行业中的应用等。[①]

七　教育部长会议

2018 年 9 月 5 日，二十国集团教育部长会议在阿根廷门多萨召开。这是二十国集团历史上首次召开教育部长会议。与会教育部长讨论了人的发展、创新、可持续发展等议题，会议通过了《二十国集团教育部长会

[①] G20 Tourism Ministers, "T20 Ministers Convened to Discuss the Role of Tourism in Stimulating the Global Economy", Johannesburg, South Africa, February 24, 2010; G20 Tourism Ministers, "Buyeo Communiqué: 2nd T.20 Ministers Meeting", Buyeo, Korea, October 13, 2010; G20 Tourism Ministers, "Declaration", Paris, October 25, 2011; G20 Tourism Ministers, "4th T20 Meeting: Declaration", Merida, Mexico, May 16, 2012; G20 Tourism Ministers, "5th T.20 Ministers' Meeting Communiqué", London, England, November 4, 2013; G20 Tourism Ministers, "6th T.20 Meeting Declaration", Antalya, Turkey, September 30, 2015; G20 Tourism Ministers, "7th G20 Tourism Ministers Meeting Declaration: Sustainable Tourism — An Effective Tool for Inclusive Development", Beijing, China, May 20, 2016; G20 Tourism Ministers, "Statement: The Future of Work Tourism's Leading Role in Sustainable Development: A Driver for Employment", Buenos Aires, Argentina, April 17, 2018; G20 Tourism Ministers, "G20 Tourism Ministers' Meeting Declaration: Advancing Tourism's Contribution to the Sustainable Development Goals (SDGs)", Kutchan, Hokkaido, Japan, October 26, 2019.

议宣言》，再次强调了教育作为公平和可持续发展关键驱动力的独特作用，并需要将教育作为"全球议程的中心"。①

八　科技创新部长会议

2016年，二十国集团杭州峰会首次将"创新增长方式"列为重点议题，用创新和改革来从根本上解决全球增长乏力的问题。为落实《二十国集团领导人杭州峰会公报》、《二十国集团创新增长蓝图》和《二十国集团创新行动计划》，11月4日，二十国集团科技创新部长会议在中国北京召开，共同推动全球科技创新合作。此次部长会议发布了《二十国集团科技创新部长会议声明》，在创新驱动增长的政策和实践、创新创业、科技创新合作的优先领域和模式、科技人力资源与创新人才交流等方面达成共识。

九　外交部长会议

2012~2019年，二十国集团已经召开六次外交部长会议，分别是2012年2月在墨西哥洛斯卡沃斯，2013年9月在俄罗斯圣彼得堡，2015年在土耳其安塔利亚，2017年2月在德国波恩，2018年5月在阿根廷布宜诺斯艾利斯，以及2019年11月在日本名古屋。二十国集团外交部长会议主要讨论了各国与国际组织之间的合作、公平与可持续发展以及气候变化等议题。

十　议会议长会议

2010年9月，首次二十国集团议会议长会议在加拿大渥太华召开。会议重点讨论了粮食生产和分配的全球合作战略、和平和粮食安全新范式、加强与粮食相关经济稳定的全球金融和经济模式等议题。2011年5月，二十国集团议会议长会议在韩国首尔召开。会议讨论了自然灾害、核

---

① G20 Education Ministers, "G20 Education Ministers' Declaration: Building Consensus for Fair and Sustainable Development. Unleashing people's potential", September 5, 2018.

电站事故、气候变化、恐怖主义、发展差距造成全球失衡等议题,认为为应对人类面对的危机应加强区域和全球协调合作。2012年2月,二十国集团议会议长会议在沙特阿拉伯利雅得召开。会议主要讨论了不同文化之间对话、能源与可持续发展、主权债务危机及其对全球经济影响等问题。2013年4月,二十国集团议会议长会议在墨西哥墨西哥城召开。与会各方同意协调一致、加强立法和政策制定来应对国际金融危机、失业率上升、气候变化等一系列挑战。会议期间,与会代表就金融体系改革和打击腐败、经济结构改革、食品安全、应对气候变化以及对水资源的管理和合理利用五个议题进行深入讨论。

第五章
二十国集团工作组与配套活动

除了领导人峰会和部长级会议,二十国集团还设立许多工作组开展专业领域的工作,来支持和协助领导人峰会、部长级会议和协调人的工作。配套活动属于非官方性质,是二十国集团会议体系的重要组成部分。目前,二十国集团配套活动包括工商峰会、民间社会会议、劳动会议、科学会议、智库会议、市长峰会、妇女会议以及青年会议。

第一节 二十国集团工作组

目前,二十国集团没有设立秘书处或专门的执行机构,其运作方式是以峰会为引领、协调人和财金渠道"双轨机制"为主渠道、部长级会议和工作组为支持的架构。二十国集团还设立若干专题工作组,许多具体成果都是在工作组层面完成的。各种工作组从类型上可以分为工作组(working group 或 task force)、研究小组(Study Group)、专家组(Experts Group)。由于二十国集团采取成员轮流担任主席的方式,工作组的设立和连续性会受到主席国关注重点的影响。

一 财金渠道工作组

二十国集团财金渠道下的工作组主要包括增长框架工作组、国际金融架构工作组、绿色金融研究小组、普惠金融专家组、基础设施工作组、全球金融治理名人小组等。

(一)增长框架工作组

2009年匹兹堡峰会提出二十国集团"强劲、可持续、平衡"增长目标，在匹兹堡峰会上设立了增长框架工作组（Framework Working Group，FWG），主席国由加拿大和印度共同担任。2010年，二十国集团首尔峰会上提出将通过增强共同评估程序（Mutual Assessment Process，MAP）来促进外部可持续性，增长框架工作组负责"参考性指南"的设计工作。2013年，增长框架工作组首次引入了问责评估的程序，并将在峰会上提供问责评估结果。

（二）国际金融架构工作组

完善国际金融架构一直是二十国集团会议的重要议题，历届财长和央行行长会议、领导人峰会都会对其进行深入讨论，特别是2011年法国担任二十国集团主席国期间，更是极力推动国际金融机构的改革。在此基础上，2012年在墨西哥担任二十国集团主席国期间，国际金融架构工作组（International Financial Architecture Working Group，IFA Working Group）成立，为二十国集团推动完善国际金融架构提供了新的依托。2013年，在俄罗斯担任二十国集团主席国期间，国际金融架构工作组讨论了包括进一步提高国际货币基金组织治理结构的效率和合法性等问题。然而，在2014年澳大利亚担任主席国后，国际金融架构工作组的工作开始停滞。在这期间，国际金融机构改革几乎没有取得任何进展。2015年12月1日中国接任二十国集团主席国后重启了国际金融架构工作组，韩国、法国担任工作组联合主席，继续推动国际金融治理改革，完善国际货币体系。

（三）绿色金融研究小组

2016年，中国作为二十国集团主席国首次将绿色金融纳入议题，并推动建立了二十国集团绿色金融研究小组（Green Finance Study Group）。该小组由中国人民银行和英格兰银行共同主持，主要任务是识别绿色金融发展面临的机制和市场障碍，研究如何提高金融体系动员私人资本进行绿色投资的能力，推动各国根据自身特点发展绿色金融，提高全球金融机构的绿色化程度和资本市场向绿色产业配置资源的能力，支持全球经济向绿色低碳转型。2016年9月，绿色金融研究小组向二十国集团提交了《二十国集团绿色金融综合报告》，明确了绿色金融的定义、目的和范围，以及面临的挑战，并为各国发展绿色金融提出了七项可选措施。2017年7月，绿色金融研究小组向二十国集团提交了《2017年二十国集团绿色金融综合报告》，回顾了一年来绿色金融的进展，并主要关注环境风险分析在金融业的应用和公共环境数据在金融分析中的运用。研究小组还与其他国际倡议和二十国集团工作组（特别是FSB气候相关金融信息披露工作组和二十国集团气候资金研究小组）保持了密切合作。

（四）普惠金融专家组

二十国集团匹兹堡峰会做出致力于提高贫困人口获得金融服务能力的承诺。为此，2009年12月二十国集团在美国华盛顿创立了普惠金融专家组（Financial Inclusion Experts Group，FIEG）。普惠金融专家组下设"创新金融服务专家组"和"中小企业融资组"两个小组。2010年，二十国集团金融包容性专家组的创新金融服务专家组（ATISG）制定了二十国集团创新性普惠金融原则（Principles for Innovative Financial Inclusion）。该九项原则是：加强领导、提高多样化、促进创新、保护消费者权益、加强能力建设、鼓励合作、制定合理政策、推行差别监管以及构建金融"一揽子"框架。这些原则最初发表在该小组提交二十国集团的官方报告中，并在2010年5月的多伦多峰会上得到认可，并作为2010年11月首尔峰会上通过的《普惠金融行动计划》（G20 Financial Inclusion Action Plan）的基础。该行动计划主要包括进行数据收集、鼓励私人企业参与、督促各国建立普惠金融指标体系、建立中小企业融资知识共享平台等。

2010年，二十国集团在普惠金融专家组（FIEG）基础上决定成立普惠金融全球合作伙伴（Global Partnership of Financial Inclusion，GPFI）来推动全球普惠金融工作。GPFI是首尔峰会期间二十国集团领导人认可的行动计划的主要实施机制，是二十国集团国家、非二十国集团国家和利益相关者进行同行学习、知识共享、政策倡导和协调的包容性平台。它有助于加强各国、区域和国际利益攸关方之间的协调与合作。

（五）基础设施工作组

基础设施在全球经济中发挥着至关重要的作用。基础设施和服务有助于提高生产、运输和贸易的效率，从而刺激经济增长，进而有助于减少贫

穷和提高生活质量。由于认识到长期投资融资在支持强劲、可持续、平衡和包容性增长方面的重要作用，2013年俄罗斯在担任二十国集团主席国期间成立了长期投资融资研究小组（G20 Study Group on Financing For Investment），在2014年升级为投资与基础设施工作组（Investment and Infrastructure Working Group，IIWG），并在2017年底转变为基础设施工作组（Infrastructure Working Group，IWG）。

（六）全球金融治理名人小组

二十国集团全球金融治理名人小组（Eminent Persons Group on Global Financial Governance，EPG）由二十国集团财长和央行行长于2017年4月21日正式成立。该小组由在全球金融结构和治理领域具有深厚知识和经验的知名人士组成。该小组的主要工作包括对全球金融体系和国际金融机构的治理提出改革建议，从而促进经济稳定和可持续增长，并讨论二十国集团如何能够更好地为这些目标提供持续的领导和支持。该集团小组的工作不会重复现有二十国集团和国际金融机构在股权审查方面的工作和国际货币基金组织配额总审查方面的工作。该小组将向二十国集团财长和央行行长报告调查结果和建议。全球金融治理名人小组于2018年10月国际货币基金组织和世界银行年会期间向二十国集团财长发布了《使全球金融体系为所有人服务》的报告，并在领导人峰会上受到肯定。

二 协调人渠道工作组

二十国集团协调人渠道下的工作组主要包括贸易投资工作组、就业工作组、能源转型工作组、反腐败工作组、卫生工作组、气候可持续工作组、教育工作组、商界妇女领袖工作组、发展工作组、数字经济工作组等。

（一）贸易投资工作组

2015年二十国集团领导人峰会同意建立贸易投资支持性工作组。2016年，二十国集团贸易投资工作组（Trade and Investment Working Group，TIWG）成立并通过工作职责。工作组主要职责包括：落实以往峰会、贸易部长会议和协调人会议在贸易和投资领域所做承诺和指示；基于二十国集团主席国的优先领域，开展贸易和投资的相关合作；以及讨论二十国集团成员提出的其他涉及共同利益的贸易和投资问题等。

（二）就业工作组

2011年9月，二十国集团劳工就业部长会议提出成立一个政府间就业问题的工作组（G20 Task Force on Employment），作为二十国集团成员在就业方面面临挑战交流经验、最佳做法和政策的论坛。工作组首先重点关注的是青年就业问题。工作组将试运行一年，此后是否继续将由二十国集团劳工就业部长会议决定。2014年，鉴于劳动力市场面临的许多全球性挑战，二十国集团成立了就业工作组（Employment Working Group，EWG）。工作组将每年向部长们报告在应对这些挑战方面取得的进展，初步重点是促进二十国集团政策路线之间的一致性，并制定行动以解决诸如支持增长、青年失业、妇女参与和不平等等问题。

（三）能源转型工作组

2018年，二十国集团成立了能源转型工作组（Energy Transitions Working Group，ETWG），关注能源政策合作，重点是发展更加灵活、透明和清洁的能源网。能源转型工作组为以下问题的政策奠定了基础：能源效率、可再生能源、拉丁美洲和加勒比地区获取可负担的价格适当的能源、减少对矿物燃料的低效补贴、使能源信息透明化和能源市场数字化。

（四）反腐败工作组

2010年，在多伦多举行的二十国集团领导人峰会决定建立一个反腐败问题的工作组，就二十国集团如何继续有效地为国际反腐败做出贡献和树立榜样等问题提出全面建议，供首尔峰会领导人讨论。此后，二十国集团反腐败工作组（Anti-corruption Working Group，ACWG）成为在提高二十国集团透明度和问责制标准以及促进全球反腐败斗争方面进行合作的主要机制。在执行《反腐败行动计划》时，二十国集团反腐败工作组起到了鼓励在全球范围合作以及与企业界（B20）和民间社会（C20）开展更多合作以加强透明度和完整性的作用。

（五）卫生工作组

2016年，二十国集团同意设立卫生工作组（Health Working Group，

HWG），该小组于次年在德国担任主席国期间成立，阿根廷担任共同主席。卫生工作组为在二十国集团框架下讨论全球卫生政策创造了机会。卫生工作组主要关注全球卫生危机管理，抗生素耐药性，儿童超重和肥胖等营养不良问题，加强卫生系统，卫生系统对灾害、灾难和流行病的反应性等议题。

（六）气候可持续工作组

2008年，作为峰会领导人宣言的一部分，气候变化问题首次得到讨论。2017年，在德国担任主席国期间，由负责能源问题的子工作组和负责气候问题的子工作组组成的可持续性工作组（Sustainability Working Group）讨论了气候变化问题。2018年，二十国集团成立了气候可持续工作组（Climate Sustainability Working Group，CSWG），以解决下列问题：一是适应气候变化和极端气候事件，重点是发展具有韧性的基础设施和创造就业；二是促进减少温室气体排放量的长期战略，重点是制定标准和方法；三是调整国际气候融资流动，以便有效执行国家自主减排贡献（NDCs）以及减少温室气体排放的长期战略。

（七）教育工作组

由于全球化、数字化以及社会的更加复杂和多样化带来的重大变革，制定能够使儿童、青年和成年人面对不确定和不断变化的局势的教育政策变得更加紧迫。为了更深入地讨论这些问题，阿根廷作为2018年二十国集团主席国提议设立二十国集团教育工作组（Education Working Group，EdWG）。2018年，教育工作组分别于4月、6月和9月召开会议，主要讨论了生活与工作技能、教育融资与国际合作、与二十国集团就业工作组（EWG）的共同努力、性别、弱势群体和未被充分代表的群体等议题。

（八）商界妇女领袖工作组

在2017年二十国集团领导人峰会上，二十国集团领导人在宣言中同意成立一个商业女性领袖工作组（Business Women Leaders Task Force，BWLTF）。工作组汇集了来自二十国集团成员的商业妇女，以促进来自所有国家和社会部门的妇女的经济赋权。其主要目标包括：将二十国集团成员的商界妇女聚集在一起；考察增加妇女参与经济的途径；为下一年领导人峰会落实二十国集团赋予妇女经济权力的承诺提出建议。

（九）发展工作组

2010年，韩国担任二十国集团主席国期间设立了发展工作组（Development Working Group，DWG），目的是进一步加强二十国集团在发展领域的工作。随后通过了一项行动计划，确定了保证新兴和低收入经济体可持续发展的不同支柱，包括基础设施、人力资源发展、贸易、私人投资和工作创造、食品安全、韧性增长、金融普惠、调动国内资源、知识分享等。2016年，发展工作组通过关于2030年可持续发展议程的二十国集团行动计划（G20 Action Plan on the 2030 Agenda for Sustainable Development），加强了对未来包容性和可持续性发展的承诺。该计划确立了可持续发展的不同领域，包括二十国集团结合2030年议程开展的发展工作。

（十）数字经济工作组

根据2016年二十国集团杭州峰会的决定，2017年德国担任二十国集团主席国期间，数字经济工作组（Digital Economy Task Force，DETF）成立。早在2015年土耳其担任主席国期间，二十国集团领导人就认识到在当今数字化转型的关键时期，新技术已经成为经济发展的关键因素。数字经济工作组主要讨论了数字包容性、未来的工作技能、数字政府、中小企业与企业家精神、工业4.0与农业技术以及增进数字世界的互信等议题。

第二节　二十国集团配套活动

二十国集团配套活动的参与集团是来自二十国集团的不同公民社会利益攸关者的代表。他们代表科研界、私营部门和工会、妇女和青年以及非政府组织等。他们与二十国集团合作，与决策者保持对话。每个参与小组由二十国集团主席国协调人正式指定的组织或个人主持。

一　工商峰会

二十国集团工商峰会（Business 20，B20）是国际工商界参与全球经济治理的重要平台，其参会代表包括全球知名企业、国际机构以及商协会负责人和智库代表等。B20的使命是代表工商界，为二十国集团出台全球治理方案提供具体政策建议和专业知识支持。具体来讲,其核心工作是撰写一份政策建议报告,供二十国集团成员领导人决策参考。此外,B20组织多项活动,并为各国政策制定者、民间社会和企业在国际层面的对话交流提供了一个平台。历年来,B20讨论内容与二十国集团峰会主题和议题高度契合,包括:金融体系改革、就业和教育、贸易和投资、融资增长、能源、基础设施、创新以及反腐败等。B20通过议题工作组会议汇总工商界政策建议,提交给二十国集团领导人峰会。

(一)危机应对中的工商峰会

B20是在各国应对国际金融危机中应运而生的。2010年6月,首次B20峰会在加拿大多伦多召开。峰会后发表了一份会议总结报告,并向二十国集团财长报告,总结了B20峰会主要讨论的内容,主要包括经济和财政挑战、市场不确定性、金融监管、贸易投资、创新以及企业家精神等议题。[①] 2010年11月,B20峰会在韩国首尔召开,时间上刚好紧接二十国集团领导人峰会的时间,反映了二者更加紧密的联系。B20的12个工作组分别讨论了贸易、投资、中小企业、经济增长、金融改革、财政货币刺激政策退出、基础设施和自然资源投资、能源效率、低碳能源、绿色就业、生产力提高、青年就业以及医疗等问题,并发布了联合声明,向二十国集团提出相关建议。[②] 2011年11月,B20戛纳峰会召开,时间刚好与二十国集团峰会衔接。在这届B20峰会之前,世界经济论坛二十国集团工作组和国际商会二十国集团咨询小组分别召开了一系列会议,就如何向二十国集团峰会建言进行了讨论。B20峰会将这些建议汇总并形成了最终报告。报告强调了以下事项,包括全球经济政策、金融监管、国际货币体系、大宗商品与原材料、发展与粮食安全、就业及社会问题、反腐败、贸易与投资、信息通信技术与创新、全球治理问题、能源以及绿色增长等。[③] 在二十国集团洛斯卡沃斯峰会期间,工商团体与二十国集团的联系

---

① B20, "Chairman's Summary", Toronto, Canada, June 26, 2010.
② B20, "Seoul G20 Business Summit Joint Statement by Participating Companies", Seoul, Republic of Korea, November 11, 2010.
③ B20, "Cannes B20 Final Report with Appendices", Cannes, France, November, 2011.

表现得更加突出。2012 年 6 月，B20 峰会在洛斯卡沃斯召开，主要讨论了世界经济前景、透明度与反腐败、粮食安全、普惠金融以及创新等议题。[①]

（二）向长效治理转型中的工商峰会

随着国际金融危机应对议题的紧迫性逐渐缓解，B20 峰会的关注点从危机应急机制向更广泛的议题扩展，如促进经济增长、推动结构性改革、加强基础设施建设、中小企业发展等。2013 年 6 月，B20 峰会在莫斯科召开，并向二十国集团提交一份政策建议报告，提出促进可持续和包容性增长，特别是增加结构性改革所需的投资，改革监管以增强企业和消费者信心，并为企业创造就业提供有利环境等方面的建议。[②] B20 "有效对话工作组"向二十国集团提交了评估 B20 与二十国集团对话效率的报告。[③] 2014 年 7 月，B20 峰会在澳大利亚悉尼举行，并向二十国集团提交了包括加强结构灵活性、跨境自由流动、一致有效的监管及商业诚信的建议。[④] 2015 年 11 月，B20 峰会在土耳其安塔利亚举行，并提出落实达成共识的政策、投资以纠正经济不平衡、促进包容性和加强竞争等建议。[⑤] 2016 年 9 月，B20 峰会在中国杭州召开。会议设置了六大议题，分别为金融促增长、贸易投资、基础设施、中小企业发展、就业、反腐败。B20 政策建议报告提出了鼓励发展绿色金融、建设世界电子贸易平台（eWTP）、推动国际贸易投资便利化、促进中小企业融入全球价值链、提高青年和女性就业率、增强商业环境透明度等 20 项重要政策建议。[⑥]

[①] B20, "B20 Task Force Recommendations", Los Cabos, Mexico, June, 2012.

[②] B20, "B20 - G20 Partnership for Growth and Jobs: Recommendations from Business 20", St. Petersburg, Russia, September, 2013.

[③] G20 - B20 Dialogue Efficiency Task Force, "From Toronto to Saint Petersburg: Assessing G20 - B20 Engagement Effectiveness", St. Petersburg, Russia, June, 2013.

[④] B20, "Driving Growth and Jobs: B20 Policy Recommendations to G20", Sydney, Australia, July, 2014.

[⑤] B20, "Responding to the Three I's Inclusiveness, Implementation, Investment: B20 Policy Proposals for the G20", Antalya, Turkey, September, 2015.

[⑥] 《2016 年 B20 政策建议报告新闻发布会（2016 年 8 月 10 日）》，中国国际贸易促进委员会网站，2016 年 8 月 11 日，http://www.ccpit.org/Contents/Channel_3715/2016/0811/682188/content_682188.htm。

(三) 国际环境新挑战下的工商峰会

近年来,世界经济整体保持增长,但是诸多深层次问题尚未解决,不稳定不确定因素不断产生。这对 B20 贡献解决重要全球性议题的建议提出新的要求,也使得 B20 合作面临新的挑战。2017 年 5 月,B20 峰会在德国柏林召开,主题为"强化韧性、承担责任、主动应对——构造面向未来可持续的世界经济"(Resilience, Responsibility, Responsiveness—Towards a Future-oriented, Sustainable World Economy)。B20 向二十国集团提交政策建议,主要包括塑造一个相互连通的世界、强化韧性、提高可持续性、承担责任等四个方面。[1] 2018 年 10 月,B20 在阿根廷布宜诺斯艾利斯举行峰会。此次 B20 峰会除了继续关注融资和基础设施、贸易和投资等传统的议题,还关注影响当今世界的新的重大挑战,包括人口日益增长带来的食品可及性和营养不良,以及新的工业革命为未来的工作带来挑战性的机遇等议题。遗憾的是,由于 B20 政策建议片面突出国有企业扭曲市场竞争、产能过剩、国有企业反腐特殊要求等议题,且没有遵循 B20 协商一致原则,中国工商界对此发表了反对声明。[2] 2019 年 3 月,B20 在日本东京召开峰会,会议主题为"实现社会 5.0 以落实联合国可持续发展目标"(Society 5.0 for SDGs)。峰会提出了"B20 东京峰会七项原则"(B20 Tokyo Summit Seven Principles):一是推动可持续性以实现 SDGs,二是推动包容性以保证多样化,三是以未来为导向以避免快速变化世界中的短视,四是商业驱动以促进各种规模、行业和区域企业的创造、创新和企业家精神,五是保证透明度以确保问责制和诚信,六是基于规则以提供可预测性和一致性,七是以多边方式通过各国和利益攸关方之间的合作和对话,为全球问题提供解决方案。[3]

---

[1] B20, "Shaping an Interconnected World Building Resilience-Improving Sustainability-Assuming Responsibility: B20 Policy Recommendations to the G20", Berlin, Germany, May, 2017.

[2] B20, "B20 Communiqué: Policy Recommendations to the G20", October 5, 2018.

[3] B20, "B20 Tokyo Summit Joint Recommendations: Society 5.0 for SDGs", Tokyo, Japan, March 15, 2019.

二 民间社会会议

二十国集团民间社会会议（Civil 20, C20）是民间社会围绕二十国集团峰会主题向各国政府及社会各界提出政策建议的平台。C20 会议机制创始于 2013 年，此后二十国集团峰会主席国召开 C20 会议成为惯例，分别于 2013 年 6 月在莫斯科、2014 年 6 月在墨尔本、2015 年 9 月在伊斯坦布尔、2016 年 7 月在青岛、2017 年 6 月在汉堡、2018 年 8 月在布宜诺斯艾利斯、2019 年 4 月在东京召开。C20 在二十国集团机制中重要性不断提高，尽管 C20 每年的工作主题和优先事项都有所不同，但 C20 始终试图在不同的主题范围内反映民间社会的观点和经验，并最终形成 C20 公报。

近年来，C20 下设具体工作小组来深入探讨不同的主题并形成政策文件，然后提交给二十国集团。例如，2018 年，阿根廷担任二十国集团主席国期间，C20 设立了反腐败，国际金融体系构架，教育、就业与包容性，环境、气候与能源，性别，投资与基础设施，本地到全球，全球卫生等 8 个工作组。2019 年，日本担任二十国集团主席国期间，C20 设立了包括反腐败，教育，环境、气候与能源，性别，全球卫生，基础设施，国际金融构架，劳动、企业和人权，本地到全球，贸易与投资等 10 个工作组。

三 劳动会议

二十国集团劳动会议（Labor 20, L20）是二十国集团峰会的配套活动之一，首次会议于 2008 年 11 月在华盛顿召开，之后每年在二十国集团峰会东道国举办。它联合了来自二十国集团国家的工会和全球工会（Global Unions）[①]，由国际工会联合会（ITUC）和经合组织工会咨询委员会（TUAC）召集。自 2008 年金融危机爆发以来，L20 围绕二十国集团

---

① 全球工会是国际工会联合会（ITUC）、全球工会联合会（GUF）和经合组织工会咨询委员会（TUAC）之间的合作伙伴。

"就业与增长"问题开展包容性和建设性的对话。

L20成员在广泛的磋商过程中达成共识并确认L20会议该年的政策目标。L20向二十国集团提出的政策建议主要包括以下10个方面：继续收入分配比例、体面工作特别是供应链和工作转型等小组的工作；通过最低工资和集体谈判解决收入不平等问题，尊重劳动权利和社会保护；增加对基础设施和照料经济（care economy）的投资；缩小性别工资差距，采取措施增加妇女劳动力市场参与；为工人提供丰富的、有未来回报的工作；解决数字化和诸边的电子商务规则对劳动力市场和监管框架的不利影响；促进税收透明度和问责制；加强政策协调向碳中和（carbon neutral）经济和数字化转型过渡；保护移民的劳动权利；实现2030年议程。

L20一直以来强调创造投资，创造优质就业，扩大质量学徒制和技能，通过最低工资、劳工权利和社会保护层确保工作正式化，实现可持续、绿色和包容性增长，确保收入分配公平，重新调整金融部门，以及就二十国集团过去和未来承诺的执行情况进行后续行动。

四 科学会议

二十国集团科学会议（Science 20，S20）主要讨论与全球议程有关的重要性科学项目。在第一次会议上，S20选择全球健康作为会议的主题。在德国担任二十国集团主席国期间，由二十国集团国家科学院组成的S20在德国国家科学院——利奥波第那科学院（Leopoldina）成立，为二十国集团峰会提供以科学为基础的建议。2017年1月，S20在德国哈雷（Salle）召开了会议，来自二十国集团国家的研究机构发表了题为"改善全球健康：对抗慢性病和传染病的工具和战略"的联合声明。2017年3月22日，利奥波第那科学院在哈雷主办了S20对话论坛并发表声明。2018年7月，S20会议在阿根廷召开，主题为"粮食和营养安全：改善土壤和提高生产力"。2019年3月，S20会议在东京召开，主题为"威胁海洋生态系统和保护海洋环境——特别关注气候变化和海洋塑料废物"。

五　智库会议

二十国集团智库会议（Think 20，T20）由来自世界各地的主要专家为二十国集团对话提供宝贵分析，并提出有助于实现具体和可持续政策的想法。T20 在墨西哥担任二十国集团主席国时发起。2012 年 2 月，在墨西哥城举行了第一次二十国集团 T20 会议，来自澳大利亚、巴西、中国、印度、日本、俄罗斯、新加坡、土耳其和韩国等 15 个国家的智囊团代表齐聚一堂，讨论二十国集团在洛斯卡沃斯（Los Cabos）领导人会议的筹备。

T20 与其他参与小组有着不同的特点。T20 不是围绕具体问题开展活动的宣传平台，也不是寻求就有待解决的问题协商一套商定的建议。相反，T20 是二十国集团的"创意银行"。为此，二十国集团组织全球智库和高级别专家的分析，以便为正在进行的二十国集团讨论提供分析深度，并提出帮助二十国集团落实具体和可持续政策措施的想法。T20 的结论会作为政策选择而不是建议，提供给二十国集团工作组、部长级会议和领导人峰会。

六　市长峰会

二十国集团市长峰会（Urban 20，U20）由世界主要城市的代表参加，其中包括纽约、伦敦、北京、布宜诺斯艾利斯、东京等城市。会议主要讨论气候变化、可持续发展和其他紧迫的全球性问题（如自由贸易）。U20 是布宜诺斯艾利斯市长和巴黎市长（C40 小组[①]主席）于 2017 年 12 月 12 日与 C40 城市气候领导小组和联合城市和地方政府（UCLG）合作制定的城市外交倡议。在认识到城市在创造一个可持续和包容的世界中发挥着重要作用的基础上，U20 汇集了二十国集团成员的主要城市，讨论全球挑战，形成共同立场，提出建议供二十国集团审议。2018 年 10 月 29 ~

[①] C40 小组（C40 Cities Climate Leadership Group）是一个致力于应对气候变化的国际城市联合组织。包括中国、美国、加拿大、英国、法国、德国、日本、韩国、澳大利亚等各国城市成员。

30日，首届U20会议在布宜诺斯艾利斯召开。2019年5月，U20会议在日本东京召开，与会者围绕气候变化等展开讨论并达成联合声明。联合声明中指出"气候变化是21世纪最紧迫的课题"，呼吁全球主要经济体的领导人努力实现到2050年温室气体零排放，以及把可再生能源比例提升至100%的目标。

七 妇女会议

二十国集团妇女会议（Women 20，W20）将民间社会妇女组织和来自世界各地的女企业家汇集在一起，其目标是增强妇女的经济发展能力，作为实现二十国集团目标的组成部分。W20是汇集民间社会、企业和智囊团的妇女领导人的跨国网络。W20会议的主要目标是影响二十国集团决策机构的议程，以便影响公共政策，增加妇女对其国家经济和社会的参与。创建更具包容性的社会需要提高妇女的生活质量，并且从根本上确保她们进入劳动力市场、接受优质教育、提供保健服务和政治参与。2014年，二十国集团布里斯班峰会上，与会领导人同意到2025年实现二十国集团国家男女劳动参与率的差距缩小25%的目标。为落实峰会共识，2015年，首次W20会议在土耳其伊斯坦布尔召开。2016~2019年，W20会议分别在西安、柏林、布宜诺斯艾利斯和东京召开。

八 青年会议

二十国集团青年会议（Youth 20，Y20）是二十国集团峰会的配套活动之一，与会代表一般为18~30岁青年，会议形式除了讨论磋商，还包括对话、座谈以及文化参访等多种形式，并形成会议公报。2010年以来，Y20每年举行配套活动，现已先后在加拿大、俄罗斯、澳大利亚、土耳其、中国、德国、阿根廷和日本举办了8届Y20会议。Y20活动已经成为二十国集团框架下特色突出、成效显著的配套活动之一。

第六章
二十国集团与国际组织关系

二十国集团作为全球经济治理的重要平台，与许多国际组织有着较为密切的联系。特别是，由于二十国集团非正式机制的特点，通过与国际组织互动合作，能够形成"非正式机制＋正式机制"的方式，使其会议准备和成果落实得到有关国际组织的参与和执行。在历届会议筹备和进行过程中，这些国际组织深入参与到二十国集团工作组会议、部长级会议、协调人会议，为各级别二十国集团会议筹备过程中的有关议题提供背景文件、进展报告、政策建议等形式多样的技术和智力支持；这些国际组织负责人还被邀请参加历届峰会，直接同各国领导人交换观点。在会议取得共识后，这些国际组织则起到推动成果落实和执行的作用，包括提供指导、筹集资源、推动改革、评估效果等工作，与二十国集团共同敦促成员遵守承诺。总的来讲，二十国集团充当引领的作用，国际组织根据二十国集团的指导参与相关工作，并在这个过程中更加深入参与全球治理，扩大自身影响力；二十国集团也倚重国际组织的资金、技术、人力资源来更好地发挥其全球治理的领导力，二十国集团领导人峰会的公开文件多次明确肯定了国际组织的作用。尽管二十国集团与国际组织的合作依然存在代表性、有效性等方面的问题，但是他们之间的合作为双方均带来很大的收益，也有利于推动全球治理体系的完善。

一　二十国集团与联合国

联合国是依据《联合国宪章》建立起来的政府间国际组织，拥有近200个成员国，具有最广泛的代表性，最高的权威性和合法性。二十国集

团成员是为了应对金融危机而成立的非正式国际组织，数量仅占联合国很小部分，却代表了全球 2/3 的人口、近 90% 的经济总量，并已成为全球经济治理的重要平台。一直以来，联合国在安全事务、社会文化和发展等领域具有较大影响力。随着二十国集团影响力上升并成为国际经济合作的首要论坛，其在国际经济领域的地位和影响力逐步提升，其决定对联合国每个成员国的政治、经济和社会发展都会产生影响。但是，与联合国相比，二十国集团成员数量有限，多数国家无法参与对各种议题的讨论。因此，对二十国集团合法性、代表性的争议从未间断。特别是，中小国家批评二十国集团剥夺了广大发展中国家和其他中小国家在全球经济事务上的知情权、参与权和发言权。基于以上因素，二十国集团领导人峰会通过邀请联合国秘书长出席、与联合国大会建立相对固定的对话机制、听取会员国对二十国集团峰会筹备工作的意见等来加强与联合国的联系。

加强二十国集团与联合国的协调合作，对于加强全球经济治理，促进世界经济持续和平衡发展，特别是反映中小国家的合理关切有很大意义。事实上，二十国集团和联合国之间也具有很大互补性和合作空间。联合国能够就议题进行广泛讨论，能够为广大成员国特别是中小国家提供表达意见的平台，而二十国集团则发挥引领作用，讨论和提出解决全球性问题特别是经济领域问题的方案。近年来，二十国集团与联合国在全球治理方面积极互动与合作，并逐渐形成了比较成熟的合作模式。对于由联合国确立并主导的议题，二十国集团通过领导人峰会以及各层级会议推动议题的讨论和提出操作性的建议；对于新的全球性议题，二十国集团能够研究和提出引领性的政策措施，并通过联合国的肯定和支持提高合法性，使得新议题得到更有力的推动。二十国集团与联合国的互动合作主要表现在以下领域：

一是在发展领域。作为联合国的三大支柱之一，发展是多年来联合国重点推进的领域。2000 年，联合国确立了《千年发展目标》。2015 年 9 月，联合国正式通过了《2030 年可持续发展议程》，以接替即将到期的《千年发展目标》。发展议题一直是二十国集团关注的重要议题之一。在部长级会议阶段，二十国集团已经开始关注发展议题，2002 年的印度新德里二十国集团部长级会议将联合国千年发展目标纳入其发展议题。2008年二十国集团首次峰会就将千年发展目标写入领导人宣言，承诺承担发展援助义务。2010年首尔峰会将发展纳入议程，二十国集团领导人承诺将加强同发展中国家特别是低收入国家的合作，帮助他们加强能力建设，通过了《首尔共识》和《跨年度行动计划》，同实现联合国千年发展目标的承诺形成补充。2016年杭州峰会制定了《二十国集团落实2030年可持续发展议程行动计划》，通过集体和国别行动，为落实联合国可持续发展议程提供有力支持。二十国集团与联合国在发展问题上的协调合作，为全球发展议程注入新的动力，同时能够利用联合国在发展领域的长期优势，共同推动全球发展领域工作取得更大发展。

二是在气候变化领域。气候变化是联合国长期关注的问题。早在1992年，联合国大会就通过了《联合国气候变化框架公约》。二十国集团也一直将气候变化问题作为一项重要议题，几乎在历届峰会上都重申采取行动应对气候变化，支持《联合国气候变化框架公约》基础框架下的气候变化谈判，落实有关气候变化的协议，并利用其资源动员方面的优势积极推动气候变化融资工作。2016年杭州峰会公报重申"通过可持续发展，以及强力和有效的支持和行动应对气候变化""确认发达国家根据气候变化巴黎大会成果，履行其在《联合国气候变化框架公约》下所做的为发展中国家采取减缓和适应行动提供包括资金在内的实施手段的承诺的重要性"。

三是在反腐败领域。反腐败问题是联合国重要议题之一，《联合国反腐败公约》于2005年12月正式生效。二十国集团一直积极推动所有国家加入、批准并有效落实《联合国反腐败公约》。2016年杭州峰会上，二十国集团领导人核准了《二十国集团反腐败追逃追赃高级原则》，欢迎中国关于在华设立二十国集团反腐败追逃追赃研究中心的倡议；呼吁二十国集团成员批准《联合国反腐败公约》，欢迎开展第二轮履约审议；核准《二十国集团2017~2018年反腐败行动计划》。

此外，二十国集团与联合国还在粮食安全、环境保护、反恐、网络安全、难民问题等全球性议题上开展合作。

二 二十国集团与国际货币基金组织

1999年二十国集团财长和央行行长第一次会议公报中明确提出,"二十国集团是布雷顿森林体系框架下的一种新的非正式对话机制,其成立是为了系统重要性经济体在核心经济和金融政策议题上进行更广泛的讨论,从而促进世界经济的稳定和持续增长"。[①] 因此,二十国集团与布雷顿森林机构之间有天然的密切关系,从二十国集团财长和央行行长会议阶段到领导人峰会阶段,二者均保持和加强合作关系。在2008年金融危机之前,国际货币基金组织一度受到诟病。金融危机中,二十国集团展示了其领导力和协调力,而国际货币基金组织通过落实二十国集团应对危机的大部分方案巩固和提升了在全球治理中的地位。

国际货币基金组织利用其技术专长为二十国集团提供观点和意见,参与二十国集团的辩论,为加强二十国集团问责机制提供支持等;二十国集团则对国际货币基金组织提供政治指导,并推动了国际货币基金组织的改革。具体来讲,国际货币基金组织与二十国集团主要合作开展以下方面的工作。

一是监测全球宏观经济。国际货币基金组织提供监测报告,为二十国集团财长和央行行长会议、副手会以及领导人峰会对全球经济前景和政策挑战的讨论提供信息。例如,国际货币基金组织为2009年二十国集团匹兹堡峰会提供了两份背景文件:一是《全球经济前景和政策挑战》,提出了国际货币基金组织对全球经济和金融形势及前景的评估。二是《危机后的全球经济——可持续增长框架》,认为由于金融危机对资产负债表以及生产潜力的影响,在金融危机后保持全球经济强劲增长将是一项巨大挑战。

二是建立和推广国际标准和规则。在1999年第一次二十国集团公报中,财长和央行行长们欢迎"布雷顿森林机构和其他机构为建立国际准

---

① G20, "Communiqué: Meeting of Finance Ministers and Central Bank Governors", Berlin, Germany, December16, 1999.

第六章 二十国集团与国际组织关系

则和标准所做的重要工作",并同意"在这一领域发挥领导作用",他们同意完成关于遵守标准和准则的报告("透明度报告")和金融部门评估。[①] 为稳定金融市场和促进经济增长,国际货币基金组织在金融市场改革、加强国际金融监管体系等领域与金融稳定理事会等国际机构合作制定规则标准。二十国集团对国际货币基金组织和世界银行工作的支持加快了各国采用国际公认标准和规范的步伐。

三是评估和监督"二十国集团相互评估进程"的落实。"二十国集团相互评估进程"(G20 Mutual Assessment Process,MAP)是 2009 年二十国集团匹兹堡峰会启动的"强劲、可持续和平衡的增长框架"的重要组成部分。二十国集团委托国际货币基金组织同世界银行等国际组织合作,围绕"二十国集团相互评估进程"开展研究。二十国集团领导人要求国际货币基金组织帮助分析各国或地区的政策框架是否协调一致,并鼓励就测评方法方式等进行研究。2010 年首尔峰会加强了"二十国集团相互评估进程",并提出建立一套识别二十国集团成员经济是否存在失衡的"参考性指南"。2011 年 4 月二十国集团财长和央行行长会议通过了这套"参考性指南",使得"二十国集团相互评估进程"得到进一步加强。应二十国集团的要求,国际货币基金组织为 2011 年戛纳峰会提供了一套共同评估进程报告,包括以下内容:(1)一份总括性报告,综合概述了各组成部分报告和二十国集团集体行动的进展;(2)一份问责报告,概述了自 2010 年首尔峰会以来各成员在政策承诺方面取得的进展;(3)一份相互评估进程报告,提供对各成员中期宏观经济和政策框架的分析;(4)七个成员国(中国、法国、德国、印度、日本、英国和美国)的可持续性报告,根据二十国集团参考性指南评估主要失衡的根本原因和政策影响。在此后的峰会上,由国际货币基金组织主导的"二十国集团相互评估进程"持续推进。这部分工作既体现了二十国集团在加强问责制方面的努力,也是国际货币基金组织与二十国集团合作的重要领域。

---

① G20, "Communiqué: Meeting of Finance Ministers and Central Bank Governors", Berlin, Germany, December 16, 1999.

四是对金融监管改革的进展进行国际评估。在 2010 年二十国集团多伦多峰会宣言中,领导人承诺支持通过国际货币基金组织、世界银行开展的金融部门评估规划（Financial Sector AssessmentProgramme, FSAP）,强调国际评估对于确保各国金融部门更加安全的重要作用。金融部门评估规划是 1999 年国际货币基金组织和世界银行联合启动的项目,主要用来评估各国金融体系的稳健性（脆弱性）。金融稳定评估计划包括两个主要组成部分:由国际货币基金组织负责的金融稳定评估和由世界银行负责的金融发展评估。为应对国际金融危机,2009 年 FSAP 经历了启动 10 年以来最重大的变化。这些变化包括明确界定稳定性评估的组成部分（金融体系的脆弱性和韧性、监管框架以及金融安全网）、引入风险评估矩阵（RAMs）以及由国际货币基金组织或世界银行单独进行模块化 FSAP 的可能性,专注于每个机构的主要职责。2014 年的 FSAP 审查发现,自 2009 年以来开展的 FSAP 在所有方面都有所改善,其特点是压力测试涵盖了更广泛的风险,并且越来越多地分析了溢出效应和宏观审慎框架。RAMs 的引入使得对风险及其可能影响的讨论更加一致。FSAP 受到各国的高度重视,各国已经执行了其大部分建议。

五是实施国际货币基金组织份额和治理结构改革。关于国际货币基金组织份额改革的呼声由来已久,但是推进并不顺利。二十国集团对于推动国际货币基金组织改革取得实质进展做出了显著贡献。在二十国集团财长和央行行长会议阶段就开始提出国际货币基金组织的改革。例如,2005 年 11 月,在中国香河举行部长级会议之后发布关于改革布雷顿森林机构的二十国集团声明。虽然二十国集团对这些机构没有正式的权力,但部长和行长们认为,有必要"进一步加强两个机构（国际货币基金组织和世界银行）之间的有效合作",并强调了实现配额改革具体进展的关键重要性。[1] 2008 年金融危机爆发后,二十国集团领导人认识到国际货币基金组织在国际金融体系的重要性,推动国际货币基金组织的改革进入快车道。

---

[1] G20, "G20 Statement on Reforming the Bretton Woods Institutions", Xianghe, Hebei, China, October 16, 2005.

其中，国际货币基金组织投票权和份额改革最受关注。二十国集团2009年匹兹堡峰会上，领导人承诺向富有活力的新兴市场与发展中经济体转移国际货币基金组织份额，以现有份额公式为基础，从份额高估国向份额低估国至少转移5%。2010年韩国庆州二十国集团财长和央行行长会议就国际货币基金组织份额与治理结构改革达成一份"历史性协议"，并在首尔峰会上获得通过，改革内容主要包括：将国际货币基金组织份额向富有活力的新兴市场与发展中经济体以及份额低估国转移6%以上，同时保护最贫困国家的投票权。将国际货币基金组织份额增加一倍，并在生效后相应调减借款新安排的规模。对份额公式进行全面检查，以继续推进增强新兴市场与发展中经济体包括最贫困国家发言权与代表性的动态进程。减少2个欧洲执董席位，并增强新兴市场与发展中经济体在执董会中的代表性。

六是国际货币基金组织特别提款权（SDR）改革。国际货币基金组织在1997年第四次修正案中倡议进行特别提款权的分配改革，以解决国际货币基金组织中超过1/5的成员（大多为发展中国家）从未得到特别提款权分配的问题。此后很长时间，特别提款权改革没有获得通过。2008年金融危机后，在二十国集团推动下，国际货币基金第四次修正案最终在2009年8月10日达到3/5成员和85%表决权条件而最终生效。2011年戛纳峰会上，领导人同意特别提款权货币篮子构成应继续反映各国货币在全球贸易和金融体系中的作用，要求国际货币基金组织对特别提款权货币篮子组成的评估标准进行进一步澄清，承诺提款权货币篮子组成将于2015年进行审议，但如果一国货币更早地达到加入特别提款权标准，也可在2015年前进行评估。2016年杭州峰会上，领导人欢迎人民币10月1日被纳入特别提款权货币篮子。2016年10月1日，特别提款权的价值是由美元、欧元、人民币、日元、英镑这五种货币所构成的一篮子货币的当期汇率确定，所占权重分别为41.73%、30.93%、10.92%、8.33%和8.09%。

七是扩大国际货币基金组织资金来源和融资能力。为提升国际货币基金组织在应对危机中的能力，二十国集团为扩大其资金来源多次做出承

诺。二十国集团领导人在多次峰会上承诺为国际货币基金组织注资,增加流动性资源,推动金融安全网的建设。2009年二十国集团领导人伦敦峰会上,领导人承诺将国际货币基金组织的可用资金提高两倍,达到7500亿美元;支持2500亿美元的最新特别提款权(SDR)配额。2009年二十国集团匹兹堡峰会上,领导人承诺将向改革及扩大后的国际货币基金组织借款新安排注资5000多亿美元。2012年墨西哥洛斯卡沃斯峰会上,二十国集团欢迎各国总金额已经超过4300亿美元的增加国际货币基金组织可用资源的承诺。这是在2010年份额改革后份额增加的基础上额外增加的资源,其使用将面向国际货币基金组织所有的成员,而不是仅限于任何特定地区。为国际货币基金组织注资有助于保证其资源充足,为构建全球金融安全网等措施的有效实施提供资源。

此外,二十国集团与国际货币基金组织在发展、气候融资、普惠金融、税收合作、反洗钱和反恐融资、反腐败等诸多领域开展合作。

三 二十国集团与世界银行

世界银行同国际货币基金组织一样,属于与二十国集团关系最密切的国际组织之一。世界银行运用专业知识支持二十国集团各层次会议,二十国集团也邀请世界银行行长出席二十国集团领导人峰会参与议题讨论,并推动世界银行的现代化改革。二十国集团与世界银行主要合作开展以下方面的工作。

一是世界银行为二十国集团会议提供背景文件。受二十国集团委托,世界银行利用其研究能力对相关议题进行研究。例如,2011年世界银行与国际货币基金组织、经合组织和区域开发银行合作向二十国集团戛纳峰会提交气候变化融资报告,二十国集团基于此报告要求国际金融机构和有关联合国机构结合联合国气候变化框架公约的目标、规定和原则继续开展这方面工作。2012年世界银行为支持"强劲、可持续和平衡增长框架"撰写了《恢复并维持增长》报告。2014年由世界银行编写《增长战略:二十国集团新兴市场国家》报告,对二十国集团新兴市场与发展中经济体成员提交的增长战略进行了评估,为二十国集团布里斯班峰会制定国家增长战略这一中心议题提供支持。

二是建立评估指标体系。世界银行建立的评估指标为二十国集团提供了参考，同时二十国集团也为世界银行研究构建和完善指标体系提出方向指导。例如，世界银行建立了全球普惠金融指标数据库（Global Findex Database）。作为全球成年人如何储蓄、借贷、支付和管理风险的最全面的数据收集，Findex 数据库自 2011 年以来，每三年发布一次数据。2017 年第三版包括获得和使用正规和非正规金融服务的最新指标，还增加了金融技术（fintech）使用的新数据，包括使用手机和互联网进行金融交易。二十国集团对于普惠金融非常重视，先后成立了二十国集团普惠金融专家组（FIEG）和全球普惠金融合作伙伴组织（GPFI）。世界银行的全球普惠金融指标数据库为二十国集团普惠金融指标体系以及相关工作推进提供了有价值的数据，同时二者合作也有助于完善世界银行全球普惠金融指标数据库的国别数据。

三是实施"金融部门评估规划"。"金融部门评估规划"是 1999 年国际货币基金组织和世界银行合作设立的项目，主要目的是评估成员经济体的金融体系稳健性、监管框架质量以及金融体系对经济增长和发展的促进作用。其中，世界银行负责对新兴市场与发展中经济体进行评估。在 2008 年二十国集团华盛顿峰会宣言涉及的有关加强金融监管的中期举措中，二十国集团所有成员承诺实施"金融部门评估项目"（FSAP）报告，并支持该项目对各国监管体系的透明评估。

四是世界银行发言权改革。在 2008 年 10 月举行的世界银行秋季年会上，世界银行就开始两阶段的改革达成一致，以提高发展中国家和转型国家在世界银行的发言权。改革内容包括提高发展中国家和转型国家的投票权、股权、执行董事会中人数等，使其能够客观反映发展中国家和转型国家在世界经济中的比重和对世界银行的贡献。二十国集团肯定和支持了世界银行的改革方案并积极支持世界银行的改革，在多次峰会声明中都承诺要尽快落实改革方案。二十国集团在推动世界银行现代化改革上取得了重要成就。2009 年伦敦峰会上，二十国集团领导人决定对国际金融机构进行现代化改革，并强调新兴市场与发展中经济体，包括贫困国家在内，必

须有更大的话语权和代表权。领导人承诺致力于执行2008年10月达成的世界银行改革方案，并争取在2010年春季的会议上就话语权和代表权改革达成一致。2010年二十国集团多伦多峰会上，领导人承诺在世界银行中增加发展中国家和转型国家3.13%投票权，使发展中国家和转型国家的投票权自2008年以来增加4.59%，并承诺继续推进改革以实现发展中国家和发达国家平等分享投票权的目标，同时保护最小国家利益，形成一个动态公式以反映各国经济权重变化和对世行发展使命的贡献。领导人核准了国际金融公司的发言权改革，将总额为6.07%的投票权转移给发展中国家和转型国家，使其投票权增至39.48%。

五是提高世界银行等多边开发银行的贷款能力。为了应对危机，二十国集团积极向世界银行等多边开发性金融机构增资。2008年二十国集团华盛顿峰会承诺确保世界银行和其他多边开发银行拥有充足的资源，继续在克服危机过程中发挥作用。2010年多伦多峰会上，领导人承诺支持多边开发银行至少1000亿美元的额外贷款，确保为贸易融资提供2500亿美元支持。这样可以提高世界银行等多边开发性金融机构应对中短期贷款需求增加的能力，使其有足够资源支持其成员的需求。

六是开展发展领域的合作。世界银行主要职能之一是向发展中国家提供中长期贷款与投资，促进发展中国家经济和社会发展。二十国集团与世界银行在发展领域开展了积极合作。例如，在粮食安全领域，2010年首尔峰会上，领导人要求世界银行与其他国际机构合作改进国家和地区粮食存储和粮产量预测的信息搜集，确保人道主义粮食供应，制定可选方案，推动负责任的农业投资。2013年圣彼得堡峰会支持世界银行安全营养知识平台。在基础设施领域，2014年布里斯班峰会上，二十国集团领导人欢迎世界银行发起成立全球基础设施基金，以提升发展中国家基础设施水平和吸引更多私营部门投资，同时支持其他开发银行的类似行动及彼此合作。世界银行还在低收入国家债务可持续性框架、妇女创业融资倡议、二十国集团与非洲紧密合作倡议等工作中与二十国集团开展合作。

此外，世界银行与二十国集团在贸易投资、落实2030年可持续发展议程、反洗钱和反恐融资、税收合作、劳动就业、难民问题等的合作也取得积极效果。

四 二十国集团与世界贸易组织

贸易投资对于全球经济复苏和增长至关重要，因此，贸易投资问题一直是二十国集团的重要议题。二十国集团与世界贸易组织在反对保护主义等问题上形成合力，为应对国际金融危机、促进全球经济复苏做出积极努力。世界贸易组织利用其专业能力积极为二十国集团提供政策决策的研究基础，并监测二十国集团相关领域承诺的落实情况和效果，二十国集团将支持多边贸易体制、推动多哈回合谈判和世界贸易组织改革作为重要议题。世界贸易组织总干事也多次在二十国集团峰会上强调多边贸易体制的重要性，并呼吁二十国集团领导人为维护开放的全球经济、遏制贸易保护主义、推动多哈回合谈判等做出努力。世界贸易组织与二十国集团合作主要包括以下领域。

一是反对贸易保护主义。二十国集团几乎历届峰会都将反对贸易保护主义作为重要议题之一。2008年二十国集团华盛顿峰会上，领导人强调在金融不稳定时期反对保护主义的重要性，并承诺未来12个月避免为贸易和投资设置新壁垒，避免采取新的出口限制措施，避免采取不符合世界贸易组织规定的刺激出口措施。2009年伦敦峰会重申华盛顿峰会的承诺，并决定将上述承诺的期限延长至2010年结束。2010年多伦多峰会又将承诺延长到2013年底，并要求世界贸易组织、经合组织、联合国贸发会议继续根据各自职责监督形势发展并公开报告承诺落实情况。此后多次二十国集团领导人峰会不断将承诺期延长。世界贸易组织总干事也多次在二十国集团峰会上强调开放的贸易投资对经济复苏和增长的重要性并呼吁遏制保护主义行为。

二是贸易监测。金融危机爆发后，应二十国集团要求，世界贸易组织与经合组织和联合国贸发会议就二十国集团经济体采取的贸易和投资措施提交联合报告。目前，世界贸易组织与经合组织和联合国贸发会议的联合报告每年发布两次。在经济危机爆发之初，它们每年发布四次。其中，世界贸易组织负责监测二十国集团贸易限制性措施并发布报告。世界贸易组织秘书处收集关于贸易和与贸易有关的措施的完整、最新和准确的资料，并核实从其他非官方来源收集的有关资料。世贸组织、经合组织、联合国贸发会议的联合报告将送交二十国集团协调人审议，并提交二十国集团领导人峰会。世界贸易组织2019年11月发布的新贸易监测报告显示，二十国集团经济体从2019年5月中旬至10月中旬推出的进口限制措施涉及价值约4604亿美元的贸易商品。这一数字较上一期（截至2018年10月中旬）增长37%，仅次于2018年5月中旬至10月中旬报告的4809亿美元的进口限制措施涉及的贸易商品价值。报告指出，随着限制措施的不断累积，这些措施所涵盖的全球贸易份额已经飙升。2016年二十国集团杭州峰会期间，世界贸易组织发布全球贸易景气指数（World Trade Outlook Indicator，WTOI），作为指导全球贸易的关键指标。

三是全球价值链研究。全球价值链是二十国集团关注的重要议题之一。在2012年二十国集团洛斯卡沃斯峰会上，领导人们认识到全球价值链对促进经济增长、就业和发展的作用，鼓励世界贸易组织、经合组织、联合国贸发会议深化对这一问题的讨论，呼吁这些国际组织加速分析全球价值链的运作及其与贸易和投资、发展、就业的关系，以及如何统计贸易量，以更好地理解政策行为如何互相影响，并将研究进展向二十国集团报告。2013年圣彼得堡峰会进一步提出邀请经合组织、世界贸易组织和联合国贸发会议了解政府观点并继续研究全球价值链对贸易、经济增长、发展、创造就业的影响和价值增值的分布情况。2015年二十国集团领导人安塔利亚峰会强调了包容的全球价值链的重要性，鼓励发展中国家深入参与并创造更多价值。2016年杭州峰会进一步强调妇女和青年企业家、女性领导的企业和中小企业从全球价值链中受益，以及低收入国家在更高水平、更多附加值上参与全球价值链并向高端移动。

四是推动多哈回合谈判和世界贸易组织改革。二十国集团强调坚持多哈发展回合授权，并致力于完成多哈回合谈判，同时提出寻找新的、可信的方式推进谈判。2014年布里斯班峰会承诺落实巴厘一揽子协定所有内容，尽快确定世界贸易组织解决多哈回合谈判遗留问题的工作计划，以推动谈判重返轨道。2016年杭州峰会重申承诺开展以发展为核心的"后内罗毕"工作,承诺优先推进多哈回合剩余议题谈判,并承诺在2016年底前批准《贸易便利化协定》。2017年汉堡峰会承诺将改进世界贸易组织谈判、监督和争端解决职能。2018年布宜诺斯艾利斯峰会承诺支持对世界贸易组织进行必要改革,以使其更好发挥作用。

此外,二十国集团与世界贸易组织在推进电子商务、数字经济、环境产品等新议题讨论上积极合作并取得了一定进展。

五 二十国集团与经合组织

长期以来,经合组织与二十国集团具有较为紧密的联系。截至2019年,二十国集团成员中的澳大利亚、加拿大、法国、德国、意大利、日本、韩国、墨西哥、土耳其、英国和美国为经合组织成员。经合组织对这些国家的经济进行长期跟踪。经合组织还将二十国集团成员中的巴西、中国、印度、印度尼西亚和南非作为其主要合作伙伴。经合组织利用其较强的研究实力,广泛参加了二十国集团领导人峰会、部长级会议、协调人会议以及多个技术层级会议,并为二十国集团多个领域工作提供数据、分析报告和政策建议等,推动标准、规则的建立以及评估和推动二十国集团成果共识的落实。经合组织与二十国集团合作广泛,主要在以下议题领域开展合作。

一是强劲、可持续、平衡和包容性增长。为了促进金融危机后经济复苏,二十国集团领导人启动了实现强劲、可持续和平衡增长的框架。经合组织积极参与了框架工作组(FWG)的工作。经合组织与国际货币基金组织一起监测、评估和量化国家增长战略的执行情况。在2017年德国担任主席国期间,经合组织提交了一份关于加强结构改革议程的报告,其中评估了在九个优先领域进行的结构改革的进展情况。

二是数字化与创新。数字化议题自2016年被列入二十国集团议程以来,经合组织一直支持二十国集团制定相关政策,以抓住数字经济带来的机遇,释放创新潜力,应对新的工业革命。经合组织通过发布二十国集团创新报告,并在创新政策平台(IPP)内建立新的二十国集团实践共同体

(CoP)，促进关于数字创新的讨论和创新政策最佳实践的分享。自 2016 年以来，二十国集团一直在讨论一系列快速发展的新技术对商品和服务生产和分销的影响。2017 年，经合组织就二十国集团数字化转型的关键问题提交了一份报告。2018 年，经合组织支持二十国集团围绕数字政府最佳实践、改善数字基础设施、衡量数字经济和帮助中小企业利用数字化进行的辩论。此外，经合组织也参与了弥合数字鸿沟、数字时代妇女权力等工作。

三是金融市场与国际金融体系。为了支持二十国集团稳定和加强全球金融体系的目标，经合组织在资本流动、公司治理、普惠金融，包括中小企业融资、金融教育和消费者保护等领域提供智力支持。经合组织《资本流动自由化准则》得到越来越多二十国集团成员的加入和遵守。经合组织定期向二十国集团更新准则审查情况。继 2011 年二十国集团批准《金融消费者保护高级原则》后，二十国集团/经合组织金融消费者保护工作组支持实施二十国集团高级别原则。2012 年 7 月，经合组织理事会作为一项建议通过了该原则，从而扩大了该原则的覆盖面，将经合组织所有成员国都包括在内。2016 年，二十国集团领导人批准了《二十国集团数字普惠金融高级原则》，经合组织国际金融教育网络（INFE）通过编写报告支持执行这一高级别原则。2018 年，经合组织二十国集团/经合组织工作组编制了一份关于数字时代金融消费者保护方法的政策指导说明，经合组织/INFE 编写了一份关于数字化和金融知识普及的政策指导说明。

四是贸易与投资。2016 年，在中国担任二十国集团轮值主席国期间成立了贸易和投资工作组（TIWG），经合组织通过积极参与贸易和投资工作组支持二十国集团在贸易和投资方面的工作。在全球价值链议题方面，2018 年经合组织与其他国际组织合作编写了农业和粮食全球价值链和新工业革命中的贸易和投资两份文件，以支持作为贸易和投资工作组优先事项的农业食品全球价值链和新工业革命对贸易的影响。在监测贸易和投资措施方面，2009 年，经合组织得到二十国集团领导人的授权，与世界贸易组织和联合国贸发会议一道，监测并定期报告二十国集团国家的贸易和投资限制性措施。经合组织还就贸易与投资的关系、让贸易为所有人服务等议题与二十国集团开展合作。

五是基础设施投资。长期投融资在支持强劲、可持续、平衡和包容性增长方面发挥重要作用，经合组织一直支持二十国集团基础设施投资方面的工作。2013年，经合组织制定了二十国集团/经合组织机构投资者长期投资融资高级原则。2016年，二十国集团/经合组织关于基础设施和中小企业金融工具多样化的指导说明获得领导人批准。为支持2018年"二十国集团将基础设施作为资产类别的路线图"落实工作，经合组织与世界银行共同编制与基础设施作为资产类别有关的工具清单。

六是气候可持续性和能源。在支持二十国集团应对环境挑战和气候变化方面，经合组织在绿色增长、清洁和气候适应性基础设施、化石燃料补贴、能源监管、绿色金融等领域提高专业知识。在绿色增长方面，2017年，经合组织向二十国集团提交其报告《投资于气候，投资于增长》，说明财政和结构改革与连贯的气候政策如何能够产生可持续增长。在化石燃料补贴方面，经合组织为配合2009年二十国领导人"在中期内合理化并逐步取消鼓励浪费性消费的低效化石燃料补贴"的承诺，一直协助对化石燃料补贴的规模和范围进行记录。经合组织还设计了一种对化石燃料补贴的规模和范围进行自愿同行审查的方法。在绿色金融方面，经合组织支持2016年成立的绿色金融研究小组（GFSG）下设五个分组的工作，例如二十国集团绿色金融综合报告。

七是国际税收。自2009年4月伦敦峰会以来，经合组织一直在打击逃税、结束银行保密和避税天堂、解决跨国公司避税等问题上与二十国集团合作开展工作。经合组织和二十国集团合作开发了经合组织/二十国集团税基侵蚀和利润转移（BEPS）项目，为各国政府提供解决避税问题所需的国内和国际工具。应2015年二十国集团领导人的要求，经合组织建立了经合组织/二十国集团关于BEPS的包容性框架。目前，经合组织将应对经济数字化带来的税收挑战作为重点工作之一，并于2019年向二十国集团提交了相关工作计划。经合组织支持税务透明和信息交流全球论坛，2014年，全球论坛通过了经合组织与二十国集团合作制定的税务金融账户信息自动交换标准（AEOI标准）。

此外，经合组织还在农业与食品安全、就业与教育、可持续发展、公共卫生、反腐败等领域与二十国集团开展合作。

但是，经合组织的固有问题使其在全面深入参与二十国集团工作上存在一定障碍。其中，最主要的因素是经合组织有"富国俱乐部"的称号，虽然二十国集团中多数成员是经合组织成员，但是二十国集团中的很多新兴市场与发展中经济体不是其成员，与经合组织合作存在一定障碍。特别是，经合组织在为二十国集团提供智力支持时，其讨论和制定规则、标准、政策建议的过程将这些新兴市场与发展中经济体排除在外，与二十国集团协商一致的原则相违背，再加上一些规则、标准没有考虑到新兴市场与发展中经济体成员的实际情况，使得这些规则、标准、政策建议被普遍接受遇到困难。鉴于经合组织成员在一定时期内不会涵盖所有二十国集团成员，这个问题在短期内难以得到解决。

六　二十国集团与金融稳定理事会

金融稳定理事会（FSB）从其创立时起就与二十国集团有着密切的联系，甚至在某种程度上可以被视为二十国集团体系的组成部分。金融稳定理事会是在原有金融稳定论坛（FSF）的基础上由二十国集团发起创立的国际组织。金融稳定论坛是1994年4月由七国集团设立，旨在研究和解决影响全球金融稳定的问题。二十国集团推动了金融稳定理事会的机制化建设。2008年金融危机后，为了应对危机并考虑到新兴市场与发展中经济体对全球金融稳定的影响日益增加，2009年二十国集团伦敦峰会就设立金融稳定理事会，使其作为金融稳定论坛的继承性机构达成共识，并使其成员范围扩大到二十国集团的所有成员、FSF成员、西班牙和欧盟委员会。在2009年匹兹堡峰会上，二十国集团国家领导人批准了金融稳定理事会2009年9月25日的初始章程，其中规定了金融稳定理事会的目标、任务及组织结构。在2012年洛斯卡沃斯峰会上，二十国集团领导人批准了金融稳定理事会重申和修订的章程，该章程强化了其授权，包括制定标准、促进国际标准、二十国集团承诺和政策建议的执行等内容。金融稳定理事会在推动国际金融监管改革方面发挥了关键作用。金融稳定理事会受二十国集团委托，并与国际货币基金组织、国际清算银行等国际机构合作，开展金融监管相关国际标准的制定，向二十国集团报告研究成果，推动二十国集团金融监管领域承诺的执行。金融稳定理事会与二十国集团合作主要包括两方面内容。

一方面，金融稳定理事会参与金融监管标准制定和政策协调。2008年，二十国集团华盛顿峰会承诺对全球金融体系进行根本性改革。二十国集团呼吁金融稳定理事会（FSB）制定和协调一个全面框架，对目前的全球金融体系进行全球监管和监督。成立以来，金融稳定理事会在建立更具韧性的金融市场、解决"大到不能倒"的问题、防止监管套利等方面加强标准制定和政策协调。具体来讲，金融稳定理事会主要在以下方面开展标准制定和政策协调：

第一，监管框架的建立。金融稳定理事会在推动巴塞尔银行监管委员会全球性银行资本和流动性新框架方面做了许多工作。2009年匹兹堡峰会决定，所有主要金融中心将于2011年前执行"新巴塞尔资本协议框架"。过渡期由金融稳定理事会和巴塞尔银行监管委员会共同开展的宏观经济影响评估确定。金融稳定理事会支持巴塞尔委员会发布巴塞尔协议Ⅲ。其主要内容包括基于风险的资本充足率标准、杠杆率要求、全球系统重要性银行资本附加标准、流动性覆盖率要求、净稳定资金比率要求及大额风险敞口框架等。

第二，处置和解决系统重要性金融机构（SIFIs）问题。在2009年匹兹堡峰会上，二十国集团领导人呼吁金融稳定理事会提出可能的措施，解决与SIFIs相关的"大而不能倒"问题。2010年首尔峰会上，二十国集团领导人批准了金融稳定理事会降低SIFIs道德风险的框架（SIFIs框架）。2011年戛纳峰会上，二十国集团领导人批准了金融稳定理事会提出的解决SIFIs的全面政策框架，其中包括金融机构有效处置机制的国际标准，使得机构处置不会造成严重的系统性破坏或使纳税人面临损失风险。

第三，有效监督。在金融危机之后，金融稳定理事会和二十国集团将加强有效监管确定为一个优先事项，特别是与具有系统重要性的金融机构有关的监管。提高监管的强度和有效性是金融稳定委员会SIFI框架的一

个关键支柱,同时要求更高的损失吸收率,并促进破产金融机构的可处置性。金融稳定委员会与国际货币基金组织协商后于 2010 年 11 月发布了一份关于《系统重要性金融机构监管强度与有效性》报告,其中提出了 32 条主要针对 SIFI 的建议。2010 年二十国集团首尔峰会核可该报告中的政策建议,并重申新的金融监管框架必须辅之以更有效的监督和监管。

第四,金融衍生品市场。金融危机后,二十国集团领导人同意为金融衍生品市场制定一个全面的改革议程,其目标是提高透明度,降低系统性风险,防止市场滥用。金融稳定理事会一直在监测并定期公布各国关于落实承诺和目标进展情况的报告。此外,金融稳定理事会还与标准制定机构合作,并负责场外衍生品数据的汇总工作,以及唯一交易识别码(UTI)和唯一产品识别码(UPI)的管理办法。

第五,非银行金融中介。根据 2010 年首尔峰会上二十国集团领导人的要求,金融稳定理事会采取了双管齐下的策略,以应对非银行金融中介(之前称为影子银行)的金融稳定风险:一是监测。金融稳定理事会自 2011 年以来一直在进行年度监测,来评估全球趋势和非银行金融中介带来的风险;二是政策制定,即制定一系列政策,解决非银行金融中介带来的金融稳定风险。2017 年 7 月,金融稳定理事会向二十国集团领导人报告了对国际金融危机以来非银行金融中介活动和风险演变的评估,以及应对这些风险的危机后政策和监测的充分性。

另一方面,金融稳定理事会监测承诺执行和改革效果。金融稳定理事会通过标准实施常设委员会(SCSI)协调和监督对已达成一致的金融改革实施情况的监测,并向二十国集团报告。这包括报告成员在执行国际金融标准和其他政策举措方面的承诺和进展;对金融稳定理事会成员进行同行评审;鼓励全球遵守审慎的监管和监督标准。金融稳定理事会与标准制定机构(SSB)合作于 2011 年 10 月建立了一个监测和报告二十国集团金融改革实施情况的框架——实施监测协调框架(the Coordination Framework for Implementation Monitoring, CFIM)。随后,这一框架在戛纳峰会得到批准。具体来讲,金融稳定理事会主要在以下领域开展监测和评估:

第一,定期进度报告。从 2015 年开始,金融稳定理事会就二十国集团金融监管改革的实施情况和效果发表了年度报告，并向二十国集团峰会提交了报告。这些报告的目的是评估二十国集团和金融稳定理事会成员在实施监管改革方面取得的进展，以及是否以符合金融稳定和增长的目标实现了预期成果。

第二，同行审议。金融稳定理事会在2010年开始了定期的同行审查方案，包括专题审查和国别审查。二十国集团多伦多峰会承诺支持金融稳定理事会实施的同行审议，对各国金融体系进行有力、透明、独立的同行审议。金融稳定理事会同行审议的重点是标准制定机构制定的国际金融标准和金融稳定理事会内部商定政策的执行和效力。同行审议是促进充分、及时和一致地实施二十国集团/金融稳定理事会商定的金融改革的一个重要机制，也是促进成员在遵守标准方面力争领先的一种手段。

第三，改革效果评估。金融稳定理事会的工作方向逐步从政策制定转向改革成效评估，以确定下一步工作方向。金融稳定理事会与标准制定机构合作，于2017年7月发布了二十国集团金融监管改革效果实施后评估框架，以评估改革是否达到预期结果，并对下一步金融监管改革起到指导作用。2017年汉堡峰会上，二十国集团领导人支持金融稳定理事会分析金融监管改革效果的工作和制定的落实效果评估框架。

此外，金融稳定理事会还在制定新的薪酬制度标准、提升金融消费者保护、推动会计准则改革、减少对信用评级机构依赖、反避税、反洗钱、反恐怖融资，以及近年来受到关注的稳定币、市场分割等方面做了许多工作。

第七章
中国在二十国集团中的地位与作用

中国是二十国集团的创始成员。二十国集团成立以来,中国经济增长迅速,在二十国集团中的经济比重不断提高,目前中国已成为二十国集团中第二大经济体。经济地位提高的中国在二十国集团发挥越来越重要的作用,与二十国集团成员的经贸合作日益密切,积极参加二十国集团框架下的全球经济治理,并做出积极贡献。特别是中国主办的2016年二十国集团杭州峰会,促使各方在重大全球性议题上积极合作,取得了丰硕的成果,成为二十国集团历史上又一里程碑。

第一节 中国在二十国集团中的地位

1999年二十国集团成立以来,中国的经济持续高速增长,在二十国集团中的经济份额和贸易比重不断提高。中国与二十国集团其他成员在贸易投资、金融等领域积极开展合作,与各成员的经济联系日益密切。

一 中国在二十国集团中的经济地位不断提升

从建立之初到目前,新兴市场与发展中经济体在二十国集团中所占经济比重不断提高,与传统发达国家集团七国集团的差距逐渐缩小。特别是,中国经济强劲增长,在二十国集团中的经济地位显著提高。根据国际货币基金组织数据,1999年中国GDP仅占二十国集团的3.74%,到2018年这一比例提高到18.30%(见图7-1)。1999~2018年,中国GDP增速

始终保持前列，其中在 11 年中处于二十国集团成员的首位。

同时，中国经济也表现出很强的韧性。2008 年国际金融危机爆发，很多成员都经历了经济增长的大幅下滑，甚至出现负增长，中国经济增长虽然有所下降但是依然保持领先的高位增长，成为危机后拉动二十国集团经济复苏的重要引擎。

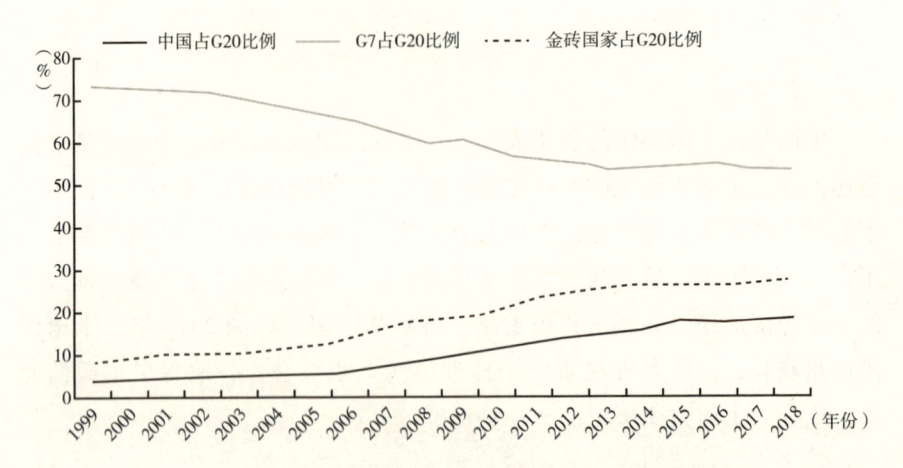

图 7-1　1999~2018 年中国、七国集团和金砖国家 GDP 分别占二十国集团 GDP 的比例

数据来源：国际货币基金组织，WEO。

中国的对外贸易额增长迅速，贸易规模不断扩大，在二十国集团中的占比显著提高。根据世界贸易组织数据，1999 年，中国货物贸易出口额为 1949 亿美元，进口额为 1657 亿美元。2018 年，中国货物贸易出口额为 24870 亿美元，进口额为 21359 亿美元。中国出口额占二十国集团的比重从 1999 年的 4.3% 上升到 2018 年的 16.7%；中国进口额占二十国集团的比重从 1999 年的 3.4% 上升到 2018 年的 13.9%。[①]

随着中国经济实力的提升，中国在国际货币体系中的话语权不断提高。2016 年 10 月 1 日，人民币正式加入国际货币基金组织特别提款权

---

① WTO database, https://data.wto.org/.

(SDR）货币篮子，成为国际储备货币，并成为第三大货币和其中唯一的新兴市场与发展中经济体货币。[1]

二 中国与二十国集团成员合作日益密切

二十国集团成立以来，中国与二十国集团成员在经贸、金融等领域合作不断加强，合作取得积极成效。

中国与二十国集团成员贸易往来不断增加。根据国际货币基金组织数据，2018年，中国对美国、欧盟、日本、韩国和德国分别出口4807亿美元、4119亿美元、1476亿美元、1095亿美元和782亿美元；中国从欧盟、韩国、日本、美国和德国分别进口2736亿美元、2030亿美元、1805亿美元、1563亿美元和1062亿美元。截至2018年，中国已成为二十国集团成员中的日本、韩国、澳大利亚、俄罗斯、巴西、印尼、南非等国的第一大贸易伙伴，是一半以上成员的第一大进口来源地。[2]

中国积极与二十国成员商签自由贸易协定。中国与澳大利亚和韩国分别签署了双边自由贸易协定。自贸协定生效以来，中国同这两个国家的双边贸易进一步增长。同时，中国正在与日本、韩国、印度、印尼、澳大利亚等二十国集团成员以及其他有关国家进行区域全面经济伙伴关系协定（RCEP）谈判。[3]

---

[1] 1969年，国际货币基金组织开始发行特别提款权［Special Drawing Right, SDR］。它是国际货币基金组织根据会员认缴的份额分配的，可用于偿还国际货币基金组织债务、弥补会员政府之间国际收支逆差的一种账面资产。2016年10月1日起，特别提款权的价值是由美元、欧元、人民币、日元和英镑所构成的一篮子货币的当期汇率确定，五种货币所占权重分别为41.73%、30.93%、10.92%、8.33%和8.09%。

[2] IMF World Economic Outlook Database, https://www.imf.org/en/Publications/WEO/weo-database/2020/October.

[3] 2012年，东盟发起区域全面经济伙伴关系协定（Regional Comprehensive Economic Partnership, RCEP）谈判，其成员包括东盟10国、中国、日本、韩国、印度、澳大利亚和新西兰等16国。2019年11月4日，东盟成员国和澳大利亚、中国、印度、日本、韩国和新西兰在泰国曼谷召开第三次RCEP领导人会议，并在会后发表联合声明称，除印度外的其他15个RCEP成员国已结束全部20个章节的文本谈判以及实质上所有市场准入问题的谈判。

中国积极参与危机救助，在危机期间向国际货币基金组织注资，展现出负责任大国的形象。中国积极履行承诺，接受 FSB 的就执行金融部门标准和 FSB 政策的情况以及政策的有效性，特别是金融部门评估规划（FSAP）的相关建议在成员经济体中的采纳和改进情况进行的国家同行评估。

中国与二十国集团中的巴西、印度、俄罗斯和南非共同创立了金砖国家新开发银行（New Development Bank，简称 NDB），并建立金砖国家应急储备安排。这两项合作机制有助于为发展中国家的发展提供基础设施建设等方面的更有力支持，也为更好地应对国际资本流动风险和金融冲击提供一种安全机制。这既是金砖国家在金融领域取得的又一重大合作成果，也是对全球现有金融体系的有益补充。

第二节 中国与二十国集团的发展

自二十国集团成立以来，中国一直积极参与历届会议的磋商。在二十国集团的会议机制升级为领导人峰会后，中国国家主席出席峰会，并就全球性问题提出中国主张。特别是，中国成功举办了 2016 年二十国集团杭州峰会，展现了中国参与和引领国际经济治理的能力，受到国际社会的广泛赞誉。

一 积极推动二十国集团财长和央行行长会议阶段的合作

作为二十国集团的成员，中国参加了二十国集团财长和央行行长会议阶段历年的会议，并主办了 2005 年的第七届二十国集团财长和央行行长会议。

2005 年，第七届二十国集团财长和央行行长会议于 10 月 15 日至 16 日在中国河北省香河召开。来自二十国集团成员的财长、央行行长以及世界银行行长、国际货币基金组织总裁、担任本届发展委员会主席的哥伦比亚财政部部长、欧洲中央银行行长等 200 余人参加了此次会议。中国财政部部长金人庆和中国人民银行行长周小川作为会议主席联合主持这次会议。此次会议的主题是"加强全球合作：实现世界经济的平衡有序发展",与会财长和央行行长重点讨论了包括布雷顿森林机构改革、发展融资、发展理念创新、老龄化与移民以及当前经济与发展问题等5个议题。会议通过了《二十国集团财长和央行行长会议公报》、《关于布雷顿森林机构改革的联合声明》、《关于全球发展问题的联合声明》及《二十国集团2005年改革议程》四个文件。

具体来讲,在公报中,二十国集团财长和央行行长就国际油价、自由贸易、布雷顿森林体系改革、千年发展目标、人口老龄化、可持续发展、提高税收透明度以及债务公平重组等问题达成共识。在《关于布雷顿森林机构改革的联合声明》中,各成员财长和央行行长重申了布雷顿森林体系的重要性,并强调了国际货币基金组织和世界银行的分工,即国际货币基金组织的主要任务是维护国内和国际宏观经济和金融稳定,加强对全球经济、国际资本市场的监管,加强危机防范和应对;世界银行主要致力于促进全球发展,更好地发挥其为欠发达国家和新兴市场国家提供金融和技术支持的作用。

二十国集团财长和央行行长对布雷顿森林机构的份额改革达成共识,发达经济体成员同新兴市场与发展中经济体成员一致认为要提升新兴市场与发展中经济体的话语权。《关于全球发展问题的联合声明》就动员全球资源促进发展、提高援助有效性和推动贸易促进减贫等问题达成共识。二十国集团财长和央行行长还通过了《二十国集团2005年改革议程》,将《二十国集团持续发展共识》转化为各国具体的政策措施,并且不同国家、不同国情,采取的具体措施也各不相同。

时任国家主席胡锦涛出席开幕式并发表题为《加强全球合作 促进共同发展》的演讲。为加强国际合作,推动世界经济平衡有序发展,胡锦涛提出要尊重发展模式的多样性、要加强各国宏观经济政策的对话和协调、要完善国际经济贸易体制和规则、要帮助发展中国家加快发展等四点主张。

随着中国经济越来越受到国际社会的关注,中国参与国际经济与金融合作也更加积极。二十国集团财长央行行长香河会议取得了很大成功,是中国财经外交的一个新起点。中国从议题设计到引领各方讨论最终达成共识,表现出中国推动国际财金合作的重要作用。

二　积极推动二十国集团框架下的全球经济治理

2008年以来，随着二十国集团机制升级并确立为国际经济合作的首要论坛，二十国集团在全球治理中发挥愈发重要的作用。随着中国在二十国集团中经济地位的提升，中国不仅积极参与二十国集团的合作，而且逐渐在一些重要议题方面起到引领作用。中方提出的政策主张主要在以下方面。

一是国际金融体系改革。中国提出提高发展中国家在国际货币基金组织和世界银行治理的代表性和发言权，推进国际货币体系向更加多元化、合理化的方向发展。例如，中国在2008年二十国集团华盛顿峰会上提出国际金融体系改革的四点主张：一是加强国际金融监管合作，完善国际监管体系；二是推动国际金融组织改革，提高发展中国家在国际金融组织中的代表性和发言权；三是鼓励区域金融合作，充分发挥地区资金救助机制作用；四是改善国际货币体系，稳步推进国际货币体系多元化。[1] 在2009年二十国集团伦敦峰会上，中方提出了关于国际金融体系改革的主张，包括加强金融监管合作，制定监管标准和早期预警机制；增强国际金融机构对发展中国家的救助，拓宽融资渠道；发挥金融稳定论坛更大作用；加强和改善国际货币基金组织对各方特别是主要储备货币发行经济体宏观经济政策的监督，尤其应该加强对货币发行政策的监督；提高发展中国家在国际货币基金组织和世界银行治理的代表性和发言权；以及完善国际货币体系，使之更加多元化、合理化等。[2]

二是促进经济增长和就业。中国提出二十国集团发达成员和发展中成员加强宏观经济政策协调，采取负责任的宏观经济政策。为落实全面增长战略，中国提出创新发展方式，特别是结构改革，推动经济从周期性复苏走向可持续性增长。中国提出抓住新工业革命的机遇，发展数字经济等领

---

[1] 胡锦涛：《通力合作 共度时艰——在金融市场和世界经济峰会上的讲话》，《光明日报》2008年11月16日，第1版。

[2] 胡锦涛：《携手合作 同舟共济——在二十国集团领导人第二次金融峰会上的讲话》，《人民日报》（海外版）2009年4月3日，第2版。

域，挖掘世界经济中长期增长潜力。例如，中国在2009年二十国集团匹兹堡峰会上提出，继续坚定刺激经济增长，加强宏观经济政策协调，发达经济体同新兴市场与发展中经济体都应该采取更加扎实有效的举措促进消费和扩大内需；推进国际金融体系改革，包括完善国际金融机构现行决策程序和机制，推进国际金融监管体系改革，以及加强金融监管合作；推动世界经济平衡发展，包括完善促进平衡发展的国际机制，多元化发展资金投入，降低人为技术转让壁垒，避免形成新的"绿色鸿沟"，允许不同发展阶段的国家选择适合本国国情的方式和节奏进行经济发展方式的转变，给予发展中国家应有的发展空间。[1] 中国在世界经济面临重大风险、市场动荡不定的情况下，提出要坚持在增长中兼顾平衡。确保强劲增长是在强劲、可持续、平衡三个目标中的首要目标，保增长、促稳定应该成为二十国集团领导人峰会的当务之急。应该努力扩大生产、增加就业，为各国经济复苏提供坚实支撑。[2] 中国在2014年布里斯班领导人峰会上提出创新发展方式，要创新发展理念、政策、方式，更加重视增长质量和效益，特别是结构改革，通过宏观经济政策和社会政策的结合，让创造财富的活力竞相迸发，让市场力量充分释放，推动经济从周期性复苏走向可持续性增长。[3]

三是推动二十国集团向长效治理转型。随着世界经济逐渐从国际金融危机中复苏，二十国集团面临着从危机应对机制向长效治理的转型。为此，中国对二十国集团如何促进世界经济进入强劲、可持续和平衡增长的新阶段积极提出政策主张。例如，在2010年多伦多二十国集团领导人峰会上提出三点有推动性的建议：一是推动二十国集团从应对国际金融危机的有效机制转向促进国际经济合作的主要平台；二是加快建立公平、公

---

[1] 胡锦涛：《全力促进增长 推动平衡发展——在二十国集团领导人第三次金融峰会上的讲话》，《光明日报》2009年9月26日，第1版。

[2] 胡锦涛：《合力推动增长 合作谋求共赢——在二十国集团领导人第六次峰会上的讲话》，《人民日报》（海外版）2011年11月4日，第4版。

[3] 习近平：《推动创新发展 实现联动增长——在二十国集团领导人第九次峰会第一阶段会议上的发言》，《人民日报》2014年11月16日，第2版。

正、包容、有序的国际金融新秩序；三是促进建设开放自由的全球贸易体制。① 这反映了中国更加成熟、负责任地出现在国际舞台，越来越成为国际经济事务的重要角色。在 2010 年首尔二十国集团领导人峰会上，中国提出完善框架机制，推动合作发展；倡导开放贸易，推动协调发展；完善金融体系，推动稳定发展；缩小发展差距，推动平衡发展等四点建议。②

四是构建开放型世界经济。面对经济逐渐复苏，但是保护主义抬头的形势，中国提出共同维护和发展开放型世界经济。例如，中国在 2013 年二十国集团领导人圣彼得堡峰会强调，各国要放眼长远，要努力塑造各国发展创新、增长联动、利益融合的世界经济，坚定维护和发展开放型世界经济，建设更加紧密的经济伙伴关系，肩负起应有的责任，并提出三点建议：第一，采取负责任的宏观经济政策；第二，共同维护和发展开放型世界经济；第三，完善全球经济治理，使之更加公平公正。③ 中国提出，建设开放型世界经济，需要坚持自由贸易，维护多边贸易体制，继续反对贸易和投资保护主义，推动多哈回合谈判和推动开放、包容、透明、非歧视的自由贸易协定。④

五是发展问题。中国提出为实现强劲、可持续、平衡的增长，必须坚持包容性增长，实现包容和联动式发展。中国强调要关注和尽量减少危机对发展中国家特别是最不发达国家造成的损害。要切实帮助发展中国家保持金融稳定和经济增长，切实保持和增加对发展中国家的援助，切实保持发展中国家经济金融稳定。⑤ 中国认为应重视有关国家应对国际金融危机的政策措施对发展中国家的外溢效应；增强国际金融机构推动发展和促进

---

① 胡锦涛：《同心协力 共创未来——在二十国集团领导人第四次峰会上的讲话》，《光明日报》2010 年 6 月 28 日，第 2 版。
② 胡锦涛：《再接再厉 共促发展——在二十国集团领导人第五次峰会上的讲话》，《光明日报》2010 年 11 月 13 日，第 2 版。
③ 习近平：《共同维护和发展开放型世界经济——在二十国集团领导人峰会第一阶段会议上关于世界经济形势的发言》，《人民日报》2013 年 9 月 6 日，第 2 版。
④ 习近平：《推动创新发展 实现联动增长——在二十国集团领导人第九次峰会第一阶段会议上的发言》，《人民日报》2014 年 11 月 16 日，第 2 版。
⑤ 胡锦涛：《通力合作 共度时艰——在金融市场和世界经济峰会上的讲话》，《光明日报》2008 年 11 月 16 日，第 1 版。

第七章　中国在二十国集团中的地位与作用

减贫作用；加大对发展中国家开展对外贸易的支持，在粮食安全、基础设施等发展问题上加大投入；倡导可持续发展，支持各方自主选择符合本国国情的可持续发展道路；避免产生新的绿色贸易壁垒；支持联合国在可持续发展领域的主渠道地位。① 在联合国发展峰会正式通过《2030 年可持续发展议程》后的一届峰会上，中国提出消除贫困和饥饿，实现公平、开放、全面、创新发展；呼吁二十国集团在落实 2030 年可持续发展议程方面先行一步，作出表率。② 中国主张本着杭州峰会确定的包容增长理念，处理好公平和效率、资本和劳动、技术和就业的矛盾，提出二十国集团应该更加重视在教育培训、就业创业、分配机制上交流合作，以促进经济全球化健康发展。③ 中国主张落实好《2030 年可持续发展议程》，维护发展中国家发展利益和空间，继续支持非洲新工业化进程。④

六是完善全球治理。二十国集团作为全球经济治理重要平台，需要在新形势下发挥更加积极作用。为此，中国提出坚持建设开放型世界经济，发掘新增长动力，使世界经济增长更加包容，完善全球经济治理，推动联动增长，促进共同繁荣，向着构建人类命运共同体的目标迈进。⑤ 中国就二十国集团引领世界经济沿着正确轨道向前发展提出以下四点主张：第一，坚持开放合作，维护多边贸易体制；第二，坚持伙伴精神，加强宏观政策协调；第三，坚持创新引领，挖掘经济增长动力；第四，坚持普惠共赢，促进全球包容发展。⑥ 中国认为，为建设高质量世界经济，一要坚持

---

① 胡锦涛：《稳中求进　共促发展——在二十国集团领导人第七次峰会上的讲话》，《人民日报》（海外版）2012 年 6 月 20 日，第 4 版。
② 习近平：《创新增长路径　共享发展成果——在二十国集团领导人第十次峰会第一阶段会议上关于世界经济形势的发言》，《人民日报》2015 年 11 月 16 日，第 2 版。
③ 习近平：《坚持开放包容　推动联动增长——在二十国集团领导人汉堡峰会上关于世界经济形势的讲话》，《人民日报》2017 年 7 月 8 日，第 2 版。
④ 习近平：《登高望远，牢牢把握世界经济正确方向——在二十国集团领导人峰会第一阶段会议上的发言》，《人民日报》2018 年 12 月 1 日，第 2 版。
⑤ 习近平：《坚持开放包容　推动联动增长——在二十国集团领导人汉堡峰会上关于世界经济形势的讲话》《人民日报》2017 年 7 月 8 日，第 2 版。
⑥ 习近平：《登高望远，牢牢把握世界经济正确方向——在二十国集团领导人峰会第一阶段会议上的发言》，《人民日报》2018 年 12 月 1 日，第 2 版。

改革创新，挖掘增长动力，实现高质量发展；二要坚持与时俱进，完善全球治理，推进国际金融体系改革；三要坚持迎难而上，破解发展瓶颈，让更多国家和地区从经济全球化中获益；四要坚持伙伴精神，妥善处理分歧，通过平等协商扩大共识。①

此外，为应对危机，中国支持并积极参与国际货币基金组织、世界银行等国际金融机构的增资计划。例如，2012年二十国集团洛斯卡沃斯会议上，中国支持并决定参与国际货币基金组织增资，数额为430亿美元，表现出中国负责任大国的良好形象。

第三节 中国与二十国集团杭州峰会

2016年的二十国集团领导人杭州峰会面临国际金融危机以来形势最为复杂、面临的挑战最为多元的局面，各方对中国主办二十国集团峰会也给予很高的期待。杭州峰会以"构建创新、活力、联动、包容的世界经济"为主题，二十国集团成员、8个嘉宾国领导人以及7个国际组织负责人与会。峰会发表了《二十国集团领导人杭州峰会公报》和28份具体成果文件，在深度和广度上都取得了重大突破，在二十国集团历史上具有里程碑意义，产生了重大和深远国际影响。

一 中国与杭州峰会的议题设计

二十国集团杭州峰会以"构建创新、活力、联动、包容的世界经济"为主题，围绕"创新增长方式""更高效的全球经济金融治理""强劲的国际贸易和投资""包容和联动式发展"等重点议题展开讨论。议题设计旨在聚焦世界经济面临的主要挑战和深层次问题，既面向当前，也着眼长远，为促进世界经济增长、推进国际经济合作和加强全球经济治理开创新愿景，提供新动力，让世界经济从杭州再出发。中方议

---

① 习近平：《携手共进，合力打造高质量世界经济——在二十国集团领导人峰会上关于世界经济形势和贸易问题的发言》，《人民日报》2019年6月29日，第2版。

题设计有力凝聚了各方共识，有助于推进务实合作，为峰会的成功举办奠定了基础。

（一）创新增长方式

从历史上看，科学、技术和创新在历次产业革命中起着先导和基础性作用。进入二十一世纪以来，发达经济体同新兴市场与发展中经济体都高度重视科学、技术和创新。2008年金融危机将世界经济带入低速增长的泥潭，为了经济复苏和增长，各国都在积极寻找重现经济活力的"药方"，科技创新无疑成为新一轮经济增长的动力来源。中国作为二十国集团主席国适时提出"创新增长方式"，其重点是要打破世界经济增长的结构性瓶颈，抓住新工业革命、数字经济带来的新机遇，着重提高供给侧生产要素的活力，促进技术进步，改变增长模式，从根本上解决增长动力不足的问题，提高世界经济的增长潜力。为实现创新增长方式，杭州峰会重点推进各国共同制定创新发展的行动计划和合作方案，使得各国在科学技术、发展理念、体制机制、商业模式等领域实现全方位的创新合作。

（二）更高效的全球经济金融治理

2008年国际金融危机爆发后，由主要发达经济体同新兴市场与发展中经济体组成的二十国集团从财长和央行行长会议升级为领导人峰会，并取代七国集团成为全球经济治理的主要平台。新兴市场与发展中经济体话语权上升，是全球经济治理改革的重要标志。此后历届峰会，全球经济金融治理改革一直是焦点话题。目前，二十国集团正从国际金融危机应对机制向全球经济治理长效机制转变，其在全球经济治理中的主导地位更加牢固。杭州峰会将"更高效的全球经济金融治理"作为峰会主要议题之一，有助于推动全球经济治理完善，不断增强二十国集团的代表性，提高有效性，让世界共享治理成果。杭州峰会推动把更多的国家和议题纳入全球治理框架，使得本次峰会在组成上更具代表性和包容性，促使更多国家支持二十国集团国际经济金融治理方案。同时，杭州峰会着力加强结构性改革顶层设计，继续推动国际金融机构和国际货币体系改革，加强国际税收合作，形成更加高效的全球经济金融治理。

(三) 强劲的国际贸易和投资

随着国际金融危机逐渐消退，二十国集团的重点正在转向世界经济长期治理。在这一过程中，贸易投资的重要性日趋凸显。全球贸易增长出现了疲弱迹象，贸易保护主义有所抬头，不仅不利于世界经济复苏，而且给世界经济转型和持续发展带来实质性损害。二十国集团历次峰会都反复强调反对贸易和投资保护主义，促进贸易和投资增长。中方一直认为越是在困境中，各国越要同舟共济、共克时艰。为此，中国在担任二十国集团主席国之后，提出"强劲的国际贸易和投资"重要议题，继续大力主张反对贸易保护主义，维护世界自由贸易体制，力促各方有效运用世界贸易组织等多双边机制增进了解、扩大共识，以增强全球贸易增长动力，实现强劲、可持续和平衡的发展。

(四) 包容和联动式发展

二十国集团杭州峰会最突出的特征和成就之一是将发展议题置于峰会议题的核心位置，以发展议程为世界经济复苏和增长开辟新的路径，为世界经济增长和全球发展提供新的动能。强调经济发展包容性原则的宗旨在于"解决经济发展中的不平等现象，不让任何国家、任何人掉队"。包容性发展有助于提高发展中国家的发言权，提高和增加发展中国家在国际货币基金组织等全球性经济治理机构的地位及其份额，使之客观反映发展中国家的地位和作用，以期推动全球治理秩序向着更加公平合理的方向发展。2008年金融危机的爆发和艰难的复苏过程说明，在全球化的今天，世界经济荣损与共的联动性愈发凸显。联动式发展提倡合作共赢，协调政策，形成合力，在世界经济的合作中发挥发达经济体与发展中经济体各自优势，共同创造和分享经济发展成果。

二 中国与杭州峰会的成果

二十国集团杭州峰会是2008年首次峰会以来又一个高峰。作为东道主，中国在杭州峰会成果推进上体现了重要引领作用，倡导、提出国际经济合作的理念和倡议，也促进了许多成果的达成。杭州峰会发表了《二十国集团领导人杭州峰会公报》和28份具体成果文件，这些成果主要体现在以下几方面。

（一）为世界经济指明方向，规划路径

受国际金融危机和欧债危机的持续影响，世界经济增长仍然乏力，二十国集团各成员增长动力不足等问题始终未能解决，并且世界经济依然面临着国际和地区热点问题以及全球性挑战。为此，二十国集团杭州峰会推动各国加强宏观政策沟通和协调，统筹兼顾财政、货币、结构性改革政策，扩大全球总需求，全面提高供给质量，强化经济增长的基础。杭州峰会就推动世界经济增长达成了杭州共识，通过了《二十国集团领导人杭州峰会公报》，进一步明确了二十国集团合作的方向、目标和举措，推动构建创新、活力、联动、包容的世界经济。

（二）创新增长方式，为世界经济注入新动力

创新是促进增长的关键，创新增长方式是摆脱危机的必然选择。二十国集团杭州峰会一致通过了《二十国集团创新增长蓝图》，是二十国集团首次围绕创新采取行动。创新增长蓝图紧紧抓住创新、新工业革命、数字经济等新要素、新业态带来的机遇，从供给侧发力，释放增长动力，实现新旧动能转换。它的达成使二十国集团成员形成理念共识，共同制定行动计划并确立保障机制，有助于全面提升世界经济中长期增长潜力。杭州峰会还通过了《二十国集团创新行动计划》、《二十国集团新工业革命行动计划》和《二十国集团数字经济发展与合作倡议》三个文件。各方还制定了结构性改革共同文件，强调要通过结构性改革提高世界经济中长期增长潜力。这些成果在二十国集团历史上都是首创之举，有望使全球经济增长重现活力。

（三）完善全球经济金融治理，提高世界经济抗风险能力

二十国集团已在引领和推动国际经济合作方面发挥着举足轻重的影响，杭州峰会继续推动全球经济金融治理的进一步完善。杭州峰会重启了国际金融架构工作组，推动提高国际金融架构的稳定性和韧性；创建了绿色金融研究小组，在二十国集团议程中首次引入绿色金融议题；推动建立开放和稳健的金融体系，建立宏观审慎政策框架和发展普惠金融。杭州峰会还深化国际税收合作以促进全球投资和增长；就能源可及性、可再生和能效问题共同制定行动计划，并就深化反腐败合作达成多项共识。中国作

为主席国还积极推动二十国集团与国际组织的合作，加强发达经济体同新兴市场与发展中经济体的政策沟通和协调，扩大二十国集团参与全球经济治理的空间。

（四）重振国际贸易和投资这两大引擎的作用，构建开放型世界经济

杭州峰会推动了二十国集团贸易投资政策合作机制化，具有里程碑意义。中国推动了二十国集团贸易投资工作组的创立，二十国集团批准了《二十国集团贸易投资工作组工作职责》，确立了二十国集团贸易投资工作组的合作范围和议事程序，实现了二十国集团贸易投资政策合作机制化。杭州峰会制定了两份具有历史意义的文件，一份是《二十国集团全球贸易增长战略》，致力于包容协调的全球价值链发展，支持多边贸易体制，反对保护主义，扭转全球贸易疲软态势；另一份是《二十国集团全球投资指导原则》，为各国国内投资政策和对外投资协定提供了指导，加强了多边投资政策协调。

（五）推动包容和联动式发展，让二十国集团合作成果惠及全球

作为二十国集团杭州峰会主席国，中国第一次把发展问题置于全球宏观政策框架的突出位置，第一次制定落实联合国2030年可持续发展议程行动计划，第一次采取集体行动支持非洲和最不发达国家工业化。杭州峰会在发展议题的三个"第一次"是对包容联动发展的最好诠释，向世界释放了中国的一个重要理念：二十国集团不仅属于二十国，也属于全世界，特别是广大发展中国家和人民，这也反映了广大发展中国家的普遍愿望。杭州峰会在发展领域的成果将为推动全球发展不平等、不平衡问题的解决，消除贫困，实现共同发展，为实现2030年可持续发展目标做出重要贡献。

三　中国与杭州峰会的影响

在二十国集团领导人杭州峰会系列活动中，中国作为主席国向世界贡献了全球治理的中国理念和中国智慧，杭州峰会取得的成果也为世界带来重大和深远的影响。

第七章　中国在二十国集团中的地位与作用

（一）杭州峰会赋予二十国集团机制新功能

二十国集团机制成立以来，世界经济形势发生了巨大的变化，新的问题和挑战不断涌现。为了适应世界经济需要，二十国集团迎来功能转型的关键时期。关于二十国集团机制新的功能定位，习近平主席在二十国集团领导人杭州峰会开幕式上明确指出，建设好二十国集团目的在于为世界经济繁荣稳定把握好大方向。为此，杭州峰会深刻把握错综复杂的世界经济新形势和世界各国新的诉求，将发展问题放在会议议题的突出位置，推动二十国集团从危机应对向长效治理机制转型，并使二十国集团成为实实在在的行动者。杭州峰会的成果不仅数量创历届峰会之最，而且在可持续发展、绿色金融、提高能效、反腐败等诸多领域制定了行动计划。峰会达成的多项成果都旨在促进全球经济的长效治理，并由此推动了二十国集团机制功能的成功转型。

（二）杭州峰会展现了中国全球经济治理理念

杭州峰会对于推进全球经济治理、提升我国制度性权力是一个重要的里程碑。习近平主席在二十国集团工商峰会开幕式上发表题为《中国发展新起点 全球增长新蓝图》的主旨演讲，首次全面阐述了中国的全球经济治理观。习近平主席提出，全球经济治理特别要抓住以下重点：共同构建公正高效的全球金融治理格局，维护世界经济稳定大局；共同构建开放透明的全球贸易和投资治理格局，巩固多边贸易体制，释放全球经贸投资合作潜力；共同构建绿色低碳的全球能源治理格局，推动全球绿色发展合作；共同构建包容联动的全球发展治理格局，以落实联合国2030年可持续发展议程为目标，共同增进全人类福祉。[1]

习近平主席在二十国集团峰会上阐述中方的全球经济治理观，体现了中国在更大范围、更深层次、更高水平参与全球经济治理，同时为全球经济治理贡献中国理念和中国智慧。在全球化遭遇逆风，世界经济增长依然没有完全摆脱乏力的背景下，中国作为主席国坚持倡导平等、开放、合

---

[1] 习近平：《中国发展新起点 全球增长新蓝图——在二十国集团工商峰会开幕式上的主旨演讲》，《人民日报》2016年9月4日，第3版。

作、共享的全球经济治理观，为完善二十国集团全球经济治理核心平台的作用指明了方向。

（三）杭州峰会展现中国的全球经济治理新角色

在中国的推动下，杭州峰会最大限度地汇聚各方力量、凝聚各方共识并形成共同行动，中国的创新、协调、绿色、开放、共享发展理念深度融入会议议题和成果。杭州峰会有效推动了二十国集团从短期政策向中长期政策转型、从危机应对向长效治理机制转型，推动了二十国集团机制巩固和发展，推动全球经济、金融、贸易投资治理的完善取得新的进展。杭州峰会推动各方在构建开放型世界经济、反对保护主义、重振全球贸易投资上达成重要共识，对全球经济治理向着合作共赢的方向发展起到积极作用。发展议题成为杭州峰会的一面旗帜，推动了共同发展、共享繁荣的理念贯穿于二十国集团发展与合作中。杭州峰会能够取得如此丰富而有成效的成果，从一个侧面反映出中国逐步成长为全球经济治理行动的引领者。在新的历史起点，中国将继续用实际行动保持经济中高速增长，继续在实现自身发展的同时为世界带来更多发展机遇。

总之，杭州峰会用务实行动使二十国集团在新的形势下焕发出新的活力，并强化了二十国集团在全球经济治理和国际经济合作中的地位与作用。无论从世界、二十国集团成员还是中国的视角来看，本次杭州峰会都将成为二十国集团机制发展的里程碑，并为世界各国推动经济增长、应对危机挑战和实现共同发展奠定坚实的行动基础。

附录（一）
二十国集团领导人杭州峰会公报

序言

1. 我们，二十国集团领导人，于2016年9月4日至5日在中国杭州相聚。

2. 我们相聚在全球经济继续复苏、部分经济体抗风险能力加强、增长新动能开始出现的时刻。但经济增长仍弱于预期。金融市场潜在动荡、大宗商品价格波动、贸易和投资低迷、一些国家生产力及就业增长缓慢等下行风险犹存。地缘政治走向、难民增加以及恐怖主义冲突等挑战导致全球经济前景复杂化。

3. 我们相聚在世界经济版图持续变化和全球增长动力大转型的重要时刻。这一转变带来挑战和不确定性，同时也蕴含机遇。值此时刻，我们所作出的决定事关能否有效应对当今世界诸多挑战，也关乎如何塑造世界经济未来。

4. 我们坚信，二十国集团建立更紧密伙伴关系，携手行动，将为世界经济增长传递信心，提供动力，增进合作，促进普遍繁荣，造福各国人民。

5. 我们决心构建创新、活力、联动、包容的世界经济，并结合2030年可持续发展议程、亚的斯亚贝巴行动议程和《巴黎协定》，开创全球经济增长和可持续发展的新时代。

6. 为此，二十国集团作为国际经济合作主要论坛，同意根据以下原则，就推动世界经济强劲、可持续、平衡和包容增长的一揽子政策和措施形成"杭州共识"：

——放眼长远。我们将完善二十国集团增长议程，发掘增长新动力，开辟新增长点，以创新和可持续的方式推动经济转型，更好地维护当代和子孙后代共同利益。

——综合施策。我们将创新经济增长理念和政策，财政、货币和结构性改革政策相互配合，经济、劳动、就业和社会政策保持一致，需求管理和供给侧改革并重，短期政策与中长期政策结合，经济社会发展与环境保护共进。

——扩大开放。我们将继续努力建设开放型世界经济，反对保护主义，促进全球贸易和投资，加强多边贸易体制，确保全球化背景下的经济增长提供惠及更多人的机遇、得到公众普遍支持。

——包容发展。我们将确保经济增长的成果普惠共享，满足各国和全体人民尤其是妇女、青年和弱势群体的需要，创造更多高质量就业，消除贫困，解决经济发展中的不平等现象，不让任何国家、任何人掉队。

加强政策协调

7. 实现经济增长，必须加强政策设计和协调。我们决心将各自以及共同使用所有政策工具，包括货币、财政和结构性改革政策，以实现我们强劲、可持续、平衡和包容性增长的目标。货币政策将继续支持经济活动，保持价格稳定，与中央银行的职责保持一致，但仅靠货币政策不能实现平衡增长。在强调结构性改革发挥关键作用的同时，我们还强调财政战略对于促进实现共同增长目标同样重要。我们正在灵活实施财政政策，并实施更为增长友好型的税收政策和公共支出，包括优先支持高质量投资，同时增强经济韧性并确保债务占国内生产总值的比重保持在可持续水平。此外，我们将继续研究二十国集团在必要时可采取的适合各国国情的政策措施，以支持增长和应对潜在风险，包括应对资产负债表的脆弱性。我们重申，汇率的过度波动和无序调整会影响经济金融稳定。我们的有关部门将就外汇市场密切讨论沟通。我们重申此前的汇率承诺，包括将避免竞争性贬值和不以竞争性目的来盯住汇率。我们将仔细制定、清晰沟通我们在宏观经济和结构性改革方面的政策措施，以减少政策的不确定性，将负面溢出效应降至最低，并增加透明度。

8. 我们在落实增长战略方面取得了新进展，但仍有大量工作需要推进。迅速和全面落实增长战略对于支持经济增长和实现布里斯班峰会制定的共同增长雄心仍然十分关键，我们正在明确落实增长战略措施的优先顺序。为此，我们制订了《杭州行动计划》并更新增长战略，包括新的和调整的宏观经济及结构性政策措施，发挥二者相互支持以共同促进增长的作用。我们还将致力于减少过度失衡，并在追求经济增长的过程中提升包容性和减少不平等。

创新增长方式

9. 实现有活力的增长并创造更多就业，必须挖掘增长新动力。我们重申提振全球需求以支持短期增长的重要性，同时认为必须消除供给侧制约，以持续提升劳动生产率，拓展生产的边界，释放中长期增长潜力。

10. 我们认识到，无论对各国而言，还是对全球而言，创新都是经济长期增长的重要动力之一。我们致力于以创新为重要抓手，挖掘各国和世界经济增长新引擎，以解决近期疲弱增长的根本原因。这将有利于创造新的、更好的就业，建设更清洁的环境，提高生产率，应对全球性挑战，改善人民生活水平，构建活力、合作和包容的创新生态系统。我们据此核准《二十国集团创新增长蓝图》。该《蓝图》包含创新、新工业革命和数字经济等领域的政策和措施。在此方面，我们还确认结构性改革的重要性。我们将以"发挥引领作用、秉持伙伴关系、保持开放精神、体现包容风格、践行创意理念、发挥协同效应、展现灵活态度"为愿景，根据《蓝图》的建议和本国国情采取行动。

11. 我们承诺采取跨领域行动，加强多层面伙伴关系，支持发展中国家能力建设，改进技能和人力资本。我们将设立一个专题工作组。该工作组将在经合组织和其他相关国际组织支持下，进一步推动二十国集团创新、新工业革命和数字经济议程，确保相关工作与现有成果的延续性和一致性，与二十国集团其他工作机制形成合力，并符合未来二十国集团主席国的优先工作方向。

12. 为实现创新驱动增长，营造创新生态系统，我们支持就以科技创新为核心、涵盖广泛领域的创新议题开展对话和合作。我们制定《2016

年二十国集团创新行动计划》，承诺采取促进创新的战略和政策，支持科技创新投资，支持科技创新技能培训（包括为更多妇女进入上述领域提供支持），促进科技创新人才流动。我们支持根据彼此同意的条件促进自愿的知识分享和技术转让。本着这一方式，我们支持采取适当措施促进开放科学，推动在可找寻、可访问、可交互、可再用的原则下，提高获取公共财政资助的研究成果的便利性。为推进上述立场，我们强调开放的贸易和投资机制在通过保护知识产权促进创新以及在科技方面改善与公众沟通的重要性。我们同意在现有的创新政策平台框架内，建立二十国集团创新政策实践在线交流社区，发布2016年二十国集团创新报告，并通过这些措施加强知识和经验交流。

13. 为抓住新工业革命为工业特别是制造业和相关服务业带来的机遇，我们制定《二十国集团新工业革命行动计划》。我们致力于按照行动计划做出的承诺，加强新工业革命领域的沟通、协调及相关研究，促进中小企业从新工业革命中获益，应对就业和劳动力技能领域的挑战，鼓励在标准、根据各方加入的多边协议实现知识产权的充分有效保护以及新工业基础设施等领域开展更多合作，并支持工业化发展。我们也支持发展中国家特别是非洲和最不发达国家工业化。我们决心在整个转型过程中支持劳动人口，确保新工业革命惠及所有人，包括妇女、青年和弱势群体。我们呼吁开展合作，使预期的科技和工业转型带来的收益最大化，并减少其负面影响。在所有这些倡议中，二十国集团将考虑发展中国家和发达国家面临的不同机遇和挑战。

14. 为释放数字经济潜力，我们在安塔利亚峰会工作的基础上，制定了《二十国集团数字经济发展与合作倡议》。我们将着眼于为发展数字经济和应对数字鸿沟创造更有利条件，包括更多更好和负担得起的网络准入、促进经济增长及信任和安全的信息流动，同时确保尊重隐私和个人数据保护、促进信息通信技术领域投资、支持创业和数字化转型、加强电子商务合作、提高数字包容性和支持中小微企业发展。为此，我们重申安塔利亚峰会公报第26段，承诺将为构建开放、安全的数字经济发展环境提供政策支持，并认识到充分、有效的知识产权保护和执法在发展数字经济方面的作用。我们欢迎经合组织、国际货币基金组织及其他国家和国际组织在数字经济测度方面所作的努力，认为需要进一步开展相关研究和交流。

15. 我们重申结构性改革对提高二十国集团成员生产率、潜在产出以及促进创新增长的关键作用。我们通过了《二十国集团深化结构性改革议程》，同时注意到结构性改革的选择和设计应符合各成员经济情况。我们核准该议程确定的9个改革优先领域及一系列指导原则。这些将为各成员提供有用的高级别指导，同时允许各国照顾到本国具体国情。我们也支持由一套指标体系组成并将继续逐步完善的量化框架，以帮助监测和评估我们在结构性改革方面所作的努力、取得的进展和面临的挑战。我们正制定一个覆盖短期、中期和长期措施的整合的增长战略。我们将确保"深化结构性改革议程"和"创新增长蓝图"中的相关要素得到清楚阐释。

建设更高效的全球经济金融治理

16. 实现抗风险的增长，必须建设有效的全球经济金融治理架构。我们将继续在此方面作出努力。

17. 我们核准了《二十国集团迈向更稳定、更有韧性的国际金融架构的议程》。我们将继续改善关于资本流动的分析、监测和对资本流动过度波动带来风险的管理。我们期待国际货币基金组织在年底前完成关于应对资本流动的国别经验和新问题的审议。我们注意到正在进行的对经合组织资本流动通则的审议工作。我们支持进一步加强以强劲的、以份额为基础的、资源充足的国际货币基金组织为核心的全球金融安全网，提高国际货币基金组织贷款工具的有效性、并在尊重各自职责的基础上进一步加强国际货币基金组织与区域金融安全网之间的有效合作。为此，我们欢迎国际货币基金组织与清迈倡议多边化将要进行的联合演练。本着保持国际货币基金组织现有贷款能力的目标，我们支持延续成员与国际货币基金组织的双边和多边借款协议，并呼吁国际货币基金组织成员国广泛参与，包括通过签订新的协议。我们欢迎国际货币基金组织2010年份额和治理改革的落实并致力于在2017年年会前完成第15次份额总检查，包括形成新的份额公式。我们重申，份额调整应提高有活力经济体的份额占比，以反映其

在世界经济中的相对地位,因此可能的结果是新兴市场和发展中国家的份额占比整体提高。我们承诺保护最贫困国家的发言权及代表性。我们支持世界银行按照达成一致的路线图、时间表及原则实施股份审议,目标是逐渐实现平等投票权。我们强调促进有效且可持续的融资实践的重要性,并将继续改善债务重组进程。我们支持将加强的合同条款纳入主权债券中的持续努力。我们支持巴黎俱乐部作为主要的国际官方双边债务重组平台,讨论一系列主权债问题,并持续吸纳更多新兴债权国。我们欢迎韩国加入巴黎俱乐部以及巴西做出加入巴黎俱乐部的决定。我们欢迎中国继续常态性参加巴黎俱乐部会议,以及中方发挥更具建设性作用的意愿,包括进一步讨论潜在的成员身份问题。根据国际货币基金组织的决定,我们欢迎人民币于10月1日被纳入特别提款权货币篮子。我们支持正在进行的在扩大特别提款权使用方面的研究,如更广泛地发布以特别提款权为报告货币的财务和统计数据,以及发行特别提款权计价债券,从而增强韧性。在此方面,我们注意到世界银行近期在中国银行间市场发行了特别提款权债券。我们欢迎国际组织进一步开展工作以支持本币债券市场的发展,包括加强对低收入国家的支持。

18. 构建一个开放且具有抗风险能力的金融体系对支持可持续增长和发展至关重要。为此,我们继续承诺完成监管框架中剩余的核心工作,以及及时、全面和一致地落实已议定的金融部门改革议程,包括巴塞尔协议Ⅲ和总损失吸收能力标准,以及有效的跨境处置机制。我们重申支持巴塞尔银行监管委员会在2016年底前完成巴塞尔协议Ⅲ框架,在推动公平竞争的环境的同时,避免进一步大幅度提高整个银行业的总体资本金要求。我们欢迎金融稳定理事会关于金融监管改革执行与效果的第二份年报,并将继续加强监测改革落实情况及其效果,以确保其符合我们的总体目标,包括应对任何未预见到的重大后果。我们将继续应对保险业系统性风险的问题。我们欢迎针对国际活跃保险机构制定保险资本标准的工作。我们致力于充分且及时地落实已议定的场外衍生品改革,我们将消除向交易库报告场外衍生品交易以及当局合理获得数据所面临的法律和监管障碍。我们鼓励成员消除在实施《金融市场基础设施原则》方面的差距,欢迎支付与市场基础设施委员会、国际证监会组织和金融稳定理事会关于加强中央对手抗风险能力、恢复计划和可处置性的报告。鉴于有效的宏观审慎政策在限制系统性风险方面发挥着重要作用，我们欢迎国际货币基金组织、金融稳定理事会和国际清算银行联合进行的总结宏观审慎框架和工具国际经验的工作，以帮助促进实施有效的宏观审慎政策。我们欢迎金融稳定理事会就应对资产管理业务结构脆弱性的政策建议征求意见。我们将继续密切监测并在必要时应对金融体系中的新风险和脆弱性，包括与影子银行、资产管理和其他市场化融资有关的风险。我们将继续通过由金融稳定理事会协调的四项行动计划应对代理行业务减少问题，以支持侨汇、普惠金融、贸易和开放。我们期待进一步合理明确监管预期的相关工作，包括10月份金融行动特别工作组将审议代理行指引。我们呼吁二十国集团成员、国际货币基金组织和世界银行加大对各国能力建设的支持力度，从而帮助其改善全球反洗钱和反恐融资以及审慎标准的合规工作。我们核准二十国集团数字普惠金融高级原则、二十国集团普惠金融指标体系升级版以及二十国集团中小企业融资行动计划落实框架。我们鼓励各国在制定更广泛的普惠金融计划时考虑这些原则，特别是在数字普惠金融领域，并采取切实行动加快工作进度，让金融服务惠及所有人。

19. 我们将继续支持国际税收合作以建立一个全球公平和现代化的国际税收体系并促进增长，包括推进正开展的税基侵蚀和利润转移合作、税收情报交换、发展中国家税收能力建设和税收政策等，以促进增长，提高税收确定性。我们欢迎建立二十国集团/经合组织税基侵蚀和利润转移包容性框架，以及在日本京都召开的第一次会议，支持及时、持续、广泛落实税基侵蚀和利润转移一揽子项目，并呼吁所有感兴趣但尚未就税基侵蚀和利润转移项目作出承诺的国家和税收辖区作出承诺，并平等参与该框架。我们也欢迎在有效和广泛落实国际公认的税收透明度标准方面取得的进展，呼吁所有尚未承诺采纳税收情报自动交换标准的相关国家，包括所有金融中心和辖区，尽快作出承诺，最迟在2018年前实施自动情报交换标准，签署并批准多边税收征管互助公约。我们核可经合组织与二十国集团成员共同提出的关于识别在税收透明度方面不合作辖区的客观标准建

议。我们要求在2017年6月前向我们报告各辖区在税收透明度上取得的进展，以及税收透明度与情报交换全球论坛将如何管理国别审议进程，应对各国提出的补充审议要求，以便经合组织在2017年7月二十国集团领导人峰会前准备一份尚未在落实国际税收透明度标准上取得满意进展的辖区名单。对列入名单的辖区将考虑制定防御性措施。我们鼓励各国和国际组织帮助发展中国家进行税收能力建设，并对国际货币基金组织、经合组织、联合国和世界银行共同成立的新的税收合作平台表示认可。我们支持亚的斯税收倡议的原则。我们认识到非法资金流动对各国经济都会产生巨大负面影响，并将继续推进二十国集团在这方面的工作。我们强调税收政策工具在开展供给侧结构性改革、促进创新驱动和包容性增长方面的有效性，以及税收确定性对于促进投资和贸易的益处，并要求经合组织和国际货币基金组织继续就促进增长的税收政策和税收确定性开展工作。为此，中方愿作出自身贡献，成立一个旨在开展国际税收政策设计和研究的国际税收政策研究中心。

20. 金融透明度和所有国家对透明度标准的有效落实，特别是落实法人和法律安排的受益所有权方面的透明度标准，对保护国际金融体系的完整性，防止将这些实体用于腐败、逃税、恐怖主义融资和洗钱活动至关重要。我们要求金融行动特别工作组和全球税收论坛在今年10月二十国集团财长和央行行长会议之前，就如何改进国际透明度标准的实施，包括获取法人和法律安排的受益所有权信息并开展跨国信息交换提出初步建议。

21. 我们认识到，为支持在环境可持续前提下的全球发展，有必要扩大绿色投融资。绿色金融的发展面临许多挑战，包括环境外部性内部化所面临的困难、期限错配、缺乏对绿色的清晰定义、信息不对称和分析能力缺失等，但我们可以与私人部门一起提出许多应对这类挑战的措施。我们欢迎绿色金融研究小组提交的《二十国集团绿色金融综合报告》和由其倡议的自愿可选措施，以增强金融体系动员私人资本开展绿色投资的能力。我们相信可通过以下努力来发展绿色金融：提供清晰的战略性政策信号与框架，推动绿色金融的自愿原则，扩大能力建设的学习网络，支持本地绿色债券市场发展，开展国际合作以推动跨境绿色债券投资，鼓励并推动在环境与金融风险领域的知识共享,改善对绿色金融活动及其影响的评估方法。

22. 腐败和非法资金流动损害公共资源的公平分配,妨碍经济可持续增长,破坏全球金融体系的廉洁与法治。我们决定加强二十国集团反腐败国际合作,同时在此方面充分尊重国际法、人权、法治和各国主权。我们核准《二十国集团反腐败追逃追赃高级原则》,欢迎中国关于在华设立二十国集团反腐败追逃追赃研究中心的倡议,该中心的运行将符合国际规范。我们承诺继续建设二十国集团拒绝腐败分子入境执法合作网络。我们将根据本国法律开展执法部门、反腐败和司法机关的跨境合作和信息分享。我们呼吁二十国集团成员批准《联合国反腐败公约》,欢迎开展第二轮履约审议。我们将致力于有效落实该公约和其他可适用的国际条约中关于引渡、刑事司法协助和资产追回的规定。我们核准《二十国集团2017～2018年反腐败行动计划》,改善公共和私营部门廉洁和透明度,通过行动落实我们在反腐领域零容忍、在内部反腐机制零漏洞和反腐行动上零障碍的立场。我们要求反腐败工作组以更高的关注度和紧迫感,在2016年底前制定对上述行动计划的落实方案,作为下步开展反腐合作的灵活框架。我们欢迎2016年5月伦敦反腐败峰会以及2016年3月经合组织部长级会议取得的成果。

23. 根据《二十国集团能源合作原则》,我们重申致力于构建运转良好、开放、竞争、高效、稳定和透明的能源市场,建设能更好地反映世界能源版图变化、更有效、更包容的全球能源治理架构,塑造一个负担得起、可靠、低温室气体排放和可持续的能源未来,同时利用好能源资源和技术。我们强调,持续投资于能源和更好的地区互联互通项目尤其是可持续能源项目,对确保未来能源安全、防范能源价格飙升影响经济稳定至关重要。我们将同撒哈拉沙漠以南非洲国家和亚太国家一道,提高负担得起、可靠、清洁、可持续、现代化的能源服务的普遍可及性,特别是减少普及电力的障碍。我们鼓励各成员在自身需要和国情基础上显著提高能效,以及调整生活方式以促进节约能源。我们将探索创新合作安排,推动国际能效合作。我们核准二十国集团能源部长发布的能源可及性自愿合作

行动计划、可再生能源自愿行动计划和能效引领计划,要求他们定期会晤以跟踪上述计划的落实情况。

24. 我们重申能源合作对构建更清洁的能源未来和确保可持续能源安全、从而推动经济增长具有重要作用。我们欢迎在6个能效关键领域自愿开展的国际合作取得的进展,其中包括重型卡车及改善其能效,同时考虑《二十国集团能效引领计划》中的有关政策措施并确保符合各国国情。我们重申承诺在中期内规范并逐步取消低效的、鼓励浪费的化石燃料补贴,同时向贫困人群提供支持。我们欢迎二十国集团国家在落实其承诺方面取得的进展并期待未来取得进一步进展。我们特别鼓励二十国集团国家考虑参与自愿同行审议。考虑到天然气是一种低排放的化石燃料,我们将通过加强合作寻求解决方案,以推动在天然气开采、运输和加工方面最大程度减少环境影响。我们强调能源来源和通道多样化的重要性。

促进更强劲的全球贸易和投资

25. 实现强劲增长,必须促进包容、强劲和可持续的贸易和投资增长。我们对全球贸易和投资增长缓慢表示关切,承诺推动贸易投资自由化和便利化,加强开放型世界经济。我们认识到发展中国家通过经济多样性和工业升级以从更加开放的全球市场中受益的重要性。我们核可7月9日至10日在上海成功举办二十国集团贸易部长会议的成果,欢迎设立贸易投资工作组。我们承诺进一步加强二十国集团贸易投资合作。

26. 我们重申在当今全球贸易中维护以世贸组织为核心、以规则为基础、透明、非歧视、开放和包容的多边贸易体制。我们重申承诺开展以发展为核心的"后内罗毕"工作,承诺优先推进多哈回合剩余议题谈判,包括农业谈判的所有三大支柱(市场准入、国内支持、出口竞争)、非农市场准入、服务、发展、与贸易有关的知识产权、规则。我们还注意到一系列议题也许在当前全球经济中符合共同利益并具有重要性,因此可成为世贸组织讨论的合理议题,包括在区域贸易协定和二十国集团工商界提出的问题。我们将增强紧迫感,团结一致,与世贸组织成员一道推动在世贸组织第十一次部长级会议及此后取得积极成果。我们将共同加强世贸组织的作用。

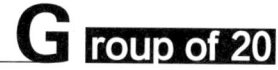

27. 我们承诺在 2016 年底前批准《贸易便利化协定》，呼吁其他世贸组织成员采取同样行动。我们注意到双边和区域贸易协定在贸易自由化和贸易规则发展方面的重要作用，认识到需要确保其同世贸组织规则保持一致。我们承诺致力于确保双边和区域贸易协定对多边贸易体制形成补充，保持开放、透明、包容并与世贸组织规则相一致。与世贸组织规则相一致、广泛参与的诸边贸易协定能对全球自由化倡议发挥重要补充作用。二十国集团《环境产品协定》谈判参与方欢迎世贸组织《环境产品协定》谈判达成的"着陆区"，重申其目标是加倍努力弥合现存分歧，在找到解决参与方核心关切的有效途径后，于 2016 年底前达成一个富于雄心、面向未来的《环境产品协定》，在广泛范围内削减环境产品关税。

28. 我们重申反对任何形式的贸易和投资保护主义。我们将减少及不采取新的贸易保护主义措施的承诺延长至 2018 年底并重申决心实现这一承诺，支持世贸组织、联合国贸发会议和经合组织予以监督。我们强调，必须更有效地与更广大公众沟通贸易和市场开放带来的好处，同时辅以合适的国内政策，确保各方广泛受益。

29. 我们核准《二十国集团全球贸易增长战略》，将据此在降低贸易成本、促进贸易和投资政策协调、推动服务贸易、加强贸易融资、促进电子商务发展，以及处理贸易和发展问题方面作出表率。我们欢迎世贸组织发布全球贸易景气指数，作为指导全球贸易的关键指标。我们核准《二十国集团全球投资指导原则》。该指导原则有助于营造开放、透明和有利的全球投资政策环境。

30. 我们支持采取有关政策，确保企业特别是妇女和青年企业家、女性领导的企业和中小企业，无论规模大小，都能从全球价值链中受益，并鼓励发展中国家，特别是低收入国家在更高水平、更多附加值上参与全球价值链并向高端移动。我们欢迎二十国集团工商峰会对加强数字贸易和其他工作的兴趣，注意到其关于构建全球电子商务平台的倡议。

31. 我们认识到全球经济复苏缓慢和市场需求低迷使得包括一些行业产能过剩在内的结构性问题更加严重，这些问题对贸易和工人产生了负面影响。我们认识到，钢铁和其他行业的产能过剩是一个全球性问题，需要

集体应对。我们也认识到，政府或政府支持的机构提供的补贴和其他类型的支持可能导致市场扭曲并造成全球产能过剩，因此需要予以关注。我们承诺加强沟通与合作，致力于采取有效措施应对上述挑战，以增强市场功能和鼓励调整。为此，我们呼吁通过组建一个关于钢铁产能过剩的全球论坛，加强信息分享与合作。该论坛可由经合组织提供协助，并由二十国集团成员和感兴趣的经合组织成员积极参加。我们期待关于全球论坛所做努力的进展报告于 2017 年向二十国集团相关部长提交。

推动包容和联动式发展

32. 实现强劲、可持续、平衡增长，必须坚持包容性增长。我们承诺将确保经济增长的益处惠及所有人并最大程度释放发展中国家和低收入国家的增长潜力。鉴此，我们将可持续发展作为二十国集团重要议题。

33. 我们承诺将加强可持续发展政策协调，重申将根据自身国情并充分发挥二十国集团比较优势，将自身合作与全球落实 2030 年可持续发展议程、亚的斯亚贝巴发展筹资行动议程结合起来，同时承认联合国在全球落实和审议 2030 年可持续发展议程方面的领导作用。我们将通过在广泛领域大胆变革的集体和自愿的国别行动，为各国落实该发展议程作出表率。我们核准《二十国集团落实 2030 年可持续发展议程行动计划》，其中包含了二十国集团一些高级别原则。我们藉此重申对实现 2030 年议程雄心的承诺。我们注意到亚的斯税收倡议，欢迎成立技术促进机制，再次强调通过扩大技术合作实现可持续发展的重要性。

34. 我们欢迎《二十国集团发展领域承诺落实情况全面系统评估杭州峰会报告》，这反映了二十国集团在 2014 年至 2016 年发展领域取得的进展。

35. 我们发起《二十国集团支持非洲和最不发达国家工业化倡议》，通过自愿政策选项，强化包容增长，提升发展潜力，包括：促进包容和可持续的结构转型；支持可持续农业、农商业和涉农产业发展；深化、扩大、更新本地知识和生产基础；促进在可再生能源和能效在内的可持续和安全能源领域的投资；探索就工业生产力和职业培训开展合作，同时促进

附录（一） 二十国集团领导人杭州峰会公报

在可持续和富有韧性的基础设施和产业的投资；通过符合世贸组织规则的贸易支持工业化；关注妇女和青年，撬动国内和外部资金，支持平等获取资金的机会；将科技和创新作为实现工业化关键手段等。

36. 恶意的贸易错开发票等非法活动导致的跨境资金流动影响各国筹集国内发展资源。我们将继续在此方面开展工作，并欢迎各方在杭州峰会后同世界海关组织就该组织有关研究报告沟通协调。

37. 包容性商业在促进发展方面发挥着重要作用。我们欢迎成立二十国集团全球包容性商业平台及其拟采取的举措，欢迎向杭州峰会提交的二十国集团包容性商业报告。

38. 我们将履行共同承诺，以成功实现国际开发协会第18次增资和非洲开发基金第14次增资。

39. 我们重申促进基础设施投资，坚持数量和质量并重。我们欢迎11个多边开发银行提出的《支持基础设施投资行动的联合愿景声明》，包括在各机构的职责范围内宣布的高质量基础设施项目量化指标，及其为最大限度地提高基础设施项目质量、加强项目储备、增进新老多边开发银行的合作、提升发展中国家基础设施投资的有利环境和动员私人投资所做努力。我们强调，高质量基础设施投资非常重要，其旨在综合考虑生命周期成本、安全性、抗自然灾害的韧性、创造就业机会、能力建设以及根据共同同意的条件转移知识和专业技能的基础上，确保经济效率，同时处理好项目的社会和环境影响，并与经济和发展战略相一致。我们欢迎《多边开发银行对落实二十国集团优化资产负债表行动计划进展报告》，并号召进一步落实该行动计划。我们注意到基础设施互联互通是实现可持续发展和共同繁荣的关键。我们核准今年启动的"全球基础设施互联互通联盟倡议"，以加强基础设施互联互通项目的整体协调与合作。我们要求世界银行作为联盟秘书处，并与全球基础设施中心、经合组织、其他多边开发银行和有兴趣的二十国集团成员一起开展工作支持联盟的活动。我们核准《二十国集团/经合组织关于基础设施和中小企业融资工具多元化政策指南文件》，并欢迎全球基础设施中心完成《政府与社会资本合作风险分担解析报告》，以帮助发展中国家更好地

167

评估基础设施风险。我们支持二十国集团/经合组织公司治理原则和中小企业融资高级原则的有效实施，期待根据金融稳定理事会对公司治理进行的同行审议，对《二十国集团/经合组织公司治理原则》的评估方法进行修订。

40. 创造高质量就业对可持续发展不可或缺，也是二十国集团成员在国内及全球层面的核心议程。我们将确保经济增长、全球化和技术创新的益处普惠共享，创造更多和更好的工作，减少不平等，促进包容的劳动力参与。我们核准二十国集团劳工就业部长会议研提的战略、行动计划和倡议，通过开展有效行动支持创业和就业能力以扩展二十国集团增长和发展议程，其中包括采取措施应对技能需求方面的挑战，支持创业和就业，创造体面工作，确保在全球供应链框架内建设更安全的工作场所，加强社会保障体系。我们核准可持续的工资政策原则。我们认为创业是创造就业机会、推动经济增长的重要动力，将强化《二十国集团创业行动计划》中的政策措施，欢迎中国通过设立二十国集团创业研究中心为此作出贡献。我们核准《二十国集团促进高质量学徒制倡议》，将提高学徒数量、质量、多元化作为优先政策。我们将在2017年进一步完善二十国集团就业计划，以落实上述承诺，并以系统和透明的方式监测落实二十国集团目标特别是促进青年和女性就业目标的进展。我们认为加强就业市场机制和政策能够提高生产力，促进体面就业，以此支持更多和可持续的工资增长，特别是低收入工人工资的增长。我们认为应对劳动移民为劳动力市场带来的机遇和挑战十分重要，因为管理好移民问题能对经济带来潜在益处。

41. 二十国集团将继续优先关注粮食安全、营养、可持续农业增长以及农村发展，为落实2030年可持续发展议程作出重要贡献。我们核准农业部长会议的成果，鼓励农业部长们定期会晤并共同促进可持续农业发展和粮食价值链，包括通过技术、机制和社会创新、贸易和负责任投资等方式维护粮食安全、促进农村发展、消除贫困。我们支持农业科学部门和私营部门就此作出更多努力，欢迎召开第一次农业企业家论坛。我们认识到家庭农场和小农农业对发展的重要作用，欢迎"家庭农场和小农农业良好实践"倡议。该倡议包含一系列对二十国集团成员及其他国家有用的政策、项目和工具。我们欢迎包括全球农业和粮食安全计划在内的有关项目和倡议为促进可持续农业发展作出的贡献。

影响世界经济的其他重大全球性挑战

42. 英国脱欧公投结果为世界经济增加了不确定性。二十国集团成员已充分准备好积极应对脱欧公投可能带来的经济和金融后果。我们希望看到英国未来成为欧盟的紧密伙伴。

43. 我们重申致力于通过可持续发展，以及强力和有效的支持和行动应对气候变化。我们承诺一旦国内程序允许，将尽快完成加入《巴黎协定》的各自国内程序。我们欢迎部分二十国集团成员加入《协定》，以及推动《协定》在2016年底前生效的努力，期待《协定》及时全面落实。我们确认发达国家根据气候变化巴黎大会成果，履行其在《联合国气候变化框架公约》下所做的为发展中国家采取减缓和适应行动提供包括资金在内的实施手段的承诺的重要性。我们重申绿色气候基金提供支持的重要性。我们欢迎二十国集团气候资金研究小组关于"以有效和透明的方式提供和动员气候资金以强化减缓和适应行动"的报告。我们期待在包括《蒙特利尔议定书》和国际民航组织在内的有关多边场合取得成功并富有成果。

44. 二战以来前所未有的世界范围的大规模被迫流离失所，特别是由于暴力冲突导致的迁徙，已引起全球关注。我们继续重申在安塔利亚峰会上的呼吁，即国际社会应根据国际法共同行动应对难民危机的影响、保护需求和根源，分摊相关负担。我们呼吁加强对难民及难民安置的人道主义援助，邀请所有国家根据自身能力加大对有关国际组织的协助，提升其帮助受影响国家的能力，努力寻找持久解决方案，特别是应对难民形势长期化问题，并在此方面增强对难民接受地发展援助的作用。我们支持应对当前危机的国际努力，期待即将在联合国大会期间召开的高级别会议取得成功。我们注意到世界银行将与其他国际组织及其股东国一道，为建立一个全球危机应对平台以支持中低收入国家的难民

及其接受社区而做出的努力。2017年，二十国集团将继续应对被迫流离失所和移民问题，并着眼于研拟具体行动。二十国集团还将在2017年研究移民问题。

45. 我们强烈谴责任何形式的恐怖主义，其对国际和平与安全构成严重挑战，危害我们加强全球经济、确保可持续增长与发展的努力。我们重申团结一致打击一切形式的恐怖主义，无论发生在何地。我们将阻截恐怖主义融资的所有来源、技术和渠道，包括勒索、税收、走私自然资源、抢劫银行、抢劫文化财产、外部捐赠、绑架赎金。为应对恐怖主义，我们继续承诺有效交换信息，冻结恐怖分子资产，将恐怖主义融资入刑。我们呼吁在世界范围内快速、有效和普遍落实金融行动特别工作组标准和联合国安理会2253号决议条款。我们欢迎金融行动特别工作组在实施其打击恐怖主义融资新综合战略方面取得的进展，并呼吁有效落实其行动计划。我们呼吁金融行动特别工作组在2017年3月前研究如何在增强其引导力、加强金融行动特别工作组网络以及与其类似的区域机构的有效性方面取得进展。

46. 抗生素耐药性严重威胁公共健康、经济增长和全球经济稳定。我们确认有必要从体现二十国集团自身优势的角度，采取包容的方式应对抗生素耐药性问题，以实证方法预防和减少抗生素耐药性，同时推动研发新的和现有的抗生素。我们呼吁世界卫生组织、联合国粮农组织、世界动物卫生组织、经合组织于2017年提交联合报告，就应对这一问题及其经济影响提出政策选项。鉴此，我们将推动谨慎使用抗生素，并考虑在抗生素可负担和可获得性方面的巨大挑战及其对公共卫生的影响。我们强烈支持世界卫生组织、联合国粮农组织、世界动物卫生组织的工作，期待在联合国大会期间成功举办抗生素耐药性问题高级别会议。我们期待在下任主席国任内就如何应对这些问题开展讨论。

47. 我们重申，二十国集团创始精神是主要经济体平等合作并共同采取行动。凡所承诺，定将落实。

48. 我们感谢中国成功主办杭州峰会并对二十国集团进程作出贡献，期待2017年在德国、2018年在阿根廷再会。

附件一 二十国集团创新增长蓝图

一 目标

世界经济正处于重要时刻。我们决心展现领导力，秉持伙伴关系和包容精神，以应对新的机遇和挑战。我们承诺使用所有可用的政策工具，包括货币、财政和结构性政策，以稳定信心并促进增长。我们需要抓住技术突破为全球经济增长带来的历史性机遇。我们决心通过创新增长提升中长期增长潜力。创新增长理念涵盖支持创新、新工业革命和数字经济的行动，结构性改革亦在此方面发挥重要作用。在宏观经济政策措施支持下，这些行动可以提升生产力、创造就业、释放新的经济潜力。《创新增长蓝图》代表了二十国集团为促进强劲、可持续、平衡和包容增长作出的重要贡献，是对二十国集团成员在全面增长战略框架下所做努力的补充。

二 总体工作方式

我们核准以下总体工作方式，以确保实现创新增长。我们将展现领导力、伙伴精神、远见和雄心，加强成员间以及公私部门间合作，以推进创新增长，应对共同挑战。根据《与贸易有关的知识产权协定》等二十国集团成员加入的多边条约及协定，我们重申充分和有效的知识产权保护和执法对创新十分重要。我们支持扩大开放，并在彼此同意的条件下促进自愿的知识传播和技术转让。我们进一步强调更为开放的贸易和投资体制的重要性。我们重视以包容的精神消除极端贫困、减少不平等和社会排斥，弥合数字鸿沟。我们鼓励建立创新生态系统，以激发创造力，支持将创意同创业、科技相结合，实现创新增长并创造就业机会。我们期待在二十国集团各工作机制之间以及同其他国际组织和倡议间的讨论中加强协调。考虑到各成员的不同关切和工作重点，我们将秉持灵活性。

三 行动

（一）创新

创新是指在技术、产品或流程中体现的新的和能创造价值的理念。创新包括推出新的或明显改进的产品、商品或服务，源自创意和技术进步的工艺流程，在商业实践、生产方式或对外关系中采用的新的营销或组织方式。创新涵盖了以科技创新为核心的广泛领域，是推动全球可持续发展的主要动力之一，在诸多领域发挥着重要作用，包括促进经济增长、就业、创业和结构性改革，提高生产力和竞争力，为民众提供更好的服务并应对全球性挑战。

为进一步推动创新，帮助成员打造创新生态系统，我们通过《2016年二十国集团创新行动计划》，制定鼓励创新的指导原则和行动。我们鼓励采取支持创新的战略、政策和措施，将致力于支持科技创新投资，建立二十国集团在线创新政策实践交流社区，发布由经合组织起草的2016年二十国集团创新报告，同创新伙伴和利益攸关方开展密切对话，同时鼓励讨论开放科学，寻找应对全球挑战的创新型解决方案。

（二）新工业革命

新工业革命为工业特别是制造业及其相关服务业转变生产过程和商业模式、推动中长期经济增长提供了新机遇。物联网、大数据、云计算、人工智能、机器人、增材制造、新材料、增强现实、纳米技术和生物技术等很多新兴技术取得重大进展。这些技术进步正推动智能制造、个性定制、协同生产和其他新型生产方式和商业模式的发展。同时，在这一新环境下，企业、员工、消费者、政府和其他利益攸关方也面临挑战。我们将全力识别在发达和发展中国家中存在的这些挑战和机遇，将新工业革命带来的社会成本降至最低，并充分利用其带来的机遇。

为促进新工业革命发展并将其作为经济增长主要动力，我们通过《二十国集团新工业革命行动计划》，制定推进新工业革命议程的指导原则和行动。我们将就新工业革命及其相关研究进一步加强沟通与合作，推动中小企业从新工业革命中获益，应对就业和劳动力技能方面的挑战，加强标准合作，就新工业基础设施深化交流与合作，确保根据《与贸易有关的知识产权协定》等二十国集团成员加入的多边条约及协定保护知识产权，同时支持发展中国家工业化。为此，我们要求经合组织、联合国贸发会议、联合国工发组织全面评估新工业革命带来的机遇和挑战，并于2016年底向我们提交报告。

（三）数字经济

在2015年安塔利亚峰会上，二十国集团领导人确认，我们生活在互联网经济时代，这为全球经济增长带来机遇和挑战。数字经济是指以信息和知识的数字化为关键生产要素，以现代信息网络为重要载体、以有效利用信息通信技术为提升效率和优化经济结构重要动力的广泛经济活动。2016年，二十国集团建议共同利用数字机遇，应对数字挑战，推进繁荣和充满活力的数字经济，推动全球增长，惠及全体人民。

为实现上述目标，我们通过《二十国集团数字经济发展与合作倡议》。我们将通过为数字经济发展创造有利条件释放数字经济潜力，包括根据"连通2020议程"，重申在2020年前新增15亿人联网并获得互联网服务的目标；通过扩大的和可负担的宽带接入，提升宽带质量；促进信息流动以实现经济增长、信任和安全；根据信息社会世界峰会突尼斯宣言第4段有关内容，确认言论自由以及信息、思想、知识的自由流动对数字经济至关重要、对发展大有裨益；确认必须尊重知识产权，尊重用于保护隐私和个人数据的可适用框架；促进信息通信技术引进投资；支持创业，促进数字化转型；鼓励电子商务合作；增强数字包容性，推行支持中小微企业更有效地利用信息通信技术的政策。正如二十国集团安塔利亚峰会领导人公报第26段所述，我们将为开放、安全的信息通信技术环境提供政策支持，包括确认充分有效的知识产权保护和执法对数字经济发展的重要作用；在尊重自主选择发展道路条件下促进合作；推动透明的数字经济政策制定；支持开发和应用国际标准；增强信心和信任；管理无线电频率频谱以促进创新。我们承诺就这些问题继续密切合作，包括进一步开展相关研究和交流。我们欢迎国际组织，尤其是经合组织和国际货币基金组织，在

各国统计组织支持下加大工作力度，改善对数字经济及其对宏观经济和其他重要政策影响的测度。

（四）结构性改革

在全球经济复苏弱于预期的背景下，结构性改革是提高生产力和潜在产出的关键。因此，结构性改革在实现强劲、可持续和平衡增长以及促进创新增长方面发挥着关键作用。2016年，在财金渠道强劲、可持续和平衡增长框架工作组内，我们就深化结构性改革议程密切合作，并取得实质成果。我们确定了结构性改革九大优先领域，包括促进贸易和投资开放，推进劳动力市场改革，提高教育程度与技能，鼓励创新，改善基础设施，促进财政改革，促进竞争并营造有利于竞争的环境，改善并加强金融体系，提高环境可持续性，促进包容性增长。我们制定并核可了48条对优先领域的指导原则，为各成员提供有用的高级别指导，同时允许各国在此方面兼顾本国国情。我们核可了一套包括政策性指标和产出指标的核心指标，以帮助监测和评估二十国集团成员在结构性改革方面所做努力的进展和效果，及其应对结构性挑战的充分性。深化结构性改革议程将纳入财金渠道现有工作机制，作为协助各成员开展结构性改革的工具。我们将落实并逐渐完善深化结构性改革议程，呼吁国际组织继续提供支持，同时注意到结构性改革的选择和设计应符合各国经济情况。

四 跨领域行动

二十国集团成员确定数项需要特别关注并采取协调方法的跨领域问题。

（一）加强多层面伙伴关系

我们承诺就促进创新增长的国别战略开展沟通和信息分享，通过对话适时加强合作研究，应对共同挑战。我们确认工商界在实现创新和创业的收益方面的重要性，将适当加强公私部门间以及大公司和中小微企业间的伙伴关系。我们将继续采取全面方式，利用各种论坛及活动，加强各工作机制以及各配套活动间在相关领域，特别是就业、数字普惠金融和发展等问题上的合作，以促进强劲、可持续、平衡和包容增长。

（二）支持发展中国家

我们承诺支持发展中国家利用科技创新、新工业革命和数字经济的机遇，制定相关战略和计划，推动包容性发展。我们认为充分、有效的知识产权保护和执法对促进科技创新、工业和数字经济发展的关键作用，支持在双方同意的条件下开展国际合作和自愿的技术转让。我们支持联合国技术促进机制在科技创新相关问题上加强协调、一致与合作。我们注意到根据联合国大会 A/Res/70/294 号决议、为建立最不发达国家技术银行而采取的行动。我们支持发展中国家分享最佳经验和项目，优化资源利用以促进可持续发展和社会包容，增强环境友好型技术意识。我们也认识到创新增长议程在为推动落实 2030 年可持续发展议程方面潜力巨大。

（三）提高技能和改善人力资本

我们承诺改善创新领域的培训和技能，完善政策促进创业、创新以及新工业革命和数字经济的参与度。我们认为适应力强的劳动力市场在应对新的创新经济挑战方面十分重要，欢迎《二十国集团创业行动计划》和《二十国集团关于促进高质量学徒制的倡议》。我们支持鼓励科技创新人才流动的政策，支持预测未来新技能需求的努力，支持运用多种政策措施和技术手段弥合数字鸿沟、增强数字包容性。我们承诺探索新的方法促进发达国家和发展中国家的沟通、人才交流与培训，我们鼓励大学、培训机构和企业就课程设置、技能需求以及技能扩散特别是数字技能传授加强交流合作。我们要强调和支持青年及女性在通过创新、创业为就业方面所发挥的重要作用，并承诺采取行动扩大高质量技能培训和教育的覆盖面。

五　未来工作

我们高度重视《创新增长蓝图》的落实，将监测有关进展。我们将在尊重未来二十国集团主席国优先议程条件下，建立由经合组织和其他相关国际组织支持的专题工作组，推进二十国集团创新、新工业革命和数字经济议程，确保其同现有议程保持一致，并加强其同二十国集团其他工作机制的协调。

二十国集团

我们感谢经合组织、联合国工发组织、联合国贸发会议、国际货币基金组织、世界银行集团和其他国际组织为制定《二十国集团创新增长蓝图》所作贡献，期待相关国际组织继续给予支持。

附件二　二十国集团落实2030年可持续发展议程行动计划

根据二十国集团（G20）安塔利亚峰会决定，G20承诺将自身工作与2030年可持续发展议程进一步衔接，努力消除贫困，实现可持续发展，构建包容和可持续的未来，并确保在此进程中不让任何一个人掉队。此行动计划以及其中的高级别原则，将推进全球落实2030年可持续发展议程，包括落实可持续发展目标和《亚的斯亚贝巴发展筹资行动议程》。

落实2030年可持续发展议程的高级别原则

确认全球于2015年9月通过的具有普遍性、富有雄心的2030年可持续发展议程，再次承诺遵守可持续发展议程确定的所有原则，并为落实可持续发展议程做出贡献。G20将继续促进强劲、可持续和平衡增长，保护地球免于毁坏，并与低收入和发展中国家加强合作。G20成员将确保它们的集体努力产生积极的全球影响，有助于有效落实可持续发展议程，平衡和协调推进可持续发展的三大领域。

G20将侧重于可持续发展议程所涵盖、自身作为全球经济合作论坛具有比较优势和能够带来附加价值的领域和议题。在可持续发展议程的整体框架下，G20的比较优势在于通过其号召力和集体行动力，在全球最高层面实施和支持包括宏观经济框架在内的相关倡议，并创造有利的国际环境。

为此，G20将遵循以下高级别原则，为落实可持续发展议程作出贡献：

· 发挥G20作为全球经济论坛的比较优势，通过我们在国内和国外层面的国别和集体努力落实2030年可持续发展议程，包括落实可持续发展目标和《亚的斯亚贝巴行动议程》。

· 重申可持续发展议程具有普遍、变革、不可分割、融合的特性，以及不让任何一个人掉队、在地球上生活的每个人享有尊严、实现以人为中心的可持续发展的重要性。

·各国根据国内优先事项、需要和能力落实可持续发展议程，在国际上构建免于恐惧和暴力的和平、公正、包容的社会，支持低收入国家和发展中国家在实现可持续发展目标方面取得进展，包括消除贫困和饥饿等。

·认识到全面、平衡、协调推进可持续发展三大领域（经济、环境、社会）的重要性，决心在适用的情况下，把可持续发展与我们的国内政策规划以及国际发展合作有机结合。

·根据可持续发展议程的要求，促进持续、包容和可持续的增长，创造全社会各方面均受益的高生产率就业和体面工作，并建立有效的治理和问责机制，这对全面消除贫困、促进可持续发展和实现可持续发展目标至关重要。

·致力于采取集体政策措施实现全球发展，这些措施应体现包容，尊重各国主导权和优先事项，注重实现务实和互利共赢的成果，保持开放、灵活和透明。

·动员和负责任地使用来自国内和国际、公共和私营部门的所有资金，以促进全球可持续发展伙伴关系重振活力并得以强化。根据《亚的斯亚贝巴行动议程》和可持续发展议程，通过开展南北合作、南南合作和三方合作，以及在技术交流和能力建设方面的国际合作，加强国际社会对有效、有针对性的能力建设的支持，帮助发展中国家实现所有可持续发展目标。

·根据可持续发展议程，支持构建政府、私营部门、民间社会、学术界和国际组织参与的全球发展伙伴关系。

·承认各国动员和有效利用本国资源促进发展的重要性，重申我们各自的官方发展援助承诺，包括许多发达国家在可持续发展议程中所做的承诺。

·实现性别平等、妇女和女童赋权。

·确保和加强G20工作的协调性和政策一致性，从而实现G20所有工作都有助于取得可持续发展成果。

・加强G20相关工作机制的工作协调，并通过现有的问责进程和后续机制推进我们的集体行动，推动可持续发展议程的落实。

・支持联合国可持续发展高级别政治论坛领导下的实施和评估进程，并在此框架下报告落实进展情况。

行动计划工作范围

考虑到可持续发展议程的普遍性，G20成员将通过在国家和国际层面的国别和集体行动，采取大胆的变革举措为落实可持续发展议程做出贡献。这些行动能够推进可持续发展成果，支持低收入和发展中国家根据本国优先事项落实可持续发展议程，并帮助提供全球公共产品。

通过找到共同关心的问题、鼓励政策对话、加强政策一致性和政策协调，G20的集体行动将围绕"可持续发展领域"展开。这些领域包括基础设施、农业、粮食安全和营养、人力资源开发和就业、普惠金融和侨汇、国内资源动员、工业化、包容性商业、能源、贸易和投资、反腐败、国际金融架构、增长战略、气候资金和绿色金融、创新、全球卫生。行动计划所列举的这些"可持续发展领域"体现了G20当前和中长期承诺，将根据未来G20主席国的优先事项进行更新和调整。

行动计划只是一个起点，它没有涵盖可持续发展目标涉及的所有领域，将根据未来G20主席国提出的倡议、新出现的需求、经验和挑战，例如移民和其他问题，作出更新和调整。行动计划是根据可持续发展议程制定的为期15年的"动态文件"。

G20可持续发展集体行动

"可持续发展领域"展现出G20在发展领域的长期努力，对经济问题的重视，以及为解决全球关切的可持续发展问题所作出的集体努力。以G20强劲、可持续、平衡增长议程和G20跨年度发展议程（《首尔发展共识》、《圣彼得堡发展展望》、《G20——低收入和发展中国家框架》）为基础，这些"可持续发展领域"描述了G20通过采取集体行动，推动实现经济、社会、环境可持续发展和消除贫困等可持续发展目标的情况。需要强调的是，"可持续发展领域"认为G20所有的工作机制都具有为可持续发展议程作出贡献的潜力，并将根据未来新的情况进行调整。"可持续发

附录（一）　二十国集团领导人杭州峰会公报

展领域"涉及的跨领域要素包括：执行手段（尤其是资金、技术、能力建设等可持续发展议程及其可持续发展目标和《亚的斯亚贝巴行动议程》中达成共识的内容），性别平等主流化问题和女性政治、经济赋权问题，保护地球及其自然资源。

以下章节概述了G20在"可持续发展领域"的行动，发展工作组将同其他工作机制一道，于2017年G20峰会前提交一份全面具体的行动清单，梳理G20有关行动对落实2030年可持续发展议程的贡献。

基础设施

落实2030年可持续发展议程需在各领域加强对可持续基础设施的投资（可持续发展目标6、7、9、11）。这些投资有助于实现全球经济增长，消除贫困，应对气候变化挑战及其影响（可持续发展目标1、3、8、13）。G20基础设施领域工作由投资和基础设施工作组、发展工作组牵头，根据《亚的斯亚贝巴行动议程》（14、47段），致力于促进基础设施投资、解决数据鸿沟、提升投资环境、加强有关倡议间的合力。有关工作得到包括世界银行及其他多边开发银行、全球基础设施投资中心、经合组织、国际货币基金组织等各方的支持。G20已于2016年启动"全球基础设施互联互通联盟倡议"，致力于加强现有基础设施互联互通倡议，包括区域倡议间的融合与合作。G20欢迎《多边开发银行关于支持基础设施投资行动的联合愿景声明》，包括高质量基础设施项目的量化目标。G20鼓励多边开发银行继续优化资产负债表，并帮助各国动员更多公共部门和私营部门资源，以推动在基础设施等领域更好落实2030年可持续发展议程。

G20将采取措施落实有关承诺，建设可持续的、富有韧性的、安全的、高质量的基础设施，以促进经济发展，造福人类。G20将同有关国际组织和多边开发银行一道，采取政策措施，通过动员公共和私营部门资金，弥补全球基础设施鸿沟，促进全球基础设施互联互通，帮助低收入和发展中国家建设可持续的、富有韧性的基础设施。为此，G20将继续积极参与全球基础设施论坛的有关工作。

农业、粮食安全与营养

可持续农业同粮食安全与营养、卫生、就业、经济发展、环境等联系紧密，对实现多个可持续发展目标（2、8、9、10、12、13、15）意义重大。G20 承诺推进可持续农业和农村发展，使人人特别是贫困和脆弱群体享有粮食安全与营养，承诺应对粮食价格波动，减少粮食损失和浪费，支持 G20 测算及减少粮食损失和浪费技术平台。《G20 粮食安全与营养框架》以可持续发展目标为依据，确定了 3 个多年期优先事项，包括增加负责任的投资、增加收入并提供高质量就业、可持续地提高生产力。这一框架正通过执行计划和《粮食安全和可持续粮食系统行动计划》，以及 2016 年农业部长会议有关成果予以落实。（参考《亚的斯亚贝巴行动议程》13、108、121 段）

G20 将推动消除饥饿和任何形式的营养不良，落实有关计划和项目，推动实现与农业相关的可持续发展目标并关注与其他可持续发展目标的联系，为全球负责任农业投资创造更好环境，为农业创新和信息技术应用提供便利，减少粮食损失和浪费，推动可持续粮食生产系统和富有韧性的农业实践，以提升生产力并维护生态系统。G20 将特别关注小农、家庭农民、小规模生产者、妇女和青年。G20 将继续支持和强化有关项目，帮助农民和粮食系统应对包括气候变化负面影响在内当前和未来的各项挑战，推动农业市场信息系统（AMIS）、农业风险管理平台（PARM）、G20 农业首席科学家会议（MACS）、农业效果（AgResults）、全球农业和粮食安全计划（GAFSP）等可持续农业发展倡议。

人力资源开发和就业

G20 强调通过统一措施和全面政策为所有人创造更多的、体面的、高质量的就业机会，以实现充分的高生产率就业（可持续发展目标 8）。在 G20 成员和非 G20 成员中，通过教育、高质量学徒制、职业技术培训和终身制学习，开发人力资源仍是一项重要任务（可持续发展目标 4）。G20 正致力于推动以可持续方式提升国内外具有就业所需技术和职业技能的青年和成年数量。G20 通过了加强人力资源开发与 G20 就业工作组政策统一性和协调性的跨年度框架。G20 也通过了促进高质量就业框架、技能战略、培训战略、促进更好的青年就业政策原则。G20 将根据各国情况，努力实现在 2025 年前将永久性脱离劳动力市场风险最大的年轻人比例降低15%，男女劳动力参与率之间的差距缩小25%，为2030年可持续发展议程贡献力量（可持续发展目标4、5、8）。G20承诺分享良好实践，以应对国际劳动力流动和人口老龄化给劳动力市场带来的机遇和挑战。G20正努力实现经济增长的可持续性、包容性以及就业充足性，为此G20支持以促进就业为国内经济和社会发展战略的重点，并采取全面协调措施，展开务实行动，提升经济、就业、社会政策之间的协调，鼓励创新，提升就业能力，促进高质量学徒制，鼓励创业（可持续发展目标10；《亚的斯亚贝巴行动议程》16、37、41段）。

G20支持采取统筹政策，通过培训等方式，促进普惠、高效的技能职业教育培训。G20将尊重各国情况，促进充分生产性就业，使人人享有体面工作，鼓励创业，重视社会保障。G20将认真审视增长战略和就业计划，确保政策统一，将采取行动应对不平等问题，支持包容性增长，可持续地减少男女劳动力参与差距和青年脱离劳动力市场、教育和培训的比例。G20将在尊重各国国情的情况下，保护劳动权利，促进所有劳动者享有安全工作环境。

普惠金融和侨汇

G20在普惠金融和侨汇领域，重在为所有人提供充分且平等使用正规金融服务的机会，提高金融知识普及度和金融教育，加强消费者保护，促进数字普惠金融，减少侨汇交易成本，帮助减少贫困和不平等（可持续发展目标1、10），促进包容性增长（可持续发展目标8；《亚的斯亚贝巴行动议程》39、40段）。普惠金融全球伙伴关系（GPFI）正致力于扩大金融服务的受益面，使不曾享有服务的人群特别是青年和妇女能够使用，并应对G20成员及非G20成员的中小企业融资面临的金融体系挑战和法律不确定性。

G20将以事实为基础，继续在个体和中小企业中挖掘可持续发展普惠金融的实践案例，包括研究如何让数字技术为被排除在外的人群提供可负担的服务。G20承诺继续推进侨汇国别计划，使移民侨汇成本降至3%以下，消除成本高于5%的侨汇地带（可持续发展目标10；《亚的斯亚贝巴行动议程》40段），并应对金融机构去风险化行为可能带来的潜在负面影响。

国内资源动员

动员和有效利用国内资源对于可持续发展筹资至关重要。G20承诺加强国内资源动员，继续开展国际税收合作，为低收入和发展中国家提供国际支持，完善国内税收政策监管体系，更好收集利润信息和数据，打击非法资金流动（可持续发展目标17；《亚的斯亚贝巴行动议程》22、23段）。以落实G20/经合组织税基侵蚀和利润转移项目（BEPS）和自动情报交换（AEOI）为基础，深化国际税收合作，以确保各国国家税收部门间的包容性合作与对话，包括国际税收标准的制定、监测和落实方面的区域合作（《亚的斯亚贝巴行动议程》27、29段）。G20通过了加强低收入和发展中国家税收能力的行动倡议，帮助有关国家参与上述活动，动员国内资源。G20欢迎国际货币基金组织、经合组织、联合国和世界银行税收合作平台的有关承诺，制定工具箱和报告，为实施税基侵蚀和利润转移标准有困难的国家提供指导。G20赞赏有关国际组织关于加强发展中国家税收利润数据统计和税收能力的倡议，包括税收管理诊断评价工具和无国界税收稽查员倡议。G20鼓励各成员支持"亚的斯税收倡议"，支持低收入和发展中国家加入税基侵蚀和利润转移包容性框架。

G20将加强国际合作以增强国内利润监管，提升税收系统的公正性、透明度、效率和有效性，呼吁有关国际组织就此进一步提供建议和计划。G20将在现有工作基础上，支持低收入和发展中国家参与国际税收合作，开展更多有效的税收能力建设项目，应对非法资金流动问题。

工业化

G20关注工业化问题，特别是非洲和最不发达国家情况，这有助于落实可持续发展目标（9），构建一个重振活力和强化的全球伙伴关系（《亚的斯亚贝巴行动议程》15、45段）。G20正在探索支持非洲和最不发达国家以可持续、包容和透明的方式向工业化转型的方法，帮助其促进增长，创造就业，推进包容和可持续发展。

G20将考虑新形式的国际发展伙伴关系和集体行动，以提升可持续的工业化生产能力，构建富有韧性的工业相关服务业、更强的中小企业和农业相关工业部门。根据各国发展优先事项和 G20 各成员能力，帮助非洲和最不发达国家加强同全球市场和数字经济的联系。

包容性商业

包容性商业以可持续的、具有商业价值的方式，帮助经济金字塔低端的人群成为经济生产中的消费者和生产者，有助于实现可持续发展目标（1、8、9、10、12、17）并构建重振活力和强化的全球伙伴关系（《亚的斯亚贝巴行动议程》16，35—37 段）。根据《G20 领导人包容性商业倡议》，G20 成立了全球包容性商业平台，将《G20 包容性商业框架》纳入国内发展政策。G20 核可了《2016 年 G20 包容性商业报告》。

G20 将继续创造条件，促进 G20 成员、非 G20 成员尤其是低收入和发展中国家、公共部门、私营部门、研究机构间的学习、对话、经验和良好实践分享，开发有效务实的政策工具，为包容性商业发展创造良好生态环境，鼓励推广包容性商业并用其替代旧模式，以实现可持续发展。

能源

在能源合作原则指导下，G20 在能源可及性、清洁能源和能效等领域开展工作，为 2030 年可持续发展议程系列目标的落实提供支持（可持续发展目标 7、9、12、13；《亚的斯亚贝巴行动议程》31、49 段）。2015 年，《G20 能源可及性行动计划：能源可及性自愿合作》根据全球能源可及性目标，首先聚焦撒哈拉以南非洲地区。2016 年，这一工作扩展至亚太地区并将在未来延伸至其他地区。G20 承诺将自愿采取切实行动，实施系列政策，采取金融和技术手段，提升这些区域的能源可及性。2015 年通过的"G20 可再生能源开发自愿选择工具包"为提升可再生能源应用提供了自愿选择的工具。2016 年《G20 可再生能源自愿行动计划》致力于通过制定能源战略，推动可再生能源运用，促进可再生能源生产和利用领域投资的便利化，可持续地提升可再生能源在全球能源结构中的比重。根据 2014 年《G20 能效行动计划》，G20 在 2016 年制定了《G20 能效引领计划》，致力于推动更多的能效合作，鼓励 G20 成员根据自身需要和本国国情，积极开展能效项目，采取有关政策和措施，大力提高 G20 成员的能效水平。G20 承诺逐步规范和取消低效的、鼓励浪费的化石燃料补

贴，同时向最贫困人口提供有针对性的支持。

G20支持人人享有可持续能源的愿景，将继续努力确保人人享有负担得起、可靠、可持续的现代能源。G20将继续落实《G20能源合作原则》，推动现代能源体系和抗风险的、透明的能源市场，加强在能源可及性、清洁能源和能效领域的合作，推动清洁能源等创新能源技术的投资。

贸易和投资

贸易和投资是推动包容增长的关键引擎（可持续发展目标8）。它们对于过去数十年的发展作出了关键贡献，对消除国家间不平等（可持续发展目标10）和重振可持续发展全球伙伴关系具有关键作用。自金融危机以来，G20多次承诺抵制贸易保护主义，通过以世界贸易组织为核心、强大和运转良好的多边贸易体系完善全球贸易治理，致力于构建开放型世界经济，努力实现贸易自由化和便利化。在世贸组织巴厘岛和内罗毕部长级会议的基础上，G20致力于迅速落实巴厘岛会议和内罗毕会议成果。为指导内罗毕会议后世贸组织以发展为核心的工作，并考虑到有关特殊和有区别的待遇规定不可或缺，G20重申其承诺，将优先推动多哈发展议程剩余议题谈判。G20愿与所有世贸组织成员一道，增强紧迫感，团结一致为世贸组织第十一次部长级会议及未来取得平衡、包容和透明的积极成果努力。G20注意到很多区域贸易协定中涉及的问题和G20工商界提到的议题，在当今世界经济的背景下符合各方利益，因此可成为世贸组织讨论的合理议题，同时应确保其不损害与未来谈判有关的各自立场，并且任何就此类议题发起多边谈判的决定必须由全部世贸组织成员所同意。G20承诺并号召其他世贸组织成员在2016年底前批准《贸易便利化协定》。为加强G20贸易和投资合作机制，G20将利用新设立的贸易和投资工作组，寻求促进全球贸易增长路径并采取行动，加强投资政策协调合作，并支持帮助低收入和发展中国家和中小企业更好融入全球价值链的行动。为通过贸易和投资促发展，G20成员间应视需要开展更具针对性、更有协调的具体政策，如加强贸易融资的可用性、强化贸易相关技能开发和推动促贸援助倡议。

G20继续致力于一个以规则为基础、透明、非歧视、开放和包容的多边贸易体制。G20成员决心共同强化世贸组织。通过落实《G20全球贸易增长战略》，G20成员将率先垂范，降低贸易成本，促进贸易和投资政策协调、推动服务贸易、提高贸易融资、促进电子商务发展，并推动贸易和发展。G20将继续支持面向发展中国家的促贸援助等机制，包括能力建设援助。为营造开放、透明和有益的全球投资政策环境，G20成员批准非约束性的G20全球投资指导原则，期望这些原则能促进在国家和国际政策制定的协同，为企业提供更高的预见性和确定性以支持其投资决策。

反腐败

腐败历来被视为发展的障碍，它分散资源、阻碍增长、损害法治并危及国际金融稳定。《G20反腐败行动计划（2017—2018）》专注于通过G20附加价值为减少腐败、腐败资产返还、加强透明度以及减少非法资金流动（可持续发展目标16）作出贡献。这包括加强反腐败法律执行与合作，增加公共和私营部门廉洁和透明度，落实G20反腐败原则，包括追逃追赃相关原则、拒绝避风港、强化国际合作打击高风险领域腐败等（《亚的斯亚贝巴行动议程》20、25、30段）。

G20将加快落实反腐败优先政策领域，继续致力于大幅减少任何形式的腐败和贿赂，提高法人、法律安排（包括信托）等在内的受益人所有权透明度。G20将致力于构建廉洁的商业环境，拒绝腐败分子避风港。

国际金融架构

支持全球经济增长和金融稳定、强化国际金融架构是实现可持续发展的基础。自成立以来，G20就致力于推动国际金融架构改革，例如国际货币基金组织和世界银行的改革。加强发展中国家在全球国际经济和金融机构的发言权和参与度，与支持2030年可持续发展议程紧密相连（可持续发展目标10）。G20也已采取措施加强全球金融体系韧性，同时保持其开放和整体架构以及有效的全球金融安全网。G20已决心提升主权债务重组进程的有序性和可预见性，加强债务可持续机制并持续关注低收入和发展中国家的金融稳定。（可持续发展目标17；《亚的斯亚贝巴行动议程》103、105—107、109段）

G20支持创立更稳定的国际货币金融体系的努力，将与有关国际金融

机构在其相应授权内，共同有效回应宏观经济和金融风险，响应低收入发展中国家的需要。G20致力于一个强劲的、以份额为基础的、资源充足的国际货币基金组织，并期待在2017年年会前完成第15次份额总检查。G20同样期待世界银行集团根据商定的路线图和时间表落实股权审议。

增长战略

G20增长战略在诸多可持续发展目标上（可持续发展目标1、8、10；《亚的斯亚贝巴行动议程》4、105段）可为实现2030年可持续发展议程作出重要贡献。通过这些战略，G20旨在于2018年前将整体国内生产总值额外提升2%。这将产生正面外溢效应，在开放和融合的全球经济中增加总需求，推动非G20经济体增长。现有的增长议程推动全面落实G20增长战略并进行监测，加大结构性改革力度，确保实施相互支持的需求和供给政策以实现强劲、可持续和平衡增长并减少下行风险，强化公共和私营部门高质量投资，采取集体和国别的财政、货币和结构性政策。这些都是推动落实2030年可持续发展议程的关键。

G20决心为实现强劲、可持续和平衡增长及共享繁荣创造条件。G20将确保包容增长和可持续发展议程相互支持，将继续加强宏观经济政策合作，帮助减轻潜在风险、增强合力、提升生产率。

气候资金和绿色金融

气候变化是当代面临的最大挑战之一，其负面影响削弱了所有国家实现可持续发展的能力。正如G20成员在《巴黎协定》框架下所作出的贡献，采取紧急行动应对气候变化（可持续发展目标13）及其影响是G20优先工作。G20财长和央行行长再次号召及早落实《巴黎协定》，重申发达国家和国际组织就气候资金作出的承诺和其他国家的声明。G20协调人在广州会议上一致通过了关于气候变化问题的主席声明，承诺将尽早签署并实现《巴黎协定》早日生效。在维护《联合国气候变化框架公约》主渠道作用的同时，自2012年开始G20气候资金研究小组根据其职责使命，就如何有效提供和动员公共和私人资金以推动气候适应和减缓行动展开讨论。绿色金融有潜力发挥关键作用，动员私人投资以应对我们面临的气候和发展挑战，促进可持续发展。G20气候资金研究小组明确了G20

在绿色金融中面临的挑战与机遇，并制定了供各国自愿考虑的政策选项。

G20 将继续紧密合作应对气候变化及其影响，推动《巴黎协定》及早生效和落实，鼓励提供和动员更多资源应对气候变化，鼓励资金流向低温室气体排放和具有气候韧性的发展。G20 号召多边开发银行和发展融资机构将应对气候变化的行动纳入发展战略，并鼓励多边开发银行提交应对气候变化的行动计划。G20 将继续研究并深化有关政策选项，增强金融体系筹集私人资本开展绿色投资的能力。

创新

由新理念、新工序、新技术、新生产方式和新业态等构成的创新是实现强劲、可持续和平衡增长的重要驱动力。创新也可确保增长的包容性。除经济和商业影响外，创新有助于应对本地和全球社会与环境挑战。刺激创新可成为推动长期可持续发展的关键引擎（可持续发展目标 8、9）。2016 年，G20 制定了创新增长蓝图，旨在加强创新、新工业革命和数字经济领域的国际合作，将推动经济增长和创新，弥合有关领域鸿沟，强化实现 2030 年可持续发展议程的落实措施（可持续发展目标 17；《亚的斯亚贝巴行动议程》114—124）。

G20 成员鼓励在广大行为体和利益攸关方参与下增强各自国家创新体系的合力与合作，打造有活力的创新生态系统。G20 将加强合作，营造促进合法取得科学技术的全球环境，推动在相互同意和自愿的条件下促进知识分享，加强可持续发展领域创新良好实践的交流。G20 支持通过联合国技术促进机制加强技术合作以实现可持续发展。G20 同时强调开放贸易和投资机制对促进创新的重要性，包括知识产权保护和执行。G20 将致力于促进创新、新工业革命和数字经济并特别关注低收入发展中国家的需要，以实现更高水平的经济生产力和可持续发展。

全球卫生

G20 认识到卫生是维持社会经济稳定的要素之一，也是可持续发展的一个重要方面（可持续发展目标 1、3、5；《亚的斯亚贝巴行动议程》第 77 段）。强大和有韧性的卫生体系对应对当前和突发全球卫生挑战至关重要，有助于建立高生产率的劳动力、稳定的社会保障网并最终建成一个繁荣的社会。传染病暴发等卫生威胁可使卫生体系过载并外溢到其他领域，中断经济运行并阻碍可持续发展。2014 年，G20 领导人发表了针对埃博拉疫情的声明，号召所有国家同 G20 一道动员资源，为应对传染病威胁做好国家、区域和全球准备。2016 年，G20 成员围绕应对抗生素耐药性问题的行动进行了讨论。

G20 承诺支持国际社会采取的全面管控健康风险和危机的行动，包括从健康风险预防和早期识别到有效应对和康复行动，支持世界卫生组织的有关行动以及《国际卫生条例》。G20 将继续支持就加强全球和国家卫生体系的可持续和创新融资采取国际行动。G20 认为需要以完善、统一、协调的方式强化卫生体系，促进卫生服务的普遍覆盖，为提高公共卫生水平、应对全球健康威胁奠定基础。

加强 G20 可持续发展政策的一致性和协调性

G20 作为领导人级别论坛，可以制定落实行动计划所必需的、覆盖所有政府部门的举措。G20 框架下所有相关工作机制和工作组通过将 2030 年可持续发展议程纳入各自工作，能够为落实行动计划作出贡献。G20 将制定综合举措，使其工作同 2030 年可持续发展议程紧密融合，加强政策的一致性，为在三大领域落实 2030 年可持续发展议程尽可能地作出最大贡献。

每个 G20 主席国将设定推进落实行动计划的优先领域。G20 协调人将同财政副手一道，发挥领导作用，为各工作机制落实 2030 可持续发展议程提供战略指导，并保证各工作机制间的协调和对话。

发展工作组将继续在自身优先领域发挥领导作用，支持协调人推动 G20 可持续发展工作的开展，同其他工作机制加强配合，帮助其深化对自身重点工作的认识，以共同实现 2030 年可持续发展议程的有关成果。

发展工作组的具体职责已在附件 A 中列出。

问责和参与

G20 将根据每届主席国"可持续发展领域"的优先事项推动相关成果，同时对未来主席国设定或增加优先和重点议题保持灵活。

发展工作组将通过其现有的问责框架，每年发布年度工作报告，每 3 年发布全面责任报告。报告将重点关注 G20 可持续发展集体行动落实情况。每个相关的工作组或工作机制对自身工作推进情况负责,并通过G20问责机制和程序跟进落实情况。每个相关工作组或工作机制可与发展工作组分享行动进展信息,为发展工作组编制问责报告提供支持。G20确保建立一个连贯、合理、可信赖的问责机制,以支持发展工作组编制报告。

G20认为2030年可持续发展议程全球后续落实和评估工作应由联合国主导,且2016年各国可能只处于制定落实计划的初步规划阶段。G20支持联合国有关进程,承认联合国可持续发展高级别政治论坛在全球后续落实和评估过程中发挥的中心作用。G20成员的集体和国别行动将避免同联合国框架下的报告形成重复。

G20将同低收入和发展中国家、国际组织、民间社会、私营部门及其他相关组织深化合作伙伴关系,以促进全球可持续发展伙伴关系,确保高效落实行动计划。

国别行动和互学互鉴

在制定务实且富有雄心的集体行动以落实2030年可持续发展议程的同时,G20成员还将率先垂范,自愿分享各自正在落实、初步设想或已规划完成的行动或进程。为促进G20成员之间及与其他国家之间相互学习、交流经验和良好实践,G20成员在包括但不限于以下领域分享各自国别行动和经验:

• 增强公众对2030年可持续发展议程和议程与新出现问题相关性的认识;

• 结合当地实际情况,将2030年可持续发展议程纳入国家决策;

• 让多利益攸关方参与到落实可持续发展议程的规划制定过程中;

• 建立横向政策(打破部门藩篱)和纵向政策(将2030年可持续发展议程"本土化")的一致性;

• 资金支持和能力建设;

• 2030年可持续发展议程后续落实与评估;

• 提高在落实2030年可持续发展议程过程中的风险适应能力;

• 支持低收入和其他发展中国家落实2030年可持续发展议程。

G20成员自愿提交的国别行动已在附件B中列出。

※ ※ ※

附件A：加强G20的一致性和协调—发展工作组的职责（略）

附件B：G20成员行动（略）

附件三　二十国集团深化结构性改革议程

一　前言

结构性改革是二十国集团（G20）的一项重点议题，也是G20实现强劲、可持续、平衡增长目标的关键之一。结构性改革是长期增长的重要动力，特别是在与宏观经济政策一并使用时，能够提振信心、促进需求和增长。G20财长和央行行长承诺"各自以及共同使用所有政策工具，包括货币、财政和结构性改革政策"以"促进增长，增强信心，维护和增进复苏"。

考虑到结构性改革的关键作用，确保成员富有雄心地、有针对性且有效地推进改革十分重要。这也是深化结构性改革议程并作为2016年G20一项重点议题的动因。在此背景下，G20财长和央行行长"承诺进一步加强结构性改革议程，包括提出一系列改革的优先领域和指导原则，为G20各成员推进结构性改革提供参考，并将建立一套指标体系，在考虑国情多样性的同时，更好地评估和监测各成员结构性改革进展及其是否足以应对结构性挑战。这一强化的结构性改革议程将纳入强劲、可持续、平衡增长框架下的现有工作。"

本文将详细介绍今年由G20强劲、可持续、平衡增长框架工作组制定的深化结构性改革议程的具体内容。

二　优先领域

G20确定的九大结构性改革优先领域如下：

1. 促进贸易和投资开放
2. 推进劳动力市场改革及获取教育与技能

3. 鼓励创新
4. 改善基础设施
5. 促进财政改革
6. 促进竞争并改善商业环境
7. 改善并强化金融体系
8. 增强环境可持续性
9. 促进包容性增长

值得注意的是，各国结构性改革的优先领域各不相同，应关注与自身改革联系最紧密的优先领域。正如国际货币基金组织（IMF）在题为《结构性改革框架：优先领域和指导原则》的文件中提到的，要确定结构性改革的优先领域，应首先评估一国结构性政策缺口，以便找出哪些改革最能促进增长。结构性改革的具体选择和设计必须考虑该国的宏观经济环境和优先重点，包括收入水平、所处的经济周期以及政策空间。

三 指导原则

九大优先领域下的具体指导原则如下：

（一）促进贸易和投资开放的指导原则

1. 减少关税和非关税贸易壁垒
2. 减少对外国直接投资的壁垒和限制
3. 实施贸易便利化措施以降低边境成本
4. 适当减少贸易和投资的边境后限制，促进更广泛的跨境协调
5. 通过多边、诸边和双边协议最小化对第三方的歧视性措施，减少贸易和投资壁垒

（二）推进劳动力市场改革及获取教育与技能的指导原则

1. 减少对低参与率群体的劳动参与障碍，如女性、青年和老年工人
2. 扩大并改善积极劳动力市场政策的有效性
3. 从保护工作岗位向保护工人进行再平衡，降低劳动力市场的二元性和不规范性
4. 改善职业教育、职业培训、高等教育和技能培训与再培训的普及

与效率

5. 通过提高早期幼儿教育、基础教育和中等教育的普及性与质量来改善教育产出

6. 推动创造高质量的就业岗位，提高劳动生产率

（三）鼓励创新的指导原则

1. 确保并维持研发支出

2. 提高研发及创新支持政策的有效性和效率

3. 增强研究机构/大学与产业界的合作

4. 加强国际研究合作

5. 提高早期风险投资的可得性

（四）改善基础设施的指导原则

1. 提高公共基础设施投资质量（同时确保基础设施及其维护所需的充足资金），并通过包括政府和社会资本合作在内的方式促进私人部门参与

2. 提高基础设施项目的监管审批效率，同时确保投标过程透明

3. 促进在公共基础设施项目中使用成本收益及"物有所值"分析，可采用多标准分析作为补充

4. 减少机构投资者长期投资融资的制度障碍和监管障碍，并推广新的融资工具，同时确保财务稳定

（五）促进财政改革的指导原则

1. 通过增长友好型税收/缴费和支出措施的支持，推动可持续的、全面的社会保障项目

2. 拓宽税基，并逐步消除低效的税收支出

3. 确定增长友好型支出的重点，保持生产性公共投资并提高支出效率

4. 提高税款征收的透明度和效率

5. 改善公共行政管理及公共服务供给的效率

6. 加强财政框架、规则和制度的作用

7. 重点打击骗税和逃税

（六）促进竞争并改善商业环境的指导原则

1. 强化竞争法律及落实
2. 减少开办企业和扩大经营的行政及法律障碍
3. 促进公平的市场竞争
4. 实施高效的破产程序
5. 减少妨碍竞争的限制性规定，减少额外的监管合规负担，并对监管政策进行有效监督
6. 加强法治，提高司法效率，打击腐败

（七）改善并强化金融体系的指导原则

1. 确保金融稳定
2. 支持增长，加强竞争和创新，同时保持审慎目标
3. 确保有利于市场融资的制度框架，同时确保金融稳定并保护投资者
4. 改善并强化传统银行融资和创新融资渠道，同时确保金融稳定
5. 防范金融机构活动的内生系统性风险，强化宏观审慎政策框架

（八）增强环境可持续性的指导原则

1. 推广市场机制以减少污染并提高资源效率
2. 促进清洁和可再生能源以及气候适应性基础设施的发展
3. 推动与环境有关的创新的开发及运用
4. 提高能源效率

（九）促进包容性增长的指导原则

1. 通过降低就业壁垒以及改善教育和培训产出，改善机会平等
2. 扩大学前、初等教育和中等教育的覆盖面并提高效率
3. 以增长和就业友好的方式开展有针对性的、设计完善的社会转移支付及收入再分配计划
4. 促进普惠金融和金融知识普及
5. 减少性别平等障碍，特别是在教育、就业和创业领域
6. 采取措施减少某些促增长政策对不平等问题可能造成的负面影响

正如经济合作与发展组织（OECD）所概括的，这些原则为 G20 成员在各优先领域下考虑开展改革提供了有用的高级别指导。需要注意的是，这些指导原则是在自愿基础上加以使用。这些原则不具有约束性及规范性，因为它们未必适用于所有准备在九大优先领域实施改革的国家。G20 成员们认识到，在特定优先领域下开展改革时，应在不同的指导原则之间保持平衡。

G20 成员可使用优先领域和指导原则引导开展政策改革，包括用于更新增长战略。2016 年，我们鼓励 G20 成员自愿运用九大优先领域，在本国增长战略中探讨使用新的结构性改革政策。

四　量化框架：指标体系

如前文所述，《G20 深化结构性改革议程》的重要内容之一是建立一个指标体系，以更好地评估和监测 G20 成员在结构性改革方面的进展和成效，及其是否足以应对结构性挑战。经过广泛讨论，并在国际组织特别是 OECD 的支持下，增长框架工作组就量化框架下一套共同的核心指标达成共识。这些核心指标旨在与《G20 问责评估报告》以及 IMF 根据《G20 衡量过度外部失衡的参考性指南》起草的《可持续性评估报告更新》中已使用的指标相互补充，避免彼此重复。

G20 结构性改革优先领域	结构性改革指标[1]	
	政策指标[2]	产出指标[3]
促进贸易和投资开放	贸易和投资隐性壁垒指标或*跨境贸易指标	劳动生产率
促进竞争并改善商业环境	创业壁垒指标或*创业指标	
鼓励创新	公共研发支出（占 GDP 比重）和研发税收优惠（占 GDP 比重）或*研发总支出（占 GDP 比重）	
改善基础设施	公共投资（占 GDP 比重）或*投资（占 GDP 比重）	
推进劳动力市场改革及获取教育与技能		就业率

附录（一） 二十国集团领导人杭州峰会公报

续表

G20 结构性改革 优先领域	结构性改革指标[1]	
	政策指标[2]	产出指标[3]
促进包容性增长		共享繁荣指标 或*基尼系数

注：1. 使用指标的重要目标之一是为评估及监测结构性改革的进展及其是否足以应对结构性挑战提供适当参考，指标的使用并不代表各国在 G20 之外其他机制下的立场；2. 根据 OECD 的意见，政策指标在衡量结构性改革对经济产出的作用方面具有重要意义；3. 根据 OECD 的意见，产出指标反映了经济形势的变化，但这一变化可能由政策制定者可控范围之外的许多其他因素引起。"*"表示成员可选择两个指标之一。

OECD 和世界银行关于上述指标的更多说明见附件（略）。

指标体系将在今后不断调整以使之更加全面，特别是将纳入更多指标以覆盖其他优先领域。

关于数据来源，这些指标只使用已公开可得数据。在多数情况下，数据将主要来源于国际组织。当国际组织数据与国别数据存在明显差别或有较大数据缺口时，国际组织将与 G20 成员进行协商。个别情况下，如果国际组织没有某成员在某个指标上的数据，该成员可提出有数据来源的其他指标进行代替。成员提出的建议替代指标应适于对优先领域进行评估，且可能需同国际组织就该指标与原指标的总体可比性进行讨论。

指标的使用

如前所述，建立指标体系的主要目的是对 G20 在结构性改革领域的进展及其是否足以应对结构性挑战进行评估和监测。在此背景下，OECD 将在吸收其他国际组织意见的基础上准备一份技术报告，利用这套共同指标协助评估 G20 在九大优先领域的进展和挑战。报告内容主要分两部分：

1. 使用相关指标评估 G20 整体在优先领域的改革情况，对于不存在各方一致认可指标的优先领域，将补充使用公开可得的其他信息进行评估。

2. 使用"仪表板"（Dashboard）方法对各国指标进行解读。

G20 增长战略，包括同行审议，以及 OECD 技术报告的有关信息将视

情纳入《G20问责评估报告》。包含国别系列指标图表的"仪表板"可作为《G20问责评估报告》的附件。这些图表将展示成员在一段时间内各项指标的变化。

从2017年起，OECD将每两年准备一份技术报告，与IMF根据《G20衡量过度外部失衡的参考性指南》起草的《可持续性报告更新》保持同步。各指标的数据将以2016年为基准，并将用于2017年及之后的技术报告中。

需要注意的是，在讨论指标分析结果时，还应反映各国国情。我们也认识到，并非所有国家都会同时在所有优先领域开展改革。指标将以"仪表板"方式呈现，但其意图并非用于跨国比较，而是展示各成员在国别层面的进展。

此外，各成员也可以在制定本国增长战略及开展同行审议过程中，自行选择使用其他的政策指标和产出指标，就改革对促增长的预期效果开展自我量化评估，以强化对结构性政策挑战的分析和对改革进展的监测。对于这类指标，各成员可自行选择数据来源。

五　结　论

结构性改革对提高生产率和潜在产出、促进包容性增长具有重要作用。《G20深化结构性改革议程》涵盖了改革的优先领域、指导原则和指标体系，展示了G20对有效、有力实施结构性改革的承诺，也是G20促进强劲、可持续、平衡增长努力的一部分。加大对结构性改革的重视将有助于提高潜在增长，使G20经济体更具创新性、强劲、有韧性。

增长框架工作组将寻求机会继续完善《G20深化结构性改革议程》。《G20深化结构性改革议程》将纳入增长框架工作组现有工作中，作为帮助评估各成员结构性改革努力的一项工具。在2016年的基础上，今后可能将可能加入其他政策指标和产出指标以强化现有指标体系。此外，增长框架工作组还将继续视情探讨运用指标体系的其他途径，以充实对各国所面临结构性挑战的分析，并监测结构性改革的实施进展。

附录（二）
二十国集团全球贸易增长战略

布里斯班峰会提出2018年前经济额外增长2%的目标，作为实现该目标不可或缺的一部分，并作为努力实现促进全球经济增长、推进可持续发展目标工作的一部分，该战略制定了具体的国别和集体行动计划。二十国集团承认世贸组织在全球贸易治理的核心作用，支持继续加强其作用。

这一战略补充了二十国集团贸易部长会议声明中的任务和承诺，包括不采取新的贸易保护主义措施并取消有关措施、贸易便利化、世界贸易组织、其他贸易协定、全球投资指导原则以及促进包容的全球价值链等方面。

1. 降低贸易成本

世贸组织《贸易便利化协定》一旦实施，将显著降低全球贸易成本，促进贸易发展，帮助中小企业融入全球价值链。二十国集团成员注意到单个国家采取行动降低贸易成本、缩减贸易时间、减少货物服务流动不确定性的重要性，包括解决边境后壁垒。国别增长战略体现每个国家的承诺。二十国集团成员致力于进一步采取措施降低贸易成本并鼓励所有世贸组织成员全面实施《贸易便利化协定》，根据经合组织和世贸组织的测算，全面实施《贸易便利化协定》可将全球贸易成本降低15%。二十国集团成员感谢经合组织、世贸组织、世界银行对贸易成本监测所做的工作。二十国集团成员同意能力建设和技术援助对于保证最有需要的发展中国家实现此目标至关重要，并将继续支持这方面的努力。

2. 加强贸易投资政策协调

二十国集团成员将保证贸易、投资以及其他公共政策相互补充、相互

促进，包括采取国别增长战略中列出的改革。二十国集团成员认识到全球价值链作为全球贸易和投资流动驱动力的重要性，致力于采取促进更加开放、可持续和包容价值链的政策，以鼓励发展中国家进一步融入全球价值链并获得价值增值。二十国集团成员将研究贸易投资关系的主要问题，找出政策不协调部分，形成解决建议，并加强政策协调。二十国集团成员注意到世贸组织、联合国贸发会议、经合组织以及世界银行针对贸易与投资相互关系的研究报告，该报告提出一系列可供考虑的重要政策选择。二十国集团欢迎国际机构在其各自资源和授权范围内针对这些重要议题开展额外分析工作。

3. 促进服务贸易

二十国集团成员承诺实施政策以支持开放、透明和竞争性服务市场。这将促进服务提供商，尤其是发展中国家和低收入国家的服务提供商参与全球价值链，将有助于全球价值链中货物和服务的流动，支持更加有效的生产和贸易，从而促进全球经济增长，创造新的和更好的就业机会。二十国集团成员同意考虑就促进服务贸易的议题做工作，这将扩大各种形式的服务贸易，为国内经济和全球贸易做出更大贡献。二十国集团鼓励世贸组织、经合组织和世界银行在其各自授权和资源范围内进一步研究，以向二十国集团成员清晰地展示服务业对整体经济及供应链的作用，以及服务业对经济发展、贸易增长和实现公共政策目标的贡献。国际机构的分析工作将帮助二十国集团成员探索可能提高效率、生产力和福祉的政策选择，并考虑到发展水平的差异，最大限度地挖掘二十国集团服务业市场潜力，降低贸易成本。

4. 增强贸易融资

贸易融资缺口阻碍了贸易和经济增长。贸易融资缺口在最贫困国家尤为明显，尤其是在非洲、亚洲发展中国家以及发展中小岛国，这些国家在获取相应知识技能以运用贸易融资工具方面也面临挑战。二十国集团注意到，世贸组织在世界银行和多边、区域开发银行现有贸易融资促进项目支持下，针对贸易融资和中小企业所做的研究及提出的建议。二十国集团成员进一步注意到，世贸组织总干事呼吁加强现有多边贸易融资促进项目的贸易融资。

5. 制订贸易景气指数

在贸易增速相关的指标方面掌握更多影响贸易和经济增长的信息对各国都有益。二十国集团欢迎世贸组织发布其首份贸易景气指数。二十国集团成员有信心该指数将作为贸易的提前预警系统，为政策制定者和企业提供更实时的贸易发展指标。这将成为二十国集团成员政府调整贸易相关政策的重要工具。

6. 促进电子商务发展

数字贸易和技术迅速发展引发经济贸易结构的深刻变革，鉴于这种形势，二十国集团成员同意加强电子商务问题的讨论与合作。二十国集团成员感谢经合组织、贸发会议和世贸组织就电子商务在国际贸易中作用的演变以及相关政策问题进行的研究。二十国集团成员认识到中小企业正在融入全球贸易。为了使中小企业和发展中国家更好地获取数字技术，获得更大利益，并帮助其实现包容性贸易增长，二十国集团成员鼓励政府和企业进行对话，找出电子商务发展面临的机遇和挑战，研究讨论贸易领域相关政策、标准和模式。增加对话可加强政策方面的协调合作。二十国集团成员注意到二十国集团工商界搭建全球电子商务合作平台的倡议。

7. 关注贸易与发展

贸易是近几十年来经济发展的强大动力。《2030年可持续发展议程》也强调了贸易应在实现包容性增长、可持续发展和减贫中发挥关键作用。鉴于贸易对各国实现可持续发展目标的中心作用，并基于二十国集团此前开展的贸易与发展相关工作，二十国集团成员强调更好地利用该战略所做出的贸易促发展的承诺。二十国集团成员认识到，促进贸易和投资可增强发展中国家和中小企业参与全球价值链并向价值链上游攀升；并认识到发展中国家经济多元化和产业升级的重要性。二十国集团成员认识到促进低收入国家参与区域贸易协定有关倡议的重要性，可解决与获得贸易融资有关的问题，支持健全的农业政策，支持实现可持续发展目标的贸易和投资，促进参与全球价值链，促进负责任企业行为，加强与贸易有关的技能

开发，推进和加强促贸援助倡议。此外，二十国集团成员将采取具体行动实施在《亚的斯亚贝巴行动议程》的承诺，将"可持续发展纳入各层面的贸易政策"。二十国集团注意到一些成员建议，由贸易投资工作组研究是否可采取与贸易有关的措施，减轻低收入和中等收入国家因接收数量特别巨大的难民所带来的负面影响。

结尾

作为二十国集团贸易部长会议声明的补充，二十国集团成员对本战略充满信心。我们可以推动贸易的开放和融合，以促进全球繁荣和发展。二十国集团贸易投资工作组将继续同其他相关工作组紧密合作，加强协调，并避免重复工作。二十国集团成员也欢迎国际机构以及二十国集团其他参与者，尤其是二十国集团工商界和二十国集团智库的贡献，并将继续与它们合作实现强劲、可持续、包容和平衡的增长。

附录（三）
二十国集团全球投资指导原则

为了营造开放、透明和有益的全球投资政策环境，促进国际国内投资政策协调，促进包容的经济增长和可持续发展，二十国集团成员提出以下非约束性原则，为投资政策制定提供总体指导。

1. 认识到全球投资作为经济增长引擎的关键作用，政府应避免与跨境投资有关的保护主义。

2. 投资政策应设置开放、非歧视、透明和可预见的投资条件。

3. 投资政策应为投资者和投资提供有形、无形的法律确定性和强有力的保护，包括可使用有效的预防机制、争端解决机制和实施程序。争端解决程序应公平、开放、透明，有适当的保障措施防止滥用权力。

4. 投资相关规定的制定应保证透明及所有利益相关方有机会参与，并将其纳入以法律为基础的机制性框架。

5. 投资及对投资产生影响的政策应在国际、国内层面保持协调，以促进投资为宗旨，与可持续发展和包容性增长的目标相一致。

6. 政府应有权为合法公共政策目的而管制投资。

7. 投资促进政策应使经济效益最大化，具备效用和效率，以吸引、维持投资为目标，同时与促进透明的便利化举措相配合，有助于投资者开创、经营并扩大业务。

8. 投资政策应促进和便利投资者遵循负责任企业行为和公司治理方面的国际最佳范例。

9. 国际社会应继续合作，开展对话，以维护开放、有益的投资政策环境，解决共同面临的投资政策挑战。

上述各项原则相互联系，应视为整体。上述原则基于各国国际承诺，考虑到其国内和更广泛的可持续发展目标和重点，可为制定国际国内投资政策提供参考。

附录（四）
杭州行动计划

一 概述

自2008年金融危机以来，全球经济已经得到了长足的发展，但复苏依然脆弱且不尽如人意。此外，经济增长的成果需要被更加广泛的分享，以满足人民群众的预期。我们意识到，必须更努力地以可持续和包容的方式提高经济增速和创造就业，以及我们在应对全球经济下行风险时可发挥积极的推动作用。我们也意识到进一步促进经济增长的努力能否获得支持取决于经济增长带来的好处能否被广泛分享，以及能否惠及贫困和更脆弱的人群。

杭州行动计划列出了我们将要遵循的战略，以促进强劲和更加广泛的经济增长，实现所有人共享的发展成果。在过去承诺的基础上，行动计划中列出的新承诺旨在开辟一条通往强劲、可持续、平衡和包容性增长的清晰道路。行动计划包含许多将在未来几年采取的政策行动，其中一些是短期内促进经济增长和创造就业的宏观经济政策措施，其他一些是中长期预计可提高经济生产率和生活水平的结构性改革措施，还有一些政策旨在确保我们追求的短期和中期增长在面临突发情况时更具韧性，更可持续，能更大力度地支持自然环境，以及可更公平地分享。

二 过去承诺的实施情况

在2014年布里斯班峰会上，我们在增长战略中列出的重大行动承诺如能得到充分且及时的落实，将在2018年之前将二十国集团（G20）的

整体国内生产总值（GDP）额外提高2%（共同增长雄心）。为达到目标，我们于2015年制定了一个强有力的框架，以密切监测我们承诺的落实情况。我们在安塔利亚峰会上调整了增长战略，包括我们正在采取的新行动，以便根据变化中的经济挑战提高战略的效果。2016年是实现布里斯班雄心的关键之年，因为其标志着如今时间已过半。因此，今年我们完善了增长战略，增加了新的关键承诺，并加强了同行评估，以便更全面、详细地评估成员的增长战略以及过去承诺的落实进展。我们还将投资战略并入增长战略，以提高效率。

我们对落实情况的监测得到了国际货币基金组织（IMF）、经济合作与发展组织（OECD）以及世界银行集团（WBG）评估的支持。监测结果表明，G20成员已经完成了一半以上的在布里斯班做出的多年承诺以及大约一半的在安塔利亚做出的承诺，其余承诺大都在落实中。国际组织的评估还表明，截至目前，我们大致完成了一半的共同增长雄心。我们意识到，我们必须更加努力，尤其是必须更加努力地加快有效落实所有剩余承诺。《2016年问责评估》报告了我们增长战略承诺的落实进展。

三 通向强劲、可持续、平衡和包容性增长的道路

尽管为履行我们过去的承诺而采取的行动值得称赞，但我们承认，如要继续沿着强劲、可持续、平衡和包容性增长之路前行，必须继续努力。我们决心各自以及共同使用包括货币政策、财政政策和结构性改革在内的所有政策工具来达到这一目标。由于各国国情不同，我们每个国家在许多领域采取适当的政策行动时需保持谨慎。同时，我们的共同努力也将在短期和中期给各国带来好处，并将为全球经济更强劲、可持续、平衡和包容性增长打下坚实基础。

（一）强化短期经济增长和稳定。

虽然国际金融危机爆发以来，全球经济出现改观，但我们仍对全球经济复苏差强人意表示担忧。全球经济环境充满挑战，下行风险犹存，尤其是大宗商品价格波动以及许多发达经济体的通胀水平处于低位。金融市场的波动性依旧高企，经济重构、地缘政治冲突、恐怖主义和难民流

动继续使全球经济环境复杂化。我们正在使用货币和财政政策增强信心，促进经济增长和稳定。我们认识到需求侧措施在支持经济活动中的重要作用及其对结构性改革的补充作用。因此在2016年，我们出台了如下一系列措施：

——澳大利亚、印度尼西亚和韩国的中央银行根据各自职责下调了利率。

——欧央行已在符合其职责的情况下继续扩大资产购买计划，将公司债纳入购买计划并将购买规模由每月600亿欧元扩大至每月800亿欧元，并把存款便利利率下调至-0.4%。

——日本央行于2016年早些时候引入了"负利率政策并同时实施质化和量化货币宽松政策"，并在晚些时候通过扩大购买交易型开放式指数基金（ETFs）的规模以加大宽松力度，并采取措施确保日本企业和金融机构能够顺利获得外币融资。

——英格兰银行已降息并宣布推出一个定期融资计划以加强降息的政策传导效应，减少逆周期资本缓冲以支持信贷发放，扩大资产购买计划，额外增加购买600亿英镑国债和最多100亿英镑公司债。

——土耳其央行已采取措施提高其货币政策工具的有效性，并通过下调边际贷款利率来收窄利率走廊。

——加拿大和美国的货币政策仍保持宽松。

——加拿大将在六年中进行约502亿加元（占其GDP的2.5%）的战略投资，为经济提供直接支持，并在长期范围内提高潜在产出。

——中国将在2016年投入5000亿元人民币的中央政府投资，以支持保障性安居工程、粮食水利、中西部铁路、科技创新、节能环保等重点领域工作。

——印度加大了对基础设施领域的投资。

——日本推出规模为28.1万亿日元（占其GDP的5.6%）的经济刺激计划，其中财政刺激措施的规模为13.5万亿日元（占GDP的2.7%）。

——美国将2016年和2017年联邦预算支出授权提高了1110亿美元，以支持短期需求。

——韩国将增加其2016年下半年的财政支出，增加规模将超过28万亿韩元（占GDP的1.9%），其中包括11万亿韩元的补充预算。

（二）促进中期实际与潜在增长。

为促进中期实际和潜在增长，我们正在进一步推进结构性改革，包括通过为战略性基础设施投资奠定基础，以及共同建设一个公平而高效的国际税收体系的方式。

1. 深化结构性改革议程。

我们相信，结构性改革是推动中长期经济增长的重要动力，在有力的宏观经济政策框架配合下，能够提振信心、刺激需求、创造就业并促进短期经济增长。我们制定了涵盖九大优先领域的深化结构性改革议程，其中包括各优先领域的指导原则和指标体系（详见《G20深化结构性改革议程》）。不同国家结构性改革的具体重点不尽相同，各国将集中关注与自身改革最密切相关的领域。成员可以将优先领域与指导原则用于指导今后的政策改革，包括用于更新增长战略。指标体系包括政策指标和产出指标等，旨在帮助评估和监测结构性改革的进展，以及这些改革措施是否足以应对结构性挑战。我们承诺继续落实和完善《G20深化结构性改革议程》。

我们已就下列九大优先领域做出了结构性改革承诺。这些承诺与指导原则保持一致。

促进贸易和投资开放

我们正在采取措施以减少外商直接投资的障碍和限制，落实贸易便利措施以降低边境成本以及合理地减少贸易和投资的边境后限制，致力于构建更加和谐的跨境贸易关系。

成员关于促进贸易和投资开放的承诺包括：

——中国继续保持开放，并推动服务贸易。

——印度进一步放松对外商直接投资的限制，提高境外机构在印度股市、保险和养老金领域的投资限额。

——印度尼西亚正在消除其市场堡垒，以吸引更多的外商投资，并用数字化技术简化贸易监管，具体包括改革政府服务，并将贸易处理从纸质化向网络化转变。

——韩国正在调整对外商在高科技领域投资的扶持政策,从而为新兴产业提供更多的税收优惠。

促进竞争并改善商业环境

我们正在采取措施减少创业和发展商业活动的行政和法律障碍,为市场竞争创造公平的环境,实施有效的破产程序。我们也在采取措施减少损害竞争的限制性规定,减轻过度的合规负担,对落实监管政策进行有效监督,完善法规,提高司法系统的效率并打击腐败。

成员促进竞争并改善商业环境的承诺包括:

——巴西正在提供技术援助,帮助中小企业至少提高20%的生产率。

——欧盟在"单一市场战略"和欧洲投资计划下支持初创企业,消除阻碍公司成长以及跨境贸易和投资的障碍,促进融资渠道,促进创新并加强"单一市场战略"的落实。

——法国正在采取措施简化特小型、小型和中型企业的商业环境。

——印度尼西亚正在去官僚化并放松管制,通过简化各种许可程序,将不相关的要求降至最低,消除不必要的检查。

——意大利正在采取一揽子新措施,侧重于满足意大利生产体系尤其是中小企业的注资需求,旨在通过进入资本市场来刺激企业成长并增强竞争力与管理能力。

——墨西哥正在改善法治,提升潜在增长率,通过加强法律框架发挥改革的全部潜力。

——西班牙正在消除产品市场和服务领域的负担和障碍,加强管理部门间的合作机制。

鼓励创新

我们正在采取措施以确保并维持研发支出,加强研究机构、高校与产业间的合作,改善国际研究合作和早期风险资本投资的获取。

成员鼓励创新的承诺包括:

——澳大利亚支持国家创新和科学研究计划,包括便利企业融资、与研究人员合作并吸引海外人才。

——日本将企业向大学与公共研究机构的投资额增至三倍。

——韩国正在增强新兴产业研发税收抵免系统，以支持创新。

——俄罗斯正在建立技术开发机构，通过提供信息、分析与咨询援助、交易支持与资金筹措，帮助企业找到创新技术解决方案。

——土耳其正在建立针对创新驱动型企业的早期投资基金，以及众筹和联合融资的机制。

改善基础设施

我们正在采取措施提升公共基础设施投资质量，同时确保充足的资金用于基础设施及其维护，并促进私人部门参与，包括通过启用政府和社会资本合作（PPP）模式。我们也在采取措施减少对于机构投资者长期投融资的机制性与监管障碍，推出新的金融工具，同时确保金融稳定。

成员改善基础设施的承诺包括：

——阿根廷正在投资公路、铁路、航运以及河道运输基础设施（贝尔格拉诺计划）以提升国内互联互通与地区间贸易。

——加拿大正在公共交通、水利、污水处理和绿色基础设施以及社会基础设施等方面进行定向投资。

——中国正在加速推动农村地区电网升级改造。

——德国正在实施数字化工程，包括投资电子通信基础设施。此外，德国联邦政府还在公共交通基础设施领域开展额外投资。

——印度尼西亚正在增加2016年国家预算中对资本项目的早期采购，以减少后期资本大幅支出压力并降低在当前财年中无法实施项目的风险。

——南非正在发展替代融资机制，为基础设施投资筹措资金。"独立能源生产商（IPP）"计划给可再生能源领域带来了大量投资。

——土耳其通过启用符合其国家交通总体规划（2015—2018）的创新融资机制，加速推动PPP交通运输工程。

——美国已制定了一项长期地面交通运输法案，将在5年内提供3050亿美元资金。

改善并强化金融体系

我们正在采取措施确保金融稳定、支持增长、增强竞争与创新，同时维持审慎目标。我们正在采取措施确保制度框架有利于市场化融资，确保投资者受到保护，改善并拓展传统银行业与创新型的融资渠道，同时维持金融稳定。

成员改善并强化金融体系的承诺包括：

——阿根廷正在促进长期储蓄与本币信贷增长，增加抵押贷款。

——印度正在研发一套完整的公司债信息库，包含一级与二级市场信息，并建立公司债回购市场电子化平台。在建立综合处置机制方面有重大进展。

——意大利通过加快取消公司与中小企业不良贷款的抵押品赎回权，加强信贷回收，进一步增强其银行系统抗风险能力。

——俄罗斯已采取了关于其金融市场中期发展的行动计划。

推进劳动力市场改革及获取教育与技能

我们正在采取措施减少妇女、青年与高龄工人等低劳动力参与度群体的就业障碍，以扩大并完善积极的劳动力市场政策的效果。我们也在采取措施扩大各类工作的社会保护，降低劳动力市场的二元性与不正规雇佣，并改善职业教育与培训以及高等教育与技能培训的渠道与效率。我们正在采取措施提升就业质量，提高劳动生产率。

成员推进劳动力市场改革及获取教育和技能的承诺包括：

——阿根廷正在扩大家庭津贴计划，以覆盖父母被正规劳动力市场排除在外的儿童。

——法国正在实施全面的劳动力市场改革，包括增加企业灵活性与职工保护的措施，并为求职者提供额外的培训课程，尤其是针对那些缺乏技能或者所学技能已过时的求职者。

——韩国正在将今年公共部门实施的绩效工资体系向私人部门拓展，以推动四大领域结构性改革。

——沙特正在启动一项关于职业健康与安全的国家项目。

——英国继续努力实现政府关于"自 2020 年起将英国学徒的数量提高至 300 万，同时显著提升学徒质量"的承诺，通过取消 25 岁以下且月薪低于 827 英镑的学徒的国民保险的方式。

促进财政改革

我们正在采取措施改善公共管理与公共服务提供的效率,加强财政框架、规则和制度的作用,提高税收征管的透明性与有效性,打击逃税与避税。我们也在采取措施优先考虑有利于增长的支出,保持高效的公共投资并提升支出效率。

成员促进财政改革的承诺包括:

——澳大利亚正在降低公司税率,从中小企业入手,推广小型企业税收减免。

——中国正在促进税收改革,将营业税改为增值税。

——欧盟正对企图逃避支付公平份额税款的公司采取更强的协调一致的立场,并在税基侵蚀与利润转移方面实施国际标准。

——韩国正通过实施《财政整顿法案》增强中长期财政的稳健性和可持续性。

——墨西哥正在实施一项为期数年的公共支出调整计划,以确保财政可持续并在当前不利的环境中维持宏观经济稳定。

——沙特正建立国家项目管理机构,以确保公共投资项目效率。

——南非继续实施财政支出上限,以维护财政纪律和债务可持续性,同时调整支出优先顺序,向投资倾斜,并削减全国政府部门不必要性的商品与服务预算。

——西班牙正在加大打击逃税与税收欺诈方面的工作力度。

——英国正在降低公司税率以支持投资。

增强环境可持续性

我们正在采取措施扩大市场化机制的运用,以减少污染,提高资源利用效率,促进发展清洁与可再生能源以及能抵御气候变化的基础设施。我们也将采取措施,以促进出台和发展与环境相关的创新项目,并提升能源利用效率。

成员增强环境可持续性的承诺包括:

——加拿大正在为清洁技术提供战略资金,包括在林业、渔业、采矿、能源和农业领域,以支持经济实现清洁增长。

——中国正在利用电价调整所带来的收益，支持火力发电厂向超低排放模式转型，并发展可再生能源。

——德国将会在 2016 年至 2020 年间以公共支持项目的形式提供 170 亿欧元资金，以改善能效。

——印度正在建立一个国家级的气候变化适应基金，为国家层面和各州层面所出台的适应性措施提供资金，以帮助那些容易受到气候变化影响的社区和领域。

促进包容性增长

我们正在通过减少就业障碍、提高教育和培训的效果等措施，提高机遇的平等性。我们还将出台定向的、增长和就业友好型的社会转移和收入再分配项目。我们将会采取措施，以在追求经济增速的同时确保实现包容性。

成员促进包容性增长的承诺包括：

——加拿大正在为中等收入人群减税，通过出台一个新的加拿大儿童福利计划为家庭提供更多支持，并通过增加针对单身老年人的保障收入补贴改善退休收入体系。

——印度正在出台一个健康保险机制，该机制将会为三分之一的人口提供住院费用保障。

——日本正在进行工作方式改革，包括改善非正规工人的工作环境以及改变工作时间较长的习惯，以促进工作和生活的平衡，并促进年长人士的就业。日本还将在 2016 年把最低工资提高 3%。

——墨西哥通过设立特别经济区，在发展较为落后的地区提高生产率、促进就业以及创造财富。

在未来的问责评估中，G20 深化结构改革议程中的指标体系将会被用来评估我们结构性改革的进展以及这些改革措施是否足以应对结构性挑战。

2. 提振和加强基础设施投资。

不论是公共部门还是私营部门的基础设施支出对于促进总需求、拉动额外的私营部门投资、推动供给侧结构性改革、实现更加强劲、平衡、可

持续和包容性增长至关重要。我们鼓励11家多边开发银行履行其在"支持基础设施投资行动的联合愿景声明"中所做的承诺。我们支持开发银行在各自职能范围内制定高质量基础设施项目量化目标，最大限度地提高基础设施项目质量、加强项目储备、增进新老多边开发银行的合作并动员私人投资。我们强调，高质量基础设施投资对于确保经济效率非常重要，其综合了考虑生命周期成本、安全性、抗自然灾害的韧性、创造就业机会、能力建设以及根据共同同意的条件转移知识和专业技能，同时处理好项目的社会和环境影响，并与经济和发展战略相一致。我们承诺致力于推动加强全球基础设施建设互联互通，并在2016年7月发起了"全球基础设施互联互通联盟倡议"。基于《G20/OECD基础设施和中小企业融资工具多元化政策指南文件》，我们将在自愿基础上进一步推动融资工具多元化。

3. 税收政策促增长。

税收政策对于实现强劲、可持续和平衡经济增长发挥着关键作用。我们强调有效的税收政策工具对供给侧结构性改革、推动创新和包容性增长的重要作用。我们也强调有必要提高税收确定性，以支持跨境贸易与投资。我们支持国际税收合作，构建公平、高效的国际税收环境，以减少税收体系之间的冲突并推动实现强劲、可持续和平衡经济增长。我们要求OECD与IMF就促进创新驱动的包容性增长、提高税收确定性的税收政策起草报告。同时，我们注意到中国将通过建立一个致力于国际税收政策设计与研究的国际税收政策研究中心贡献自己的力量。

（三）使增长更具韧性、可持续和平衡。

除了那些在短期和中期促进更强劲增长的政策措施外，我们还采取行动以确保经济增长将提高金融部门的韧性以应对冲击，促使我们的人民群众享受到更广泛的、量身定制的金融服务，为环境友好型项目提供更多融资，以及减少持续的、过度的内部和外部失衡。

1. 建立一个稳定、有韧性的国际金融架构。

我们承诺将采取更多措施加强国际金融架构，这是实现强劲、可持续和平衡增长以及金融稳定的关键因素。我们期待IMF和OECD在资本流动方面开展的工作。我们将按公报中所详细阐述的、就IMF资源问题采取必要的措施。我们欢迎即将举行的清迈倡议多边化与IMF的联合演练，并呼吁那些与IMF的合作能力尚未被检验的区域金融安排考虑与IMF进行演练。我们期待IMF与演练参与国从这些演练中吸取经验和教训，并在更广泛的合作背景下分享与区域金融安排合作的经验，同时考虑到不同区域金融安排的不同特性和职责。我们期待世界银行按照达成一致的原则和路线图实施股份审议，包括在2016年年会前就动态公式达成共识。我们强调促进有效和可持续融资实践的重要性。我们支持对针对低收入国家的债务可持续性框架进行审议，并呼吁各国采取更多的、协调一致的努力，为债务国和其面临的挑战提供有针对性的技术援助。我们支持研究将加强的合同条款纳入存量主权债的成本和可行性，并支持研究和讨论促进主权债重组程序的其他措施。我们呼吁进一步分析状态依存型债务工具的技术方法、机遇和挑战，包括GDP挂钩债券。

2. 促进普惠金融。

我们认识到普惠金融对于改变所有人，尤其是穷人的生活，具有重要意义。在《G20数字普惠金融高级原则》的基础上，我们将会采取普惠金融全球合作伙伴（GPFI）所推荐的、适合各国具体国情的具体行动，以促进数字普惠金融发展，并帮助低收入国家打通"最后一公里"，为那些尚未享受到金融服务或享受的金融服务不足的人群提供服务。我们要求GPFI定期更新G20普惠金融指标体系，以反映普惠金融领域的最新趋势和进展，并支持国际组织收集高质量的国别数据。我们认识到改善金融教育和能力建设项目效果的重要性。我们期待《G20/OECD关于G20成员金融素养的报告》。我们支持在《G20中小企业融资行动计划落实框架》下将进行的第一次国别自评。我们支持GPFI的进一步工作，以落实《G20普惠金融行动计划》，并要求GPFI在2017年对此进行审议。

3. 促进绿色金融。

实现环境可持续的增长需要大量绿色投资。我们欢迎G20绿色金融研究小组制定的关于如何增强金融体系的能力以动员私人部门资金进行绿色投资的自愿可选措施。尤其是，我们相信可以通过努力提供清晰的战略

性政策信号与框架,推动绿色金融的自愿原则,扩大能力建设的学习网络,支持本地绿色债券市场的发展,开展国际合作以推动跨境绿色债券投资,鼓励并推动在环境与金融风险领域的知识共享,改善对绿色金融活动及其影响的评估方法。

4. 更有效、透明地提供和动员气候资金。

认识到气候资金对于促进可持续和气候韧性发展的重要性,我们重申应及时实施气候变化《巴黎协定》,落实发达国家和国际组织就气候资金所作的承诺和其他国家就气候资金所作的声明。

5. 应对全球失衡。

我们注意到自2009年以来在减少全球过度失衡方面取得的进展。然而,我们担心该调整进程可能正在失去动力,尤其是2015年全球外部失衡略有增加。如果2009年以来在这方面所取得的进展消失殆尽,我们承担不起。我们将共同努力,使用所有政策工具,以一种增长友好的方式减少过度失衡。确保全球调整进程的合理和对称性运行至关重要。我们将会研究应进一步采取何种措施,从而以一种对称的方式重振调整进程。我们将继续定期对各成员进行评估,以识别大规模、持续的外部和内部失衡,并分析其根本原因。IMF的定期分析对该评估也十分有益。我们将继续研究全球失衡问题,包括从经常账户以外的其他角度。

四 构建更加繁荣的未来

我们的行动计划列出了我们促进增长的共同战略要素。正如这份行动计划所示,我们重申我们的决心,将各自以及共同使用所有政策工具,包括货币政策、财政政策和结构性改革政策,以实现我们的强劲、可持续、平衡和包容性增长的目标。

全球增长创造了巨大的收益。G20的增长也将为发展中国家和低收入国家带来正面的溢出效应。我们也认识到需要减少国内政策措施对于其他国家的负面溢出效应。我们需要加倍努力,保证未来全球增长的收益被更多的人群所分享,以提高国家内和国家间的包容性。我们需要证明我们推动经济增长的政策实际上将使得更多人群受益,增长应该更具包容性,这样政策措施才能获得更加广泛的支持。特别是，我们应努力确保自由贸易、全球化、更广泛的全球联通性为包容性的、被更加广泛分享的经济增长做出贡献，并有效地宣传其好处。

我们也应清楚，全球经济会继续受到不可预见事件的影响，有可能产生令人失望的负面经济和社会效应。我们有责任保护已经取得的成果，预防对于增长前景的损害。因此，我们应更加努力，通过增加经济增长目标和政策工具的韧性，来管理不确定性。

我们的信誉取决于我们如何落实承诺。我们将继续共同为我们做出的承诺负责，展示落实进展。我们将提高落实的有效性和专注度。我们将继续欢迎国际组织提供的强有力的分析支持，协助我们实现更加强劲、可持续、平衡和包容性的增长。

大事纪年

1999 年	1999 年 9 月 25 日,七国集团财长和央行行长会议在美国首都华盛顿召开,宣布成立二十国集团财长和央行行长论坛。 1999 年 12 月 15~16 日,二十国集团成立后的首次财长和央行行长会议在德国柏林召开。
2000 年	2000 年 10 月 24~25 日,二十国集团财长和央行行长会议在加拿大蒙特利尔召开。
2001 年	2001 年 11 月 16~17 日,二十国集团财长和央行行长会议在加拿大渥太华召开。
2002 年	2002 年 11 月 22~23 日,二十国集团财长和央行行长会议在印度新德里召开。
2003 年	2003 年 10 月 26~27 日,二十国集团财长和央行行长会议在墨西哥莫雷利亚召开。
2004 年	2004 年 11 月 20~21 日,二十国集团财长和央行行长会议在德国柏林召开。
2005 年	2005 年 10 月 15~16 日,二十国集团财长和央行行长会议在中国香河召开。
2006 年	2006 年 11 月 18~19 日,二十国集团财长和央行行长会议在澳大利亚墨尔本召开。
2007 年	2007 年 11 月 17~18 日,二十国集团财长和央行行长会议在南非克莱蒙德召开。
2008 年	2008 年 10 月 11 日,二十国集团财长和央行行长特别会议在

美国首都华盛顿召开。

2008年11月8~9日，二十国集团财长和央行行长会议在巴西圣保罗召开。

2008年11月15日，二十国集团领导人金融市场和世界经济峰会在美国首都华盛顿召开，这是二十国集团领导人首次举行领导人峰会。峰会主题为"全球复苏和金融监管"，会后发表了《二十国集团领导人金融市场和世界经济华盛顿峰会宣言》。

2009年

2009年3月14~15日，二十国集团财长和央行行长会议在英国霍舍姆召开。

2009年4月2日，二十国集团领导人金融峰会在英国伦敦举行。峰会主题为"改革国际金融体系"，会后发表《复苏与改革全球计划：二十国集团领导人伦敦金融峰会公报》。

2009年9月4~5日，二十国集团财长和央行行长会议在英国伦敦召开。

2009年9月24~25日，二十国集团领导人峰会在美国匹兹堡举行。峰会主题为"国际金融体系改革和全球经济失衡"，会后发表了《二十国集团匹兹堡峰会领导人声明》。会议还确定了二十国集团为国际经济合作的首要论坛。

2009年11月6~7日，二十国集团财长和央行行长会议在英国圣安德鲁斯召开。

2010年

2010年2月23~24日，二十国集团旅游部长会议在南非约翰内斯堡召开。

2010年4月20~21日，二十国集团劳工就业部长会议在美国首都华盛顿召开。

2010年4月22~23日，二十国集团财长和央行行长会议在美国首都华盛顿召开。

2010年6月4~5日，二十国集团财长和央行行长会议在韩国釜山召开。

	2010年6月26~27日，二十国集团领导人在加拿大多伦多召开。峰会主题为"推动世界经济全面复苏"，会后发表了《二十国集团多伦多峰会宣言》。
	2010年9月3~4日，二十国集团议会议长会议在加拿大渥太华召开。
	2010年10月9~10日，二十国集团财长和央行行长会议在美国首都华盛顿召开。
	2010年10月12~13日，二十国集团旅游部长会议在韩国扶余召开。
	2010年10月22~23日，二十国集团财长和央行行长会议在韩国庆州召开。
	2010年11月11~12日，二十国集团领导人峰会在韩国首尔召开。峰会的主题为"跨越危机，携手成长"，会后发表了《二十国集团首尔峰会领导人宣言》。
2011年	2011年2月18~19日，二十国集团财长和央行行长会议在法国巴黎召开。
	2011年4月14~15日，二十国集团财长和央行行长会议在美国首都华盛顿召开。
	2011年5月19~20日，二十国集团议会议长会议在韩国首尔召开。
	2011年6月22~23日，二十国集团农业部长会议在法国巴黎召开。
	2011年9月22日，二十国集团财长和央行行长会议在美国首都华盛顿召开。
	2011年9月26~27日，二十国集团劳工就业部长会议在法国巴黎召开。
	2011年10月14~15日，二十国集团财长和央行行长会议在法国巴黎召开。
	2011年10月24~25日，二十国集团旅游部长会议在法国巴

黎召开。

2011年11月3~4日，二十国集团领导人峰会在法国戛纳召开。峰会主题为"应对欧债危机、促进全球经济增长、加强国际金融监管、促进社会保障和协调发展"，会后发表了《二十国集团领导人第六次峰会公报》。

2012年　2012年2月19~20日，二十国集团外交部长会议在墨西哥洛斯卡沃斯召开。

2012年2月25~26日，二十国集团议会议长会议在沙特阿拉伯利雅得召开。

2012年2月25~26日，二十国集团财长和央行行长会议在墨西哥墨西哥城召开。

2012年4月18~20日，二十国集团贸易部长会议在墨西哥巴亚尔塔港召开。

2012年4月19~20日，二十国集团财长和央行行长会议在美国首都华盛顿召开。

2012年5月16日，二十国集团旅游部长会议在墨西哥梅里达召开。

2012年5月17~18日，二十国集团农业副手会议在墨西哥墨西哥城召开。

2012年5月17~18日，二十国集团劳工就业部长会议在墨西哥瓜达拉哈拉召开。

2012年6月18~19日，二十国集团领导人峰会在墨西哥洛斯卡沃斯召开。会议主题为"加强国际金融体系和就业、发展、贸易"，会后发表了《二十国集团洛斯卡沃斯峰会领导人宣言》。

2012年11月4~5日，二十国集团财长和央行行长会议在墨西哥墨西哥城召开。

2013年　2013年2月15~16日，二十国集团财长和央行行长会议在俄罗斯莫斯科召开。

大事纪年

2013年4月4~5日,二十国集团议会议长会议在墨西哥墨西哥城召开。

2013年4月18~19日,二十国集团财长和央行行长会议在美国首都华盛顿召开。

2013年7月18~19日,二十国集团劳工就业部长会议在俄罗斯莫斯科召开。

2013年7月19~20日,二十国集团财长和央行行长会议在俄罗斯莫斯科召开。

2013年9月5~6日,二十国集团领导人峰会在俄罗斯圣彼得堡召开。会后发表了《二十国集团圣彼得堡峰会领导人宣言》。

2013年10月10~11日,二十国集团财长和央行行长会议在美国首都华盛顿召开。

2013年11月3~4日,二十国集团旅游部长会议在英国伦敦召开。

2014年

2014年2月21~23日,二十国集团财长和央行行长会议在澳大利亚悉尼召开。

2014年4月10~11日,二十国集团财长和央行行长会议在美国首都华盛顿召开。

2014年7月19日,二十国集团贸易部长会议在澳大利亚悉尼召开。

2014年9月10~11日,二十国集团劳工就业部长会议在澳大利亚墨尔本召开。

2014年9月20~21日,二十国集团财长和央行行长会议在澳大利亚凯恩斯召开。

2014年10月9~10日,二十国集团财长和央行行长会议在美国首都华盛顿召开。

2014年11月15~16日,二十国集团领导人峰会在澳大利亚布里斯班召开。峰会主题为"经济增长、就业与抗风险",会后发表了《二十国集团领导人布里斯班峰会公报》。会议还发表了《二十国集团领导人应对埃博拉疫情布里斯班声明》。

2015 年　2015 年 2 月 9~10 日，二十国集团财长和央行行长会议在土耳其伊斯坦布尔召开。

2015 年 4 月 16~17 日，二十国集团财长和央行行长会议在美国首都华盛顿召开。

2015 年 9 月 3~4 日，二十国集团劳工就业部长会议在土耳其安卡拉召开。

2015 年 9 月 4~5 日，二十国集团财长和央行行长会议在土耳其安卡拉召开。

2015 年 9 月 30 日，二十国集团旅游部长会议在土耳其安塔利亚召开。

2015 年 10 月 1~2 日，二十国集团能源部长会议在土耳其伊斯坦布尔召开。

2015 年 10 月 6 日，二十国集团贸易部长会议在土耳其伊斯坦布尔召开。

2015 年 11 月 15~16 日，二十国集团领导人峰会在土耳其安塔利亚召开。峰会主题是"共同行动以实现包容和稳健增长"，会后发表了《二十国集团领导人安塔利亚峰会公报》。

2016 年　2016 年 2 月 26~27 日，二十国集团财长和央行行长会议在中国上海召开。

2016 年 4 月 14~15 日，二十国集团财长和央行行长会议在美国首都华盛顿召开。

2016 年 5 月 20 日，二十国集团旅游部长会议在中国北京召开。

2016 年 6 月 29~30 日，二十国集团能源部长会议在中国北京召开。

2016 年 7 月 9~10 日，二十国集团贸易部长会议在中国上海召开。

2016 年 7 月 12~13 日，二十国集团劳工就业部长会议在中国

大事纪年

北京召开。

2016年7月23~24日，二十国集团财长和央行行长会议在中国成都召开。

2016年9月4~5日，二十国集团领导人峰会在中国杭州召开。峰会主题为"构建创新、活力、联动、包容的世界经济"，会后发表了《二十国集团领导人杭州峰会公报》。

2016年11月4日，二十国集团科技创新部长会议在中国北京召开。

2017年

2017年2月16~17日，二十国集团外交部长会议在德国波恩召开。

2017年3月17~18日，二十国集团财长和央行行长会议在德国巴登巴登召开。

2017年4月6~7日，二十国集团数字经济部长会议在德国杜塞尔多夫召开。

2017年4月20~21日，二十国集团财长和央行行长会议在美国首都华盛顿召开。

2017年5月18~19日，二十国集团劳工就业部长会议在德国巴特诺伊纳尔召开。

2017年5月19~20日，二十国集团卫生部长会议在德国柏林召开。

2017年7月7~8日，二十国集团领导人峰会在德国汉堡召开。峰会主题为"塑造联通的世界"，会后发表了《二十国集团领导人汉堡峰会公报》。

2018年

2018年3月19~20日，二十国集团财长和央行行长会议在阿根廷布宜诺斯艾利斯召开。

2018年4月17日，二十国集团旅游部长会议在阿根廷布宜诺斯艾利斯召开。

2018年4月19~20日，二十国集团财长和央行行长会议在美国首都华盛顿召开。

223

	2018年5月20~21日,二十国集团外交部长会议在阿根廷布宜诺斯艾利斯召开。
	2018年6月15日,二十国集团能源部长会议在阿根廷巴里洛什召开。
	2018年7月21~22日,二十国集团财长和央行行长会议在阿根廷布宜诺斯艾利斯召开。
	2018年8月23~24日,二十国集团数字经济部长会议在阿根廷萨尔塔召开。
	2018年9月5日,二十国集团教育部长会议在阿根廷门多萨召开。
	2018年9月6~7日,二十国集团劳工就业部长会议在阿根廷马德普拉塔召开。
	2018年9月14日,二十国集团贸易部长会议在阿根廷马德普拉塔召开。
	2018年10月4日,二十国集团卫生部长会议在阿根廷马德普拉塔召开。
	2018年11月30日~12月1日,二十国集团领导人峰会在阿根廷布宜诺斯艾利斯召开。峰会主题为"为公平和可持续发展凝聚共识",会后发表了《二十国集团领导人布宜诺斯艾利斯峰会宣言》。
2019年	2019年4月11~12日,二十国集团财长和央行行长会议在美国首都华盛顿召开。
	2019年6月8~9日,二十国集团财长和央行行长会议在日本福冈召开。
	2019年6月8~9日,二十国集团贸易部长会议和数字经济部长会议在日本筑波召开。
	2019年6月15~16日,二十国集团能源部长会议在日本长野召开。
	2019年6月28~29日,二十国集团领导人峰会在日本大阪召

开。会议主题为"全球经济、贸易与投资、创新、环境与能源、就业、女性赋权、发展、卫生",会后发表了《二十国集团领导人大阪峰会宣言》。

2019年9月1~2日,二十国集团劳工就业部长会议在日本松山召开。

2019年10月17~18日,二十国集团财长和央行行长会议在美国首都华盛顿召开。

2019年10月19~20日,二十国集团卫生部长会议在日本冈山召开。

2019年10月25~26日,二十国集团旅游部长会议在日本北海道俱知安町召开。

2019年11月23日,二十国集团外交部长会议在日本名古屋召开。

| 2020年 | 2020年3月26日,为应对新冠肺炎疫情,二十国集团领导人举行特别峰会,这是二十国集团历史上首次以视频方式举行领导人峰会,峰会发表了《二十国集团领导人应对新冠肺炎特别峰会声明》。|

参考文献

一　中文文献

1. 著作

〔加〕彼得·哈吉纳尔:《二十国集团:演变、互动、记录》,国务院发展研究中心"国际经济金融治理"基础课题组译,中国发展出版社,2017。

〔加〕约翰·J. 柯顿:《二十国集团与全球治理》,郭树勇、徐谙律等译,上海人民出版社,2015。

商务部研究院编《参与全球经济治理之路——中国融入多边贸易体系40年》,中国商务出版社,2018。

习近平:《携手抗疫　共克时艰——在二十国集团领导人特别峰会上的发言》,人民出版社,2020。

2. 文章

胡锦涛:《通力合作　共度时艰——在金融市场和世界经济峰会上的讲话》,《光明日报》2008年11月16日,第1版。

胡锦涛:《携手合作　同舟共济——在二十国集团领导人第二次金融峰会上的讲话》,《人民日报》(海外版)2009年4月3日,第2版。

胡锦涛:《全力促进增长　推动平衡发展——在二十国集团领导人第三次金融峰会上的讲话》,《光明日报》2009年9月26日,第1版。

胡锦涛:《同心协力　共创未来——在二十国集团领导人第四次峰会上的讲话》,《光明日报》2010年6月28日,第2版。

胡锦涛:《再接再厉 共促发展——在二十国集团领导人第五次峰会上的讲话》,《光明日报》2010年11月13日,第2版。

胡锦涛:《合力推动增长 合作谋求共赢——在二十国集团领导人第六次峰会上的讲话》,《人民日报》(海外版)2011年11月4日,第4版。

胡锦涛:《稳中求进 共促发展——在二十国集团领导人第七次峰会上的讲话》,《人民日报》(海外版)2012年6月20日,第4版。

习近平:《共同维护和发展开放型世界经济——在二十国集团领导人峰会第一阶段会议上关于世界经济形势的发言》,《人民日报》2013年9月6日,第2版。

习近平:《推动创新发展 实现联动增长——在二十国集团领导人第九次峰会第一阶段会议上的发言》,《人民日报》2014年11月16日,第2版。

习近平:《创新增长路径 共享发展成果——在二十国集团领导人第十次峰会第一阶段会议上关于世界经济形势的发言》,《人民日报》2015年11月16日,第2版。

习近平:《中国发展新起点 全球增长新蓝图——在二十国集团工商峰会开幕式上的主旨演讲》,《人民日报》2016年9月4日,第3版。

习近平:《坚持开放包容 推动联动增长——在二十国集团领导人汉堡峰会上关于世界经济形势的讲话》,《人民日报》2017年7月8日,第2版。

习近平:《登高望远,牢牢把握世界经济正确方向——在二十国集团领导人峰会第一阶段会议上的发言》,《人民日报》2018年12月1日,第2版。

习近平:《携手共进,合力打造高质量世界经济——在二十国集团领导人峰会上关于世界经济形势和贸易问题的发言》,《人民日报》2019年6月29日,第2版。

詹晓宁:《全球投资治理新路径——解读〈G20全球投资政策指导原则〉》,《世界经济与政治》2016年第10期。

《高虎城部长出席二十国集团贸易部长会议成果发布会宣布会议成果》,商务部网站,2016年7月11日,http://gaohucheng.mofcom.gov.cn/

article/activities/201607/20160701356339.shtml。

《2016年B20政策建议报告新闻发布会（2016年8月10日）》，中国国际贸易促进委员会网站，2016年8月11日，http://www.ccpit.org/Contents/Channel_3715/2016/0811/682188/content_682188.htm。

二 英文文献

1. 著作

Club de Madrid, *The G20's Role in the Post-Crisis World*, Seoul: Club de Madrid, 2010.

Cooper, Andrew F. and Ramesh Thakur, *The Group of Twenty (G20)*, New York: Routledge, January 4, 2013.

Kirton, John J., *China's G20 Leadership*, London and New York: Routledge, June 10, 2016.

2. 文章

Bradford, Colin I., Jr. and Johannes F. Linn, "Global Economic Governance at a Crossroads: Replacing the G-7 with the G-20," *The Brookings Institution Policy Brief*, No.131, 2004.

Gnath, Katharina and Claudia Schmucker, "The Role of the Emerging Countries in the G20: Agenda-setter, Veto Player or Spectator?" *Bruges Regional Integration and Global Governance Papers No.2* (Bruges, United Nations University CRIS, College of Europe, 2011).

Jolly, Sir Richard, "Future Directions for the G20: Towards Legitimacy and Universality", in Thomas Fues and Peter Wolff, eds., *G20 and Global Development: How Can the New Summit Architecture Promote Pro-poor Growth and Sustainability?* (Bonn: German Development Institute, 2010).

3. 报告

WTO, "Report on G-20 Trade Measures (May to Mid-October 2011)", October 25, 2011.

WTO, "Trade Statistics", 2015 Press Releases, September 30, 2015.

WTO, "World Trade 2011, Prospects for 2012", 2012 Press Releases, April 12, 2012.

WTO, "World Trade 2013, Prospects for 2014", 2014 Press Releases, April 14, 2014.

4. 会议文件

G20 Finance Ministers and Central Bank Governors, "Communiqué: Meeting of G20 Finance Ministers and Central Bank Governors", Berlin, Germany, December 16, 1999.

G7 Finance Ministers and Central Bank Governors, "Statement by the G7 Finance Ministers and Central Bank Governors", Washington D. C., United States, October 3, 1998.

G7 Finance Ministers and Central Bank Governors, "Communiqué of G7 Finance Ministers and Central Bank Governors", Bonn, Germany, February 20, 1999.

G7 Finance Ministers, "Report of G7 Finance Ministers to the Köln Economic Summit", Cologne, Germany, June 18, 1999.

G7 Ministers and Central Bank Governors, "Statement of G7 Ministers and Central Bank Governors", Washington D. C., United States, September 25, 1999.

G20, "The G20 Seoul Summit Leaders' Declaration", Seoul, Korea, November 12, 2010.

G20, "G20 Leaders' Communiqué: Brisbane Summit", Brisbane, Australia, November 16, 2014.

G20, "Declaration of the Summit on Financial Markets and the World Economy", Washington D. C., United States, November 15, 2008.

G20, "London Summit-Leaders' Statement", London, United Kingdom, April 2, 2009.

G20, "G20 Leaders Statement: The Pittsburgh Summit", Pittsburgh, United States, September 25, 2009.

G20, "The G20 Toronto Summit Declaration", Toronto, Canada, June 27, 2010.

G20, "The G20 Seoul Summit Leaders' Declaration", Seoul, Korea, November 12, 2010.

G20, "G20 Leaders' Declaration", Saint Petersburg, Russia, September 6, 2013.

G20, "G20 Leaders' Communiqué: Brisbane Summit", Brisbane, Australia, November 16, 2014.

G20, "G20 Leaders' Communiqué: Antalya Summit", Antalya, Turkey, November 16, 2015.

G20, "G20 Leaders' Communiqué: Hangzhou Summit", Hangzhou, China, September 5, 2016.

G20, "G20 Leaders' Declaration: Shaping an Interconnected World", Hamburg, Germany, July 8, 2017.

G20, "G20 Leaders' Declaration: Building Consensus for Fair and Sustainable Development", Buenos Aires, Argentina, December 1, 2018.

G20, "Extraordinary G20 Leaders' Summit Statement on COVID-19", by Videoconference from Riyadh, Saudi Arabia, March 26, 2020.

G7 Finance Ministers, "Report of G7 Finance Ministers to the Köln Economic Summit", Cologne, Germany, June 18, 1999.

G20 Finance Ministers and Central Bank Governors, "Communiqué: Meeting of G20 Finance Ministers and Central Bank Governors", Berlin, Germany, December 16, 1999.

G20 Finance Ministers and Central Bank Governors, "Communiqué: Meeting of G20 Finance Ministers and Central Bank Governors", Montreal, Canada, October 25, 2000.

G20 Finance Ministers and Central Bank Governors, "Communiqué: Meeting of G20 Finance Ministers and Central Bank Governors", Ottawa, Canada, November 17, 2001.

G20 Finance Ministers and Central Bank Governors, "Delhi Communiqué: G20 Finance Ministers' and Central Bank Governors' Meeting", New Delhi, India, November 23, 2002.

G20 Finance Ministers and Central Bank Governors, "Morelia Communique: Fifth G20 Finance Ministers' and Central Bank Governors' Meeting", Morelia, Mexico, October 27, 2003.

G20 Finance Ministers and Central Bank Governors, "Communiqué: Meeting of Finance Ministers and Central Bank Governors", Berlin, Germany, November 21, 2004.

G20 Finance Ministers and Central Bank Governors, "G20 Statement on Transparency and Exchange of Information for Tax Purposes", Berlin, Germany, November 21, 2004.

G20 Finance Ministers and Central Bank Governors, "G20 Accord for Sustained Growth", Berlin, Germany, November 21, 2004.

G20 Finance Ministers and Central Bank Governors, "G20 Reform Agenda", Berlin, Germany, November 21, 2004.

G20 Finance Ministers and Central Bank Governors, "Communiqué: Meeting of Finance Ministers and Central Bank Governors", Xianghe, Hebei, China, October 16, 2005.

G20 Finance Ministers and Central Bank Governors, "The G20 Statement on Reforming the Bretton Woods Institutions", Xianghe, Hebei, China, October 16, 2005.

G20 Finance Ministers and Central Bank Governors, "G20 Statement on Global Development Issues", Xianghe, Hebei, China, October 16, 2005.

G20 Finance Ministers and Central Bank Governors, "G20 Reform Agenda 2005: Agreed Actions to Implement the G20 Accord for Sustained Growth", Xianghe, Hebei, China, October 16, 2005.

G20 Finance Ministers and Central Bank Governors, "Communiqué: Meeting of Ministers and Governors in Melbourne", Melbourne, Australia,

November 19, 2006.

G20 Finance Ministers and Central Bank Governors, "G20 Reform Agenda 2006: Agreed Actions to Implement the G20 Accord for Sustained Growth", Melbourne, Australia, November 19, 2006.

G20 Finance Ministers and Central Bank Governors, "Communiqué: Meeting of Ministers and Governors in Kleinmond", Kleinmond, South Africa, November 18, 2007.

G20 Finance Ministers and Central Bank Governors, "G20 Reform Agenda 2007: Agreed Actions to Implement the G20 Accord for Sustained Growth", Kleinmond, South Africa, November 18, 2007.

G20 Finance Ministers and Central Bank Governors, "G20 Communiqué", Washington D. C., United States, October 11, 2008.

G20 Finance Ministers and Central Bank Governors, "Communiqué: Meeting of Ministers and Governors", São Paulo, Brazil, November 9, 2008.

G20 Finance Ministers and Central Bank Governors, "G20 Finance Ministers' and Central Bank Governors' Communiqué", Horsham, March 14, 2009.

G20 Finance Ministers and Central Bank Governors, "Communiqué: Meeting of Finance Ministers and Central Bank Governors", London, United Kingdom, September 5, 2009.

G20 Finance Ministers and Central Bank Governors, "Declaration on Further Steps to Strengthen the Financial System", London, United Kingdom, September 5, 2009.

G20 Finance Ministers and Central Bank Governors, "Communiqué: Meeting of Finance Ministers and Central Bank Governors", St. Andrews, Scotland, United Kingdom, November 7, 2009.

G20 Finance Ministers and Central Bank Governors, "Communiqué: Meeting of Finance Ministers and Central Bank Governors", Washington D. C., United States, April 23, 2010.

G20 Finance Ministers and Central Bank Governors, "Communiqué: Meeting of Finance Ministers and Central Bank Governors", Busan, Republic of Korea, June 5, 2010.

G20 Finance Ministers and Central Bank Governors, "Communiqué: Meeting of Finance Ministers and Central Bank Governors", Gyeongju, Republic of Korea, October 23, 2010.

G20 Finance Ministers and Central Bank Governors, "Communiqué: Meeting of Finance Ministers and Central Bank Governors", Paris, France, February 19, 2011.

G20 Finance Ministers and Central Bank Governors, "Final Communiqué: Meeting of G20 Finance Ministers and Central Bank Governors", Washington D.C., United States, April 15, 2011.

G20 Finance Ministers and Central Bank Governors, "Communiqué of Finance Ministers and Central Bank Governors of the G20", Washington D.C., United States, September 22, 2011.

G20 Finance Ministers and Central Bank Governors, "Communiqué of Finance Ministers and Central Bank Governors of the G20", Paris, France, October 15, 2011.

G20 Finance Ministers and Central Bank Governors, "Communiqué: Meeting of Finance Ministers and Central Bank Governors", Mexico City, Mexico, February 26, 2012.

G20 Finance Ministers and Central Bank Governors, "Final Communiqué: Meeting of G20 Finance Ministers and Central Bank Governors", Washington D.C., United States, April 20, 2012.

G20 Finance Ministers and Central Bank Governors, "Communiqué of Meeting of G20 Finance Ministers and Central Bank Governors", Mexico City, Mexico, November 5, 2012.

G20 Finance Ministers, "G20 Finance Ministers' Statement: The G20 Welcomes Major Policy Actions in Europe", June 29, 2012.

G20 Finance Ministers and Central Bank Governors, "Communiqué of Meeting of G20 Finance Ministers and Central Bank Governors", Moscow, Russia, February 16, 2013.

G20 Finance Ministers and Central Bank Governors, "Communiqué of G20 Meeting of Finance Ministers and Central Bank Governors", Washington D. C., United States, April 19, 2013.

G20 Finance Ministers and Central Bank Governors, "Communiqué of Meeting of Finance Ministers and Central Bank Governors", Moscow, Russia, July 20, 2013.

G20 Finance Ministers and Central Bank Governors, "Communiqué of Meeting of Finance Ministers and Central Bank Governors", Washington D. C., United States, October 11, 2013.

G20 Finance Ministers and Central Bank Governors, "Communiqué: Meeting of Finance Ministers and Central Bank Governors", Sydney, Australia, February 23, 2014.

G20 Finance Ministers and Central Bank Governors, "Communiqué: Meeting of G20 Finance Ministers and Central Bank Governors", Washington D. C., United States, April 11, 2014.

G20 Finance Ministers and Central Bank Governors, "Communiqué: Meeting of G20 Finance Ministers and Central Bank Governors", Cairns, Australia, September 21, 2014.

Treasurer Joe Hockey, Media Release of G20 Finance Ministers and Central Bank Governors Meeting, Washington D. C., United States, October 10, 2014.

G20 Finance Ministers, "Statement: G20 Finance Ministers Meeting", Brisbane, Australia, November 15, 2014.

G20 Finance Ministers and Central Bank Governors, "Communiqué: G20 Finance Ministers and Central Bank Governors Meeting", Istanbul, Turkey, February 10, 2015.

G20 Finance Ministers and Central Bank Governors, "Communiqué: G20 Finance Ministers and Central Bank Governors Meeting", Washington D. C. , United States, April 17, 2015.

G20 Finance Ministers and Central Bank Governors, "Communiqué: G20 Finance Ministers and Central Bank Governors Meeting", Ankara, Turkey, September 5, 2015.

G20 Finance Ministers and Central Bank Governors, "Communiqué: G20 Finance Ministers and Central Bank Governors Meeting", Shanghai, China, February 27, 2016.

G20 Finance Ministers and Central Bank Governors, "Communiqué: G20 Finance Ministers and Central Bank Governors' Meeting", Washington D. C. , United States, April 15, 2016.

G20 Finance Ministers and Central Bank Governors, "Communiqué: G20 Finance Ministers and Central Bank Governors Meeting", Chengdu, China, July 24, 2016.

G20 Finance Ministers and Central Bank Governors, "Communiqué: G20 Finance Ministers and Central Bank Governors Meeting", Baden-Baden, Germany, March 18, 2017.

G20 Finance Ministers and Central Bank Governors, "Communiqué: Finance Ministers and Central Bank Governors", Buenos Aires, Argentina, March 20, 2018.

G20 Finance Ministers and Central Bank Governors, "Chair's Summary: G20 Finance Ministers and Central Bank Governors Meeting", Washington D. C. , United States, April 20, 2018.

G20 Finance Ministers and Central Bank Governors, "Communiqué: G20 Finance Ministers and Central Bank Governors Meeting", Buenos Aires, Argentina, July 22, 2018.

G20 Finance Ministers and Central Bank Governors, "Communiqué: G20 Finance Ministers and Central Bank Governors Meeting", Fukuoka, Japan,

June 9, 2019.

G20 Trade Ministers, "Chairman's Summary: Meeting of G20 Trade Ministers", Sydney, Australia, July 19, 2014.

G20 Trade Ministers, "Chairman's Summary: Meeting of G20 Trade Ministers", Istanbul, Turkey, October 6, 2015.

G20 Trade Ministers, "G20 Trade Ministers Meeting Statement", Shanghai, China, July 10, 2016.

G20 Trade and Investment Ministers, "Ministerial Statement: G20 Trade and Investment Ministerial Meeting", Mar del Plata, Argentina, September 14, 2018.

G20 Trade Ministers and Digital Economy Ministers, "G20 Ministerial Statement on Trade and Digital Economy", Tsukuba City, Ibaraki Prefecture, Japan, June 9, 2019.

G20 Trade Ministers, "Chairs' Statement", Tsukuba City, Ibaraki Prefecture, Japan, June 9, 2019.

G20 Labor and Employment Ministers, "G20 Labor and Employment Ministers' Recommendations to G20 Leaders", Washington D. C., United States, April 21, 2010.

G20 Labor and Employment Ministers, "G20 Labour and Employment Ministers' Conclusions", Paris, France, September 27, 2011.

G20 Labor and Employment Ministers, "G20 Labour and Employment Ministers' Conclusions", Guadalajara, Mexico, May 18, 2012.

G20 Labour and Employment Ministers, "G20 Labour and Employment Ministers' Declaration", Moscow, Russia, July 19, 2013.

G20 Labour and Employment Ministers, "G20 Labour and Employment Ministerial Declaration: Preventing Structural Unemployment, Creating Better Jobs and Boosting Participation", Melbourne, Australia, September 11, 2014.

G20 Labour and Employment Ministers, "G20 Labour and Employment

Ministerial Declaration: Creating Quality Jobs for All, Investing in Skills and Reducing Inequalities to Promote Inclusive and Robust Growth", Ankara, Turkey, September 4, 2015.

G20 Labour and Employment Ministers, "Innovation and Inclusive Growth: Decent Work, Enhanced Employability and Adequate Job Opportunities: G20 Labour and Employment Ministerial Meeting Declaration", Beijing, China, July 13, 2016.

G20 Labour and Employment Ministers, "G20 Labour and Employment Ministers Meeting 2017 Ministerial Declaration", Bad Neuenahr, Germany, May 19, 2017.

G20 Labour and Employment Ministers, "Fostering Opportunities for an Inclusive, Fair and Sustainable Future of Work", Mendoza, Argentina, September 7, 2018.

G20 Labour and Employment Ministers, "Shaping a Human-Centered Future of Work: G20 Labour and Employment Ministers' Meeting 2019 Ministerial Declaration", Matsuyama, Japan, September 2, 2019.

G20 Agriculture Ministers, "Ministerial Declaration: Action Plan on Food Price Volatility and Agriculture", Paris, France, June 23, 2011.

G20 Agriculture Ministers, "G20 Agriculture Ministers Meeting Final Communiqué", Istanbul, Turkey, May 8, 2015.

G20 Agriculture Ministers, "G20 Agriculture Ministers Meeting Communiqué", Xi'an, China, June 3, 2016.

G20 Agriculture Ministers, "G20 Agriculture Ministers' Declaration: Towards Food and Water Security: Fostering Sustainability, Advancing Innovation", Berlin, Germany, January 22, 2017.

G20 Agriculture Ministers, "Declaration: G20 Meeting of Agriculture Ministers", Buenos Aires, Argentina, July 28, 2018.

G20 Agriculture Ministers, "G20 Agriculture Ministers' Declaration 2019", Niigata, Japan, May 12, 2019.

G20 Energy Ministers, "Communiqué: G20 Energy Ministers Meeting", Istanbul, Turkey, October 2, 2015.

G20 Energy Ministers, "G20 Energy Ministerial Meeting Beijing Communiqué, Final Draft 4am 29th June 2016", Beijing, China, June 29, 2016.

G20 Energy Ministers, "G20 Energy Ministers Communiqué", Bariloche, Argentina, June15, 2018.

G20 Energy and Environment Ministers, "Communiqué: G20 Ministerial Meeting on Energy Transitions and Global Environment for Sustainable Growth", Karuizawa, Japan, June 16, 2019.

G20 Digital Economy Ministers, "G20 Digital Economy Ministerial Declaration: Shaping Digitalisation for an Interconnected World", Düsseldorf, Germany, April 7, 2017.

G20 Digital Economy Ministers, "G20 Digital Economy Ministerial Declaration", Salta, Argentina, August 24, 2018.

G20 Trade Ministers and Digital Economy Ministers, "G20 Ministerial Statement on Trade and Digital Economy", Tsukuba City, Ibaraki Prefecture, Japan, June 9, 2019.

G20 Health Ministers, "Berlin Declaration of the G20 Health Ministers: Together Today for a Healthy Tomorrow", Berlin, Germany, May 20, 2017.

G20 Health Ministers, "Declaration of G20 Meeting of Health Ministers", Mar del Plata, Argentina, October 4, 2018.

G20 Health Ministers, "Okayama Declaration of the G20 Health Ministers", Okayama, Japan, October 20, 2019.

G20 Tourism Ministers, "T20 Ministers Convened to Discuss the Role of Tourism in Stimulating the Global Economy", Johannesburg, South Africa, February 24, 2010.

G20 Tourism Ministers, "Buyeo Communiqué: 2nd T.20 Ministers

Meeting", Buyeo, Korea, October 13, 2010.

G20 Tourism Ministers, "Declaration", Paris, October 25, 2011.

G20 Tourism Ministers, "4th T20 Meeting: Declaration", Merida, Mexico, May 16, 2012.

G20 Tourism Ministers, "5th T.20 Ministers' Meeting Communiqué", London, England, November 4, 2013.

G20 Tourism Ministers, "6th T.20 Meeting Declaration", Antalya, Turkey, September 30, 2015.

G20 Tourism Ministers, "7th G20 Tourism Ministers Meeting Declaration: Sustainable Tourism-An Effective Tool for Inclusive Development", Beijing, China, May 20, 2016.

G20 Tourism Ministers, "Statement: The Future of Work Tourism's Leading Role in Sustainable Development: A Driver for Employment", Buenos Aires, Argentina, April 17, 2018.

G20 Tourism Ministers, "G20 Tourism Ministers' Meeting Declaration: Advancing Tourism's Contribution to the Sustainable Development Goals (SDGs)", Kutchan, Hokkaido, Japan, October 26, 2019.

G20 Education Ministers, "G20 Education Ministers' Declaration: Building Consensus for Fair and Sustainable Development. Unleashing people's potential", September 5, 2018.

B20, "Seoul G20 Business Summit Joint Statement by Participating Companies", Seoul, Republic of Korea, November 11, 2010.

B20, "Cannes B20 Final Report with appendices", Cannes, France, November, 2011.

B20, "B20 – G20 Partnership for Growth and Jobs: Recommendations from Business 20", St. Petersburg, Russia, September, 2013.

G20 – B20 Dialogue Efficiency Task Force, "From Toronto to Saint Petersburg: Assessing G20 – B20 Engagement Effectiveness", St. Petersburg, Russia, June, 2013.

B20, "Driving Growth and Jobs: B20 Policy Recommendations to G20", Sydney, Australia, July, 2014.

B20, "Responding to the Three I's Inclusiveness, Implementation, Investment: B20 Policy Proposals for the G20", Antalya, Turkey, September, 2015.

B20, "Shaping an Interconnected World Building Resilience-Improving Sustainability-Assuming Responsibility: B20 Policy Recommendations to the G20", Berlin, Germany, May, 2017.

B20, "B20 Communiqué: Policy Recommendations to the G20", October 5, 2018.

G20, "Communiqué: Meeting of Finance Ministers and Central Bank Governors", Berlin, Germany, December 16, 1999.

G20, "Communiqué: Meeting of Finance Ministers and Central Bank Governors", Berlin, Germany, December 16, 1999.

G20, "G20 Statement on Reforming the Bretton Woods Institutions", Xianghe, Hebei, China, October 16, 2005.

G20, "G20 Osaka Leaders' Declaration", Osaka, Japan, June 29, 2019.

G7, "Halifax Summit Communiqué", Halifax, Canada, June 16, 1995.

G7, "G7 Statement", Cologne, Germany, June 18, 1999.

G7, "G7 Statement", Cologne, Germany, June 18, 1999.

B20, "Chairman's Summary", Toronto, Canada, June 26, 2010.

G20, "G20 Leaders Declaration", Los Cabos, Mexico, June 19, 2012.

B20, "B20 Task Force Recommendations", Los Cabos, Mexico, June, 2012.

B20, "B20 Tokyo Summit Joint Recommendations: Society 5.0 for SDGs", Tokyo, Japan, March 15, 2019.

G20, "Communiqué: G20 Leaders Summit", Cannes, France, November 4, 2011.

索 引

《巴黎协定》　56，57，59，61，64，94，95，155，169，186，187，214

《二十国集团创新增长蓝图》　54，55，102，151，157，176

《二十国集团全球贸易增长战略》　20，55，85，86，152，165

《二十国集团全球投资指导原则》　20，55，86，87，152，165

《贸易便利化协定》　20，56，58，84，86，131，165，184，197

埃博拉疫情　50，51，67，188，238

巴黎俱乐部　18，160

巴厘一揽子协定　51，83，130

巴塞尔协议Ⅲ　55，58，135，160

包容性增长　49，52，53，56，58，61，63，89，93，98，99，108，113，116，131，133，146，156，162，166，174，181，191，193，195，196，199，201，203，204，211，212，214

避税天堂　30，34，37，42，133

布雷顿森林机构　73，74，77，122，124，143

布雷顿森林体系　5，13，69，70，73，74，122，143

创新增长　54，55，102，148，149，151，157，159，170，171，174~176，187

创新政策平台　131，158

次贷危机　23，24，26，27

大宗商品价格　39，41，42，45，48，70，74，75，78，80，155，204

单边主义　57，60，62，66，87，89

电子商务　20，85，89，116，131，158，165，173，185，199

多边贸易体制　20，54~56，62，65，71，81~86，88，129，146，147，152，153，156，164，165，184

多哈回合谈判　35，37，43，45，83，129，130，146

二十二国集团　2，3

二十国集团安塔利亚峰会　54，173

二十国集团布里斯班峰会　51，118，126

二十国集团财长和央行行长会议　25，29，48，69~72，74~80，81，90，122~125，142，143，162，217~225

243

二十国集团多伦多峰会　36，38，124，128，137，219

二十国集团戛纳峰会　43，126

二十国集团工商峰会　60，111，153，165

二十国集团杭州峰会　54，56，98，102，111，130，139，142，148，150~152

二十国集团华盛顿峰会　27，32，77，127~129，135，144

二十国集团领导人峰会　6，7，23，29，39，49，76，81，96，108~110，112，119，120，126，129~131，145，146，162，218~224

二十国集团伦敦峰会　29，32，134，144

二十国集团洛斯卡沃斯峰会　44，46，112，130，236

二十国集团旅游部长会议　101，218~223，225

二十国集团贸易部长会议　81~85，87，88，164，197，200，218，220~222，224

二十国集团能源部长会议　96，97，222，224

二十国集团农业部长会议　94，95，219

二十国集团匹兹堡峰会　8，15，33~35，107，122，123，126，145，218

二十国集团圣彼得堡峰会　46，49，221

二十国集团首尔峰会　10，17，39，40，106，136，219

发展融资　43，76，81，143，187

反腐败　8，40，43，47~49，51~53，55，59，65，75，78，108，109，112，113，115，121，126，134，151，153，163，178，185

反恐　27，42，45，52，56，57，59，63，68，71，75，80，121，126，129，137，161

公共卫生　21，56，61，65~68，134，170，188

公私合作　53，101

工业化　21，56，147，152，158，166，167，173，178，182

国际货币基金组织　1~3，5，10，13~18，25，26，29~32，34，36~39，42，45，47，49，51，53，55，58，61~63，67，74，78，80，87，106，108，122~127，131，135，136，139~144，148，150，159~162，173，176，179，182，185，186，191，204

国际货币基金组织特别提款权　42，125，140

国际货币体系　2，41，42，75，76，78，80，106，112，140，144，149

国际货币与金融委员会　5，33

国际金融机构改革　15，17，34，36，37，39，41，70，74，106

国际金融监管　4，17，23，40~42，123，134，144，145，220

国际金融体系改革　3，5，10，13，23，25，33，144，145，148，218

国际金融危机　7，9，24，27，29，36，39，54，66，68，74，76，81，82，

244

90，103，112，113，124，129，136，140，145，146，148~151，204

国际劳工组织 14，101

国际税收体系 51，53，62，63，76，80，161，206

宏观经济政策协调 18，39，41，50，51，54，62，67，144，145

宏观审慎 17，124，151，161，193

化石燃料补贴 34，40，46，48，51，55，64，76，80，96，133，164

环境保护 48，64，121，156

基础设施建设 21，32，40，43，62，75，80，113，142，212

减贫 21，70，72，89~91，143，147，199

结构性改革 19，44，52，55，58，61，75，76，79，80，113，149，151，156，157，159，162，171，172，174，186，190，191，194~196，203~206，209，211，212，214

金融部门评估规划 17，124，127，142

金融体系滥用 70，72

金融稳定理事会 14，15，17，30，32，37，42，45，51，75，78，123，134~137，160，161，168

金融稳定论坛 3，4，25，30，32，77，134，144

金融衍生品 26，136

经合组织 2，14，15，63，87，90，101，115，126，129~134，157，159，161~163，165~168，170，172，173，175，176，179，182，197~199

经济增长 6，10，18，19，23，25~30，32，35，38，39，41~47，50，52，54~56，58，60，61，64，70，72，74~76，79~84，90，91，98，99，107，112，113，123，127，130，139，140，144~151，153~158，164，166，168，170~173，179，181，185，187，197~199，201，203~206，212，214，215，220，221

就业 7，8，21，23，24，29~32，38，40~44，46，47，49~53，56，58~64，67，75，79，82，83，88，90~93，98，99，101，108~110，112，113，115，116，129，130，134，144，145，147，155~158，167，168，171~175，177~182，192~194，198，203，206，209，211，212，218~225

开发性金融 75，78，128

开放型世界经济 50，57，146，147，152，154，156，164，184

可持续发展 20，21，24，33，34，45，46，53，56，59，61，62，73，76，80，86~88，92，94~96，100~103，111，114，117，120，121，128，134，143，147，152，153，155，166~169，172，175~189，197，199~202，224

可再生能源 53，96，97，109，118，164，166，183，193，208，210，211

恐怖融资 34，48，63，70~72，76，80，137

老龄化 53，64，65，70，72，76，81，91，93，100，143，181

245

联合国　14，20，25，31，48，54，56，72，74，87，94，95，101，114，119～121，126，129，130，132，147，152，153，162，163，165，166，169，170，173，175，176，178，182，186，187，189，198

联合国2030年可持续发展议程　20，87，94，95，101，152，153

联合国贸发会议　87，129，130，132，165，173，176，198

联合国千年发展目标　72，74，121

粮食安全　21，27，37，40，42，43，45，46，48，53，56，59，61，93～95，102，112，113，121，128，147，168，169，178～180

量化宽松政策　10，39，40，49

绿色金融　76，80，105～107，113，133，151，153，162，163，178，186，213，214

贸易保护主义　10，19，20，25，35，37，40，44，47，53，57，58，62，63，65，75，78，82～84，86，88，89，129，150，165，184，197

贸易壁垒　82，84，147，191

贸易监测　129，130

贸易摩擦　60，73，87

贸易自由化　10，35，43，74，165，184

蒙特利尔共识　71，72，74

难民　54，56，57，59，61，68，91，93，121，129，155，169，200，204

欧债危机　18，23，36，38，41，151，220

普惠金融　7，21，45，48，53，58，61，75，76，78～80，105，107，113，126，127，132，151，161，174，178，181，193，213

普惠金融全球伙伴关系　58，181

七国集团　1～6，8，9，14～16，39，60，69，134，139，140，149，217

气候变化　27，31，40，43，45，47，48，51，53，54，56，57，59，61，70，75～77，80，94～97，102，103，110，116～118，121，126，133，169，179，180，186，187，210，211，214

气候融资　34，75，79，110，126

清洁能源　48，59，96，97，183，184

全球发展治理　20，153

全球基础设施互联互通　56，167，179，212

全球价值链　44，53，55，81～85，87～89，93，113，130，132，152，165，184，197～199

全球金融安全网　17，37，39，40，47，52，61，63，126，159，185

全球金融治理　63，76，80，105，108，153

全球经济治理　1，4，7～11，16，28，35，41，49，54，60，68，69，111，119，120，139，144，146～149，152～154

全球能源治理　50，153，163

人工智能　61，64，99，100，172

三驾马车　13，14，16，43

246

索引

三十三国集团 2，3，5

世界经济复苏 10，24，33，35，36，38～41，46，75，77，78，82，101，150

世界贸易组织 10，14，20，25，31，37，43～45，47，53，56，58，60，62，63，82～84，86～89，129～132，140，150，184，197

世界银行 3，5，10，14，17，25，26，29，31，34，45，51，55，63，67，74，87，100，108，123，124，126～128，133，142～144，148，160～162，167，169，176，179，182，185，186，195，197，198，204，213

数字鸿沟 54，59，64，88，99，100，132，158，171，175

数字经济 55，59，61，64，81，82，88～90，98，99，108，111，131，132，144，149，151，157～159，171，173～175，183，187，239，224

税基侵蚀和利润转移 47，51，53，55，133，161，182

税收合作 55，126，129，149，151，161，162，182，212

投票权 10，17，34，55，125，127，128，160

洗钱 34，37，42，45，48，58，62，63，72，126，129，137，161，162

系统重要性金融机构 17，27，34，42，135，136

系统重要性经济体 5，6，15，71，122

消费者保护 47，48，75，78，79，132，137，181

新工业革命 55，82，88，132，144，149，151，157，158，171～175，187

新冠肺炎疫情 57，66，68，225

亚洲金融危机 3，4

影子银行 42，48，51，53，58，136，161

灾害风险管理 75，78

中小企业融资 21，37，48，107，132，161，167，168，181，212，213

主权债务 36，38，43，44，53，75，77～79，82，103，185

247

国别区域与全球治理数据平台

www.crggcn.com

"国别区域与全球治理数据平台"（Countries, Regions and Global Governance, CRGG）是社会科学文献出版社重点打造的学术型数字产品，对接国别区域这一重点新兴学科，围绕国别研究、区域研究、国际组织、全球智库等领域，全方位整合基础信息、一手资料、科研成果，文献量达30余万篇。该产品已建设成为国别区域与全球治理数据资源与研究成果整合发布平台，可提供包括资源获取、科研技术服务、成果发布与传播等在内的多层次、全方位的学术服务。

从国别区域和全球治理研究角度出发，"国别区域与全球治理数据平台"下设国别研究数据库、区域研究数据库、国际组织数据库、全球智库数据库、学术专题数据库和学术资讯数据库6大数据库。在资源类型方面，除专题图书、智库报告和学术论文外，平台还包括数据图表、档案文件和学术资讯。在文献检索方面，平台支持全文检索、高级检索，并可按照相关度和出版时间进行排序。

"国别区域与全球治理数据平台"应用广泛。针对高校及国别区域科研机构，平台可提供专业的知识服务，通过丰富的研究参考资料和学术服务推动国别区域研究的学科建设与发展，提升智库学术科研及政策建言能力；针对政府及外事机构，平台可提供资政参考，为相关国际事务决策提供理论依据与资讯支持，切实服务国家对外战略。

数据库体验卡服务指南

※100元数据库体验卡，可在"国别区域与全球治理数据平台"充值和使用

充值卡使用说明：
第1步 刮开附赠充值卡的涂层；
第2步 登录国别区域与全球治理数据平台（www.crggcn.com），注册账号；
第3步 登录并进入"会员中心"→"在线充值"→"充值卡充值"，充值成功后即可使用。

声明
最终解释权归社会科学文献出版社所有

客服QQ：671079496
客服邮箱：crgg@ssap.cn

欢迎登录社会科学文献出版社官网（www.ssap.com.cn）和国别区域与全球治理数据平台（www.crggcn.com）了解更多信息

卡号：645233912271
密码：

图书在版编目（CIP）数据

二十国集团/徐秀军，耿楠著．－－北京：社会科学文献出版社，2021.3（2022.3 重印）
（国际组织志）
ISBN 978 - 7 - 5201 - 7947 - 8

Ⅰ.①二⋯ Ⅱ.①徐⋯ ②耿⋯ Ⅲ.①二十国委员会 - 介绍 Ⅳ.①D813.7

中国版本图书馆 CIP 数据核字（2021）第 028868 号

·国际组织志·
二十国集团

著　者/徐秀军　耿　楠

出 版 人/王利民
组稿编辑/张晓莉
责任编辑/郭白歌
文稿编辑/王威帅
责任印制/王京美

出　　版/社会科学文献出版社·国别区域分社（010）59367078
　　　　　地址：北京市北三环中路甲 29 号院华龙大厦　邮编：100029
　　　　　网址：www.ssap.com.cn
发　　行/社会科学文献出版社（010）59367028
印　　装/三河市尚艺印装有限公司

规　　格/开　本：787mm×1092mm　1/16
　　　　　印　张：16.5　字　数：244 千字
版　　次/2021 年 3 月第 1 版　2022 年 3 月第 2 次印刷
书　　号/ISBN 978 - 7 - 5201 - 7947 - 8
定　　价/89.00 元

读者服务电话：4008918866

版权所有 翻印必究